憲法の土壌を培養する

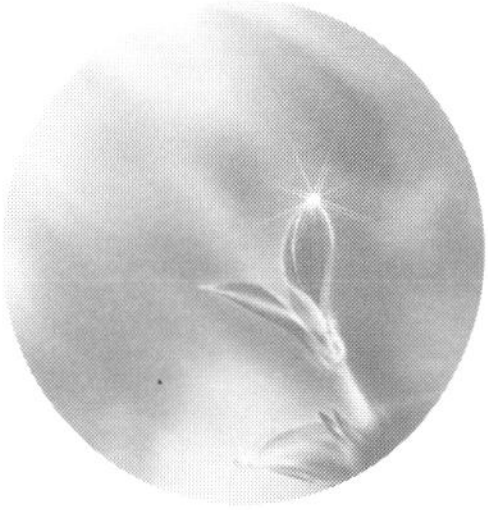

蟻川恒正
木庭　顕
樋口陽一
編著

日本評論社

序文

本書は、『法律時報』二〇一八年五月号に掲載された「[鼎談]憲法の土壌を培養する」をもとにしている。

「木庭顕先生と樋口陽一先生にご登場願う企画を考えたい」という下問が、『法律時報』編集長の上村真勝さんからあり、そこから、どういう次第でか、私を含む鼎談のかたちにしたいと提案されるに至ったのは、二〇一七年の年末のことであった。

提案を受けて、私が真っ先に上村さんに伝えたのは、二人の碩学の対談とすべきであり、私が入るべきではないということであった。これは、謙譲の美徳が私に言わせたのではない。私には無理だという絶対的な直観が、私の通例に反し、賢明にも働いたからであった。だが、私が賢明でありえた時間は長くはなかった。不敏な私は、早速その日のうちに、鼎談への参加をお受けしますという回答を上村さんに返していたのである。

その後、木庭先生・樋口先生にも企画が伝えられ、快諾が得られた。

二〇一八年三月二二日、鼎談は実現した。三時間半に及ぶ大収録となった。だが、案の定、私が言葉を差し挟む余地はほとんどなかった。それでいながら、私の頭脳の（躍動するような）疲労は、開始早々からピークに達し、そして、一度も低下することのないまま、鼎談は終了した。

鼎談後、二年以上が過ぎたある日、上村さんから、鼎談を単行書にしたいという企画が持ち掛けられた。その時点までに鼎談が論評の対象とされたことはほとんどなかったから、研究教育の第一線で活動している憲法研究者の何人かに、鼎談についての文章を依頼し、その文章を鼎談とともに収めることで、企画を具体化することになった。

依頼は、もし鼎談が批判に値するものと考えられるのであれば、鼎談への自由かつ率直な批判をいただきたい、という簡明なものにした。依頼を諒とし、文章を寄せられた五人の憲法研究者に感謝する。なお、鼎談に参加した三人も、書籍化に当たり、それぞれ文章を書き下ろした。

鼎談は、新しい主張をしたものではない。けれども、この国の現時点までの憲法学の在り方や人々の憲法に対する臨み方との関係では、新しい視座設定・新しい探究提案といいうるもの（その内容の同定および評価は読者の判断に委ねる）を含んでいると私は考えている。

本書は刊行された。憲法研究者のみならず、憲法を専門としない法学研究者、法実務家、法学以外の研究者、そして何より、この国の土壌に根差す様々な問題に向き合おうとしている一人一人の読者が、鼎談と本書とに対し、自由で率直な批判を寄せてくださることを希望している。

二〇二一年一二月

編者を代表して　蟻川　恒正

憲法の土壌を培養する

目次

［鼎談］

憲法の土壌を培養する

蟻川恒正・木庭　顕・樋口陽一

一　政治の不在

1　戦後日本の選挙議会プロセスと司法

蟻川　本日は「憲法の土壌を培養する」という主題で、木庭先生と樋口先生のお話を伺いたいと思います。

木庭先生はローマ法がご専門で、ローマ法ですから、文字どおり民事法についての非常に厳密な理論を積み重ねてこられました。その木庭先生が、二〇一五年あたりからいくつかの機会をとらえて憲法九条について書かれるようになり、非常に注目されています。同年の本誌一一月号に寄稿された「日本国憲法9条2項前段に関するロマニストの小さな問題提起」というご論考は、今日までの九条の解釈論にも論及した上で、とりわけその二項前段の「戦力」に関する定めを改廃することの問題性を射程の広い洞察の中に意味づけておられます。木庭先生のこうした近年の思考遍歴は、ひょっとすると、民事法から九条へ、という思考対象の移動ないし変化のように映るかもしれません。しかし、そうではないと私は考えます。むしろローマ法の中で非常に基礎的な概念として木庭先生がほとんど一人で取り出された、今日では世界でもその元来の意味が見失われている「占有」という始原的な概念を梃子にして、それが実力を規制するという問題連関を根底に据えたものであるというところから、必然にといっていいかどうかはわかりませんが、九条の問題のど真ん中につながる問題を射抜かれたのだと私は受け取っています。

しかもそれは、九条論として憲法から九条をくり抜いてそれだけを問題にしているのではなく、これも木庭先生が長年研究されてきたギリシャの政治、デモクラシー、ローマの法の積み重ねの中で、まさに政治、憲法、あるいはデモクラシーという問題系が、ローマ法学者の一般的なあり方からすれば極めて異例ですが、内在的なつながりの中で立ち上がってくる、その堅固な土台の上に、日本国憲法にも流れている憲法の基本原理を位置づけて、九条にとどまらない、より包括的で根底的な討究を背後に有していることがうかがわれます。

他方、樋口先生は、いうまでもなく憲法研究の第一人者でいらっしゃいますが、九条ということに関しては、これまでご自身の中心的なテーマとして取り扱ってこられたわけではありませんでした。そして九条について市民に向けて直接語りかけることに対しても、自覚的に抑制的な態度をとられてきました。

その樋口先生が安保法案の問題以降、それこそミカン箱の上に立って市民に語りかけるということをされました。これは樋口先生にとってだけでなく日本の憲法学史にとって、大きなことだと思います。ただしその場合にも樋口先生は、九条について直接ご自身の考えを市民に訴えられたわけではなく、九条について立法府や司法が取り上げるその仕方を取り上げられたといえます。九条それ自体については憲法学界にもいろいろな考えがあります。そういう中で他の考えをとる人の異論を同時に伝えうる条件のない場所で、市民にその中のひとつの立場を伝えることに対しては謙抑的でなければならないと考えられているのだとお見受けします。しかし、その謙抑性によってこそ市民もまた、九条の問題を全体としての憲法の構造の中に位置づけるべきことが感じとれるようになっているようにも思われます。

そして、そのことは、憲法研究者としての樋口先生の九条理解とも密接に符合しているように思えます。九条そのものについて、樋口先生は、単に自衛隊をどうするかとか集団的自衛権をどう考えるかという観点からだけではなく、九条は日本社会における「自由」の問題と内面的につながっているのだということを強調してこられました。九条を崩すことは日本社会の「自由」を崩すことになるという問題指摘です。

こうした根底的な問題指摘は、どこから来るのか。私は、先生が一九六六年に東北大学で比較憲法の講義を始められて以来、憲法の体系を、縦軸と横軸、すなわち歴史と比較という最も基底的な座標軸をとって構想する中で、憲法問題を土台から考えていかざるをえない立場に自らを追い込み続けてこられた、その中から出たものではないかと思っています。その樋口先生が、いま憲法の基本原理をあらためて正面から問おうとされたのが、昨年末に出版された『抑止力としての憲法』（岩波書店、二〇一七年）です。

以上のような意味において、本日、木庭先生と樋口先生にお話いただけるというのは、憲法についての基本となる考え方を一般の憲法論がやってきたのとは少し違った地平、より根底的な土台の地平から、大きく考える、そして大きくではあるけれども厳密に考えるための、大切な一歩になるのではないかと期待しています。

そこで、まずはじめに、現在の政治状況に至るまでのところについて、とりわけ戦後日本のいわゆる政治過程については五五年体制というものとの関係を中心としながら、そして司法のあり方についても、樋口先生からご見解を伺いたいと思います。

樋口　数年前に、法学専門誌で長谷部恭男、南野森のお二人と鼎談をした経験があります。三人の中で、大まかに申しまして、二人の方と私の戦後日本の憲法をめぐる状況の理解が、対照的であるということが分かりました。私は、選挙議会プロセスと申しましょうか、それと司法プロセスというものを便宜上分けると、選挙議会プロセスは、比較憲法論的に見ても、それなりに一つのデモクラシー運用のあり方を世界に示したといえるのではないか、と考えています。俗に悪評の意味を含めて「五五年体制」と言われてきたものがそれです。このことについて、私より一世代若い政治学者の山口二郎さんが、ある機会に、私の議会制民主主義論を、「日本の身の丈に合った民主政治と評価しています」と、正確に受け取ってくれています。

そのことと対照的に、司法の実績に対する見方では、先の鼎談のお二人と私との間の違いが逆向きに現れていました。憲法の基本価値が争われたような場面における司法の役割に限ってのことですが、私は採点がきつく、この両面で、二人の方々とちょうど裏腹でした（『論究ジュリスト』一三号、二〇一五年春号）。

ひと言でなぜかというと、私の関心の基本にあって制御すべきと考えているものを制御してくれなかったからです。しようとしてそういかなかったのか、それは関心の外にあったのかということは問題ですけれども。

どういうことかと申しますと、選挙議会プロセスについて私が相対的な評価を与えつつも、問題だとして同時に指摘することを忘れていなかったつもりですが、利益集団多元主義にかかわります。これは、選挙議会プロセスの場面では、ある程度、許容され得るものだろう。しかし、まさにそれこそをコントロールすることが司法の役割だと考えるからです。

判例の中身にはここでは言及しませんが、誰でも連想してくださるでしょうが、一つは「八幡製鉄献金事件」、もう一つは「自衛官合祀訴訟」です。前者は直接には財産法的な分野に関わりますし、後者は文字どおり思想良心の自由に関わります。利益集団多元主義と個人の関係、一般化していえば団体の自由と個人の尊厳＝自由と国家の三者関係、という問題です。その問題を根っこにすえて自分なりの憲法研究の枠組を立てるという意味では、私について愛敬浩二さんが「異形の立憲主義」という、私は名誉として受け取っていますが、これまた適切なとらえ方をしてくださっています。

さて、その利益集団多元主義はどちらに傾斜していくのか。前世紀の八〇年代以降、世界的な潮流になり、日本もその波に乗ってきて現在に至っている、いわゆるネオリベラルの方向です。利益集団自由主義は、いわば自然にネオリベラルな社会観につながる面を持っているだろう。そのネオリベラルの初期の段階には、私自身も含めて、功罪それぞれの面についていろいろな評価がありえましたが、その後、四〇年の経過の中で、いうところの格差社会の促進という論点に焦点が集中してきました。

それだけではありません。第二次大戦後の欧米先進資本主義諸国に多かれ少なかれ共通していた福祉国家コンセンサスを壊してゆくためには、強力な政策努力が必要でした。そうした政策動向の激化に対する抵抗がある場面では、強烈な社会的排除のヴェクトルが向けられる。それは憲法学にとって格差以上に重大な論点として問題にしなくてはいけないはずです。抵抗の少ないところでは、目に見える形では、議論のフォーラムからの排除という形を必ずしも取らないかもしれませんが、それが私の現状認識です。

蟻川　では、いまの樋口先生のお考えについて、木庭先生からお願いいたします。

木庭　いまの樋口先生のお考えに賛成です。残念ながら、本日は異形の憲法理解を例外的に共有する、極めて少数の三人が集まってしまったのではないかと恐れますけれども、私の現状認識として、まったく付け加えるところが全然なく、むしろ何をしゃべっていいのかというくらいのところです。

けれども、少し尾ひれを付けるというか、些末に入るといいますか、敷衍しておくと以下のようになります。

まず五五年体制をどう見るかですが、その終焉を全く評価しえないという限りにおいて、私もまた、相対的にポジティヴに捉えたいと思います。「政権交代可能な二大政党制への移行」が標榜されたわけですが、結果は、今や明らかなように、最低限の政治システムさえ消滅へと向かう第一歩だった。その経過については、もちろん専門の歴史家の手に委ねなければなりませんが、誰の目にも明らかであるのは、以下のような経緯であると思います。「改革」ないし「行革」「政治改革」というスローガンが一つの指標となると考えます。この傾向は一九三〇年代くらいから根強いものがあり、その正体は一様ではないけれども、一九八〇年代に再度の端緒があった（「臨調」）ことは確かであり、一九九三年の五五年体制終焉以降主要な旋律となりました。そのプログラムの中には先進国として世界の軍事的負担を負うということが含まれ、「改革」と「改憲」は一時進歩的に見えました。注目すべきは、五五年体制の支配的政治ブロックを反対派が崩す形（九三年の「政権交替」）で「改革」が推進された点です。実際には旧支配ブロックの一部と旧野党勢力が離合集散しながら大きくここへ付和雷同していきます。しかもこの動向は反転して旧支配ブロックの中のアウトサイダーへ引き継がれます（「小泉改革」）。二〇〇〇年代前半の時点で、「改革」は実は空洞であり、単なる大談合のための一掃に過ぎないことが明白になりました。そして二〇〇〇年代半ばにはポスト「改革」時代、つまりオポジションの消失による政治システムの崩壊と一元的和合の時代に至ったと考えられます。当初旧支配ブロック（ポスト小泉の自民党内閣）

はただ単に復古的で、この新しい一元的和合に不適と見なされた。しかしこれを引き受けた旧「改革」派（「民主党」）は、流れとすれ違ってしまい、勘違いして中身のない「改革」の幻想を維持したため、幻滅させ、壊滅します。むしろ、一元的和合はヒステリックにこの政権の多少の合理性追求に襲いかかり、これを血祭りに上げることで体質を獲得し、これに乗じた旧支配ブロックがさっさと事態をひっくり返し（二〇一二年末）、政治システムが終焉を迎える。つまり、確かに五五年体制は極めて不完全なデモクラシー、利益団体多元主義の利益調整メカニズムに過ぎなかったが、政権交代に見えるものは、実は利益団体の一元的和合、オポジションの消失へのプロセスでしかなかった。

他方、私も樋口先生同様人権保障について低い評価しかなしえない理由は、利益集団多元主義のコロラリーとして、集団の自由は保障しても個人の自由には十分な配慮をしないからですが、この点は蟻川さんに議論を譲りましょう。

蟻川　五五年体制の終焉にポジティブな評価を与えることができない限りで五五年体制に対してポジティブな評価を与えるということに、私もまったく賛同いたします。加えて、いま言われた民主党政権の失敗ということについては、政権運営それ自体の失敗ということに加えて、二〇〇九年のその一回の政権交代によって自民党が野に下った、そのこと自体によるマイナス効果というものが、同時にあると思います。それは、第一党の座を奪われて野党になったことで、自民党が粗暴化したということです。現首相は、憲法改正は自民党結党以来の党是だと繰り返し言いますが、憲法改正を悲願とした現首相の祖父、岸信介首相が退陣したあと、表立って改憲を唱えた首相はいませんでした。元来の改憲論者である中曽根康弘首相でさえ自分の内閣では改憲を提起しないと明言しました。ところが総選挙で敗れた自民党は二〇一二年に党として憲法改正草案を作成し公表しました。この草案は、それなりの体系性を備えているとはいえ、天賦人権説に対して極めて消極的な起草者意思にもとづくものであり、近代国家の論理からすると粗暴です。選挙に負けて下野したことで、党内になりふり構わずの姿勢が生まれ、抑えられていたイデオロギー性が封印を解かれたのではないかと思います。現憲法に対して「みっともない憲法」という言葉を発した人を押し立てて政権に返り咲いてからの自民党の姿は、見ての通りです。こうした成り行きが、五五年体制のもとでは辛うじて維持されていた政治的な分別を見失わせてしまった限りで、民主党政権への政権交代が、第二次安倍政権の粗暴なあり方の露払いをしたという面を指摘しておかなければならないと思います。

司法については、これも付け加えることは特にありません。樋口先生が挙げられた二つの判決、八幡製鉄事件については、あとで別の形でも発言できる機会があればと思います。自衛官合祀訴訟については、私はあえて自衛官合祀拒否訴訟と呼ぼうと思いますが、この二つの大法廷判決は、いずれも個人と法人とに対するこの国の「社会通念」にきわめて忠実に論理構成されている点で、ここで取り上げるにふさわしい判決といえます。法人にも保護すべき利益はあり、個人にも制約されなければならない利益があるのは勿論ですが、軸にすべきところは明確でなければなりません。その点でこのふたつの判決はどうかといえば、会社は「社会的実在なのであるから、それとしての社会的作用を負担せざるを得ない」とし、「会社に、社会通念上、期待ないし要請されるものであるかぎり、その期待ないし要請にこたえることは、会社の当然になしうるところである」と述べて、「政党のあり方いかんは、国民としての重大な関心事でなければならない。したがつて、その健全な発展に協力することは、会社に対しても、社会的実在としての当然の行為として期待されるところであり、……政治資金の寄附についても例外ではない」という論理をたてる八幡製鉄政治献金事件判決（強調引用者）と、「人が自己の信仰生活の静謐を他者の宗教上の行為によつて害された」場合に「損害賠償を請求し、又は差止めを請求するなどの法的救済を求めることができるとするならば、かえつて相手方の信教の自由を妨げる結果となるに至る」と述べて、未亡人個人の精神の静謐が害されるより、それを保護することによって「かえって」宗教法人たる護国神社の「自由」を危うくすることのほうが問題だとする自衛官合祀拒否訴訟判決（強調引用者）とから成る世界は、法人には過度に優しく、個人には過度に厳しい世界です。それがこの国の「社会通念」なのでしょう。しかしそうだとしたら、司法は「社会通念」に抗ってでも、最後は個人を守る論理を用意していなければならないはずです。

　ここで一つの会話を紹介したいと思います。自衛官合祀拒否訴訟判決では、伊藤正己裁判官が最高裁で唯一の反対意見でした。その判決が出たあと、丸山眞男と伊藤正己が話す機会があったようです（「丸山眞男先生を囲む会」『丸山眞男手帖』五二号〔二〇一〇年〕六二～六四頁）。丸山が伊藤先生をねぎらうと、伊藤先生は、他の最高裁判事について、なかなかいいことを言っている意見もあると言った上で、しかし「実に不思議だ」「あれだけわかっていて、結論になると自分一人になっちゃう」と語ったそうです。他の判事たちの個別意見にもいい線いっているものが少なくない、けれども最終的に自分と考えを共有するところまでくる判事は一人もいなかったと言うのです。

そして、このただ一人の反対意見ということについて、丸山は、学者出身判事一人の意見だと、どうしても「孤立」してしまう、「もう一人」ほしい、「本来の裁判官出身者がいたら全然違います」と述べています。これは非常に重要な発言だと思います（丸山は伊藤正己のところには脅迫状も来たのではないかと推測しています）。丸山が「もう一人いたらよかったな」と水を向けたのに対し、伊藤先生は「本当にそうなれば僕は助かった。非常に僕は発言しやすくなった」と答えています。

しかし、その後も、例えばピアノ伴奏拒否訴訟、これも私は「拒否」訴訟と言いますが、ここでも反対意見は、学者出身判事の藤田宙靖裁判官ただ一人でした。一人と二人では「全然」違う。こういうことを日本の司法のあり方として私は重く受け止めています。

それでは、選挙・議会プロセスと司法に関して現状に至るまでのところへの評価はこのあたりにして、続いて現状をどう見るか、とりわけ、ここ数年来さかんに言われるようになった立憲主義の危機ということについてのお考えを伺いたいと思います。

2　政治の概念

樋口　これから三人で立憲主義を論ずるにあたり、「政治」というコトバの意味について、読者の皆さんに注意を促すことから始める必要があります。木庭さんは独自の概念規定として「政治」という言葉を一番のベースに置いて仕事をしてこられ、「木庭三部作」の膨大な仕事を、最初は『政治の成立』

（一九九七年）、次が『デモクラシーの古典的基礎』（二〇〇三年）、そして『法存立の歴史的基盤』（二〇〇九年）、と続けてこられました。すべての真っ当な議論の出発点には、「政治」がなくてはいけない。こういう言葉遣いをキーワードとして使っておられるわけですが、おそらくそういう「政治」という概念に初めて接する読者が多いだけに、ご本人から直接、それを開示していただけませんか。

木庭　いま樋口先生がおっしゃったように、あくまで政治という概念を基礎に置いて憲法を考えるという立場に立つ場合ですが、現在、日本国憲法の状態は危機にある、憲法自体が危機にさらされているという見方ができる、という結論になるわけです。おっしゃるように私がここで政治と呼ぶものは一般に政治と言われるものと著しく異なりますから、説明が必要でしょう。ただし私のこの語の使い方は、伝統的で正統的なものです。

きちんと定義をすれば以下のようになります。**一個の全体社会の頂点の意思決定を、自由で独立の主体相互間の特別な質を持った厳密な議論によって行い、かつ一義的で明確なその決定を迂回することなく自発的に遂行する**。このシステムが理想的に形成された場合、そしてその場合にのみ、決定の一義性が同時にその実現に際しての一切の不透明を排除するということになります。とりわけ実力を排除します。もちろん非常に透明な単一の権力を樹立するということでもあります。公権力ですね。単一性や透明性は実力を独占することによって導かれるというのは誤解で、特別の性質を持った議論が君臨するのでない限り単一性も透明性も生まれません。必ず腐敗します。他方この政治こそが全ての私的権力を解体します。反射的に集団の権力から個人を自由にします。この自由は政治システムの生命線である自由な議論をする可能性へと循環します。

そうすると、現在の日本の立憲主義の問題は、いま申し上げたような政治が、最低限ではありますが、実現されていた戦後体制が崩壊しつつあるという問題になります。最低限の政治を意味していた利益集団多元主義の調整装置が乗っ取られて制御不能になった。さらにこの政治と憲法がどういう関係にあるのかというのは、またこのあと触れますが、さしあたり、この政治の根幹を定める憲法を都合のいいように勝手に改めることがまかり通るならば、それをメルクマールとして現在、日本においては立憲主義が危機に瀕していると認識することになろうかと思います。

樋口 大変明快にその構図を示していただきました。私が初期近代を、憲法学者におなじみの人物を挙げるとホッブズというだけのことですが、初期近代を念頭におくということに、どういう意味を託してきたか。

近代を扱う実定憲法学にとって、中世との論理的な断絶を承知しながらも歴史的に中世を援用することによって、近代が確立する成果を説明する、ということの意味は、『マグナ・カルタ』の例を引いただけでも分かります。

そういう歴史的な援用のされ方の問題性は別にして、私の場合は、初期近代を念頭に置きながら、国家による中間集団の解体、木庭さんの端的な表現で言えば私的権力の解体による公権力の成立、そして何よりそれが意味する個人の解放、という近代社会の基本的な図式をつかみ出す。そのようにして、一方で主権国家、他方で人権主体としての個人という、実定憲法学がそこから始まる枠組を説明する。

その際、初期近代という場合に、どうも古典古代がその後ろにあるらしいということは、むしろ本能的に感じながらも、私として一度も言及してきたことはありませんでした。それはまったく自信がないからなのですね。ギリシャ語はもちろんのこと、ラテン語もきちんとした文法を習うのを怠ったことから、古典古代については不確かな知識しかなかった。不確かであったことが、まだしもよかったのかもしれません。一般教科書的な知識では古典古代における個人という主題が正面に出てこないですから。そういう不確かな知識しか持ってこなかったおかげで、何かそれがあるらしいという理解だったのですが、ここ数年、「木庭歴史学」の書いたものに接することが多くなって、いま自分自身、納得しています。

木庭　樋口先生のお考え、かねてよりの歴史の見方は、日本では異形かもしれませんが、まったく異形ではないと思います。西ヨーロッパではまったく微動だにしない、幹のような考え方だと、私はかねてから思っています。

近代のヨーロッパが個人を発見するのは、やはりギリシャ・ローマに触れてのことであり、ギリシャ・ローマ社会はどうやって集団を解体して個人の自由を実現するかという問題意識に貫かれています。近代の出発点はペトラルカであるとされます。ペトラルカが彼のソネットの中で、個人というものを発見していく。かけがえのない内面を持った個人を発見する。ですから一四世紀ですね。近代は一四世紀に始まるというふうに、これはまったく標準的な、中学校の教科書的な理解であろうと思います。ですから、当然人文主義です。ルネサンスから近代が始まるというふうに言えば、日本でも少し標準的かなと思っていただけるかと思いますけれども。真のギリシャ・ローマの発見ということが大きかったのですね。

ホメーロスの作品を読めば非常にはっきりします。一人になるのがいかに大事かということを『オデュッセイア』などは非常に雄弁に伝えてきます。ギリシャの社会を何か村落共同体のようなもの、或いは家長の自律的連合体のように捉える傾向が日本では強いのですが、一九世紀のヨーロッパに特殊な見方で、現在では克服されていますし、一八世紀以前にもありませんでした。

補わなければならないのは、近代と憲法の関係です。政治と憲法の間の関係は、もう少し詳しく見る必要があろうかと思います。憲法の実質が政治であると私は考えるのですが、ギリシャ・ローマにおいては、しいて言えば「立憲主義」と言えなくもない考え方がなくはないのですが、しかし、政治の存在が憲法によって保障されているという事情はありませんでした。

これに対して近代においては、これは樋口先生と同じ考えだと思いますが、政治の存立は憲法なしにはありえないということになろうかと思います。この政治と憲法の関係はしかし単純ではないので、ここでも少し説明が必要でしょう。

政治はギリシャで生まれ、ローマに引き継がれましたが、近代はギリシャ・ローマのこの遺産を長い断絶の時間を経て再発見しました。この再発見は、自分たちの現実との間の鋭い緊張関係においてなされた、ということを忘れてはなりません。しかし他方、マキャヴェッリ、ボダン、ホッブズといった人々は、ギリシャ・ローマの遺産をそのまま受け継ぐのではなく、その限界を見抜いてもっと実効的な新ヴァージョンを創造しようと考えました。

3　憲法の概念

木庭　ギリシャ・ローマの政治の弱点として、彼らが共通に考えていたのが、社会、とりわけ経済社会からのインパクトに対して、この政治システムが非常に弱いということでした。つまり、先ほどの樋口先生のお話でも出てきましたが、利益集団が政治システム内部に浸透してきて、政治システムを機能不全に陥れていく。この問題について、ギリシャ・ローマの政治システムは大きな欠陥を抱えているというのが、彼らの共通した認識だったのです（ギリシャ・ローマからそうした反省の遺産を受け取っていましたし、ルネッサンス期イタリア都市共和国の失敗も見ていました）。

かくして、彼らはこの点に鑑み、社会からのインプットを斥ける防壁の構築を悲願としました。国家ですね。内容以前に一義的な外壁を欲した。かつ社会に対する政治という装置の実効的な作用を欲した。ギリシャ・ローマ、特にギリシャはこれを欠いたと考えたからですね。反対に彼らは政治の実質の実現は後回しにしたとも言えます。政治自体ではなく政治の機能と結果のみを欲した格好ですね。実質的な政治を熟成させる余裕がなかったということかもしれません。このため政治の骨格のみを機能的等価物として拵えて、公権力の効能に社会があずかるということを欲しました。ですから、近代の場合には、政治というものの存立を考えるときに、国家抜きには考ええないということになります。

しかるに、憲法はこの国家に政治という実質を充填する役割を担いました。それを推進したのは、国家の形成により反射的に生まれて成長していった市民社会でした。一七世紀にスタートして、イングランドではゆっくりと、フランスとアメリカで一八世紀末に一気に、この政治の実質化は実現します。憲法という形式による政治の実質化ということを最も如実に見るためには終着点とも言えるジャン＝ジャック・ルソー（*Du contrat social;ou, principes du droit politique*）を読むことが最適です。

国家は、儀礼的物的明証性を旨とし、法学的に概念構成されていました。その中には法人理論や imperium 論が含まれました。このため、政治の実質化は、儀礼的思考に親和的な規範という形式で与えられることとなりました。国家機構内部に関してと、国家と社会の関係についてと、両方ですね。市民社会が推進したということも法学的構成に寄与します。司法と民事法は市民社会の apanage ですからね。これも本来は集団の権力を解体する本能を持っています。この本能になかなか目覚めてくれませんが。かつ、実質化の柱として市民の側の権利が概念構成される。まずは啓蒙期において様々な政治的性質の基本権、つまり政治の性質に対応する言論の自由や刑事司法面の権利ですね。市民社会は既に最も根底的な精神の自由を基礎付けていましたが、まずは制度面で基底的である政治的自由が追求されたということになります。憲法の先生方を前にして教科書的な知識の再確認で大変申し訳ないのですが。（しかし今日はどんなに退屈でも動かない基本を何度でも確認したいと思います。そこを忘れる傾向が目に余りますから。）

ですから、このような意味において、樋口先生がおっしゃるところの憲法は、近代がそれまでの自分たちの世界のあり方と断絶して、政治というものを新たに持つ、そのことと連帯の関係で確立されました。憲法は近代に固有のものであるという樋口テーゼは、いまのような形において裏付けることが可能だということになります。そのポイントは個人の自由であるということを含めて、動かない基本であり、好きだろうと嫌いだろうと、基本を忘れれば、すってんころりんと引っくり返る以外の帰結は待っていません。

逆に言うと、古今東西あらゆるところに存在している、さまざまな権力というものがあります。これはそれぞれの合理性を持っている。そのためにそれぞれの規範体系を備えるということがありうるわけですが、表面的には憲法とよく似てはいても、これらについて「憲法」という語を用いることは、根本的な誤りであると私は考えています。

もちろん樋口先生がおっしゃったように、実際には、とくにイングランドにおいて、中世の身分制社会のさまざまな遺産というものが作用していることは疑いないわけです。これはそのとおりなのですが、だからといってそちらに憲法というもののエッセンス、実質があるということは、それは言えないと思います。さまざまな歴史的な遺産を上手に料理の材料として使うということは、ギリシャでもそうでしたが、政治を成立させるに際して鍵になることです。しかし、気をつけなければいけないのは、だからといって、それらの遺産との間に断絶面を設けるということは、ギリシャの場合も、近代の場合も、怠られてはいなかった。遺産を上手に利用して新しいものを作り出すということと、しかし過去の自分たちと決別するということ、この二つのことは区別して考えなければいけないと私は考えます。

少し元に戻れば、要するに私は、憲法の基礎に政治を見るので、現在の状況下では、その政治が先ほど述べた一元的和合体制によって崩壊寸前である以上、憲法自身、即ち立憲主義自体が危機に瀕していると考えるわけです。実際、利益集団多元主義という限界を抱えながらも、政治の存在こそが最低限の利益調整を可能にし、特定の利益集団に一元的に迎合するしばしば暴力的な体制が公権力を簒奪してしまうことを阻止してきました。そのような結末をもたらしたのは、しかしながら、やはり利益集団多元主義であると思います。その病理を克服するという口実で、しかし実際には諸利益集団の大談合が成立します。これが「改革」です。結局、市民社会の側が利益集団多元主義を清算できずに成熟しえなかった事実が根底にあります。市民社会がその圧力で政治を実質化させていくという先に述べたプロセス、これが集団の前に個人が屈すること（民事法において占有が保障されないこと）によって実現しない。考えられない怪しい集団が日本の社会では野放しになっている。それには司法にも大きな責任があります。戦後憲法で国家を再樹立しましたから、順序は逆になりますが、自らの成長により政治つまり憲法を実質化するチャンスを市民社会と法は折角貰ったのに、自らそれを捨ててしまった。

樋口　イングランドについて、理性の狡知という話が出てきました。理性の狡知によって実に見事なものが作られたということは、私はイギリスを深く勉強したことはない、普通の憲法学者並みの普通の知識ですが、よくわかります。近代憲法についていう統治の機構と基本権が、まったく独自のターミノロジーで語られてきた、ということです。

統治機構は King（Queen）in Parliament の主権であって国民主権ではない。基本権の部分は、基本権という言い方ではなくて、イギリス人がイギリス的な意味で言う Rule of law、議会主権をもってしても触れてはならないものがあるという定式化です。まさにアメリカやフランスがそれぞれの成典憲法、成文の憲法典という形で受け継ぐものが、イギリスに成立していたわけです。

話が横にそれますが、現在ＥＵレベルで言葉として、英語で言う場合には Rule of law、フランス語で言う場合には Etat de droit が、相互互換的に公的な書面でも使われています。そうですけれど、それは本来はまったく見当違いの使い方だということは、一般の読者のために言っておいたほうがいいと思います。

話を戻せば、経済、つまり私的なものが越境してくることへの防御壁としての公的なるものとしての国家、それを構造立てるもの（Constitution, Verfassung）が憲法だということで、それは二〇世紀後半、八〇年代までは共通の了解事項だったでしょう。

蟻川　そしてその八〇年代以降、ネオ・リベラルの問題などが大きくなって、私的なものと公的なものとの敷居そのものが流動化していくというわけですね。公の私化という面と私が公共を乗っ取るという面とがあるわけですけれども、裏からいえば、それは、そういう事態を食い止める装置としてあるはずの国家と憲法とが機能不全を起こしていることと重なっているでしょう。とりわけ日本では立憲主義の危機ということが言われ、憲法がぐらついてきつつある中で、憲法以前に（近代）国家そのものが怪しくなっていると言わざるを得ないような事態さえ残念ながら散見されるありさまです。

あらためて話を戻しますと、近代が古典古代を継承する。ただし、そのままではなく限界を意識しながら、というお話は、非常に示唆的です。『笑うケースメソッドⅡ　現代日本公法の基礎を問う』（勁草書房、二〇一七年）という木庭先生のとても魅力的な本があります。その中で、あえて抽象的にいえば、ギリシャで奇跡的といえるまでに政治が成功する、といいますか、政治の仕組みがうまく整えられたことについて、その本の中の学生たちが、「それはできすぎている、あり得ない」と言ったのに対し、老教授役の木庭先生が、大略「きみたち、自分たちが想像できないものは『なかった』などと考えてはいけない」といった趣旨の一言を授けていらっしゃいます。

ここから門外漢の私は想像をたくましくするのですけれども、まさに樋口先生が描かれた初期近代の、あるいはホッブズでもいいかもしれませんが、その理論は、古典古代がほとんど奇跡的に実現したものを近代において、そのままでは到底実現できないから、その通りにではなく再現するための理論だったのではないでしょうか。一般に社会契約説という理論は事実の記述ではない、フィクションであるといわれますが、それはおよそそのまま再現することができないような、そのままの形では説明することもできないようなギリシャの政治の成功をそのままではなく再現しようとしたら、フィクションとして土台から構築するしかないということだったのではないだろうかという思いがいたしますが、そのあたりのところを説明していただけますか。

4　市民社会の概念

木庭　近代の独創性という問題になろうかと思います。古代近代論争に則して申し上げると、私はギリシャ・ローマを専門としている人間ではありますが、実は近代に軍配を上げたいと思っています。確かに近代は、よく巨人に肩車されている小人にたとえられます。ですから「近代」といっても、大部分は古典古代であって、小人として近代が乗っているにすぎないとよく言われます。しかし、やはり小人の目の高さは巨人の目の高さよりも上にある。それればかりではなく、もっと近代というものの独創性に、私は高い評価を与えているわけです。

やや偶然だったと思いますが、いま申し上げたように、先に国家を立ち上げ、あとで政治、というところにまず独創性のポイントがある。国家という装置は、政治を立ち上げる条件がないところで言わば強引に立ち上げるための狡智であったと思います。他方、政治というその中身を詰める主体、それを駆動していったのはなんだったのかというと、国家ができたおかげで、徐々に形成されていく市民社会というものがあり、これが憲法ないし政治の実質化というものをプッシュしていく。私は近代の専門家ではないので、あくまでギリシャ・ローマとの対比における大雑把な把握ですが、イングランド史とフランス史を見ればこの点は動かないと思われます。ギリシャ・ローマの場合、特に占有概念を持たなかったギリシャの場合、社会ないし経済の問題に足を引っ張られ政治システムが瓦解していった。

もっとも、一九世紀の産業化以降、或いはデモクラシー以降の段階において、つまり皮肉にも政治の実質化に成功していく過程で、市民社会ないし経済社会が深い問題を抱えるようになっていく。われわれの立憲主義が危機に瀕しているのもその遠い帰結であると言うことができる。ですから、ギリシャ・ローマの失敗をあざ笑う資格をわれわれもまた持たない。ただ、近代の偉大さは、この市民社会というものを先に成熟させ、こちらの圧力で国家にその中身を充填させる、国家がその中身を充填していくということを強いるということをした、ということかと思っています。

　近代ばかり褒めるのも不公平ですから、言っておきますが、ギリシャの場合にも、何かが天から降ってきて政治が形成されたというのではありません。ギリシャ人自身、何か奇跡を起こして、いきなり政治を始めたというふうには考えていません。先ほども「狡知」という言葉を使いましたが、ホメーロスの作品を読むと分かるとおり、そして『政治の成立』という本で論証したとおり、ギリシャの人たちが最初に政治を立ち上げたときには、何も特殊な材料を持っていなかった。私は授業でよくこういう比喩を使います。冷蔵庫の中の古びた野菜だけから絶品の料理を作った。ありふれた材料しかなかった。材料は豊富な方がよいので、多文化主義に反対ではなかった。豊富でなかったかもしれないが、想像力で補った。ただし、全ての材料がcruitではだめでcuitでなければならない。問題は料理の仕方だということです。パッとコロンブスの卵に気付いて、おそらく数十年の間に点々と多数の政治システムを発生させました。

　この点、マキャヴェッリ、ホッブズになると、古びた野菜しかない上に、料理のセンスもなさそうだということを自覚している。古典語を抜群によく読めましたから。それにもかかわらず政治を立ち上げなければならないとすると、どうしたらいいか。そういうことに初めてチャレンジした。その点の非常に大きな功績をマキャヴェッリとホッブズは持っていると思います。

　ですからマキャヴェッリについて、近代政治学の祖である、あるいはここから近代の社会科学が始まるとよく言われますが、まったくそのとおりです。その意味で、近代の、あえて悪い条件を受けて立つ、その勇気ですね、この限りで、私は近代により一層シンパシーを感じます。何よりも日本で何かしようとするときに、砂漠の真ん中にいきなり置かれるわけです。このときにどうすればよいのかということになると、ギリシャ・ローマの経験より近代の経験がはるかに示唆的であるということになります。

むろん、ギリシャ・ローマから来る基本を踏まえないとなると話が始まらない。近代の唯一のアドヴァンテージはそうした知的土台を有したことです。初期近代の人たちの学ぶ姿勢は驚嘆すべきものです。われわれも、ギリシャ・ローマや初期近代以降の人々に学ぶ姿勢を失ったならば、それは終わりに近づいたことを意味すると思います。真剣に読んだこともないくせにデカルトなどを「超克」するとわめくのは、田舎のヤクザが空威張りするようで、本当に恥ずかしい。これを派手にやって破滅の淵まで行ったことを忘れることはもっと恥ずかしい。どれだけの人を殺したか。

樋口 初期近代から、国によって違いがあるとしても、かなり長い時間をかけ、一八世紀末という一つの区切りをまたいで、一九世紀前半までについて語られる市民社会となる。その中で、初期近代＝ホッブズやデカルトに向けての次世代からの批判を挟んで、古代近代論争が「近代」の意味を明らかにする、というふうに私は理解しています。市民社会というと日本ですと、Société bourgeoise（ブルジョワ社会）、あるいはSociété petite-bourgeoise（「プチブル」社会）を連想する読者も多かったと思うので、木庭さんの説明は非常に重要だと思います。

要するエリュディ（érudit）というのかな。辞書的に博識とか学識というと違ってしまうので訳が難しいけれども、「知」の意義に敬意を持つ個人が結びつく、そういう市民社会なのですね。それが、おっしゃるように政治を立ち上げる役目を果たす。これは時代がずれて幕末から明治にかけての日本にも、それに対応するようなものが確かにあった。あったからこそ、とにかくいろいろと根腐れしてきたりするけれども、ともあれ、われわれがいまいる社会、やはりこれはまともにできていると思うのです。

何しろ現在は、政権の最高指導者が「駄目な国」「駄目な戦後の……」というような言い方をして、いわば自己否定をすることによって、あらためてテーブル返しの「改革」に誘導しようとしているわけでしょう。そうであってみれば一層、私たちの知的歴史を全体としてポジティブに理解することに意味があるでしょう。

おもしろいのですよ。たまたま数日前に友人がコピーを送ってくれたのです。仙台市の博物館長をした友人ですが、幕末期に奥羽越列藩同盟の主軸であったはずの仙台藩は結局、腰砕けになるのですが、それでも武器を取って、ある程度、戦いはするのです。

その仙台藩で実質的な家老役をやっていた大槻磐渓というエリュディがいる。大槻家は歴代、より漢学に没入した人と、より洋学に没入した人とがいるのですが、磐渓は、ちょうど幕末維新のときにあたって、藩論の主導的な役割を果たすものですから、戦争犯罪人にされるわけです。家老であった但木土佐は切腹させられるのですが、磐渓も牢屋に入れられたというような人なのです。

その後、新政府になって、新政府に仕官を求められても拒否するという人ですが、その磐渓の子息が、日本で初めての本格的な国語辞典『言海』を作った大槻文彦という国文学者なのです。その国文学者が明治の末に、ある書物に序文を寄せて、いわば賊軍の幕僚であった自分の父親がどういうことを言っていたのか、書いているのです。

すなわち西洋に立君定律国あり、これは「立憲君主国」という意味ですね。大槻文彦は、カッコして「今の所謂立憲国」としているのです。明治後半になってからですから、もう「立憲」という言葉が一般に流布しているわけですが幕末には必ずしもそうでなく、「立君定律国」という言葉を使っていたらしいです。

君主の下で政権を担当する「大宰相」が「大政の責任を負ひて交替するのと同じ姿にして置く」ということを「常に申居候ひき」というのです。司馬遼太郎さんが政宗以降、「六二万石の壮大な昼寝」、と表現していた仙台藩といえども、こういう érudit を抱えていました。

伊達藩は佐幕の立場なのですが、徳川氏が「大宰相」の役に就かなくてもいいのだということまで言っています。二百六十何カ国、当時の日本のそれぞれの場に、こういう知識層がいたに違いない。それが遺産になって、明治の自由民権から大正デモクラシーまでを支えたのではなかろうか。

話のつづきで旧仙台藩の流れに限っても、五日市憲法草案が発見されて世に知られることになった無名の下級藩士の千葉卓三郎から吉野作造に至るまで、見えない底流がつながっているという思いがします。

5　デモクラシーの概念と人権

蟻川　それでは、ここまでの、政治、国家、憲法、市民社会の議論の中で、まだテーマとしては出てきていないデモクラシーについて、木庭先生のお考えを伺います。

木庭　耳慣れない「政治」というものを持ち出し憲法のエッセンスだなどと言って、普通憲法と共に考えられるデモクラシーは一体どこへ行ったのだ、とお思いになる読者が多いかもしれませんので、デモクラシーについても説明しますと、異形のデモクラシー論になりますが、私はデモクラシーを通常とは異なって以下のように概念します。まず政治とデモクラシーを厳密に区分して捉えるということが大事ですが、とはいえ、政治が発達して、より進んだ段階に至る、これがデモクラシーです。どのように政治がより進化するとデモクラシーになるかというと、以下のように言うことが可能かと思います。すなわち、政治的決定は個人の自由のために私的権力を解体するためになされますが、しかしその**政治的決定の遂行が個々の特定の個人の中核的な自由を犠牲にするのであれば、その限りでその決定は無効である**、とするのがデモクラシーです。転じて、この**個人の中核的な自由を社会にとってのアプリオリとし、それを侵害する全てのことが斥けられ、またそれを支えるために人々が政治と対抗して連帯する、或いはこの連帯によって政治を置き換えてしまう**、そういう体制がデモクラシーです。「中核的自由」とは、政治における自由のさらに前提になければならない、「精神の自由やこれを育む媒体を侵害されない自由」です。これは基本権の第二層です。政治に固有の自由独立の個人の言語行為の自由が第一層ですね。要するにデモクラシーは人権保障そのものです。人権の古典的な定義からデモクラシーを定義します。おそらく憲法学で支配的な考え方であると思われる、デモクラシーと人権をアンチノミーで捉えるというのに対し、それこそ異形になるかと思います。

このような原理は政治的決定手続を変えます。事後の司法審査と並んで、事前に資格審査をすることもありえます。要するに二段になります。さらには危殆に瀕した具体的な個人の自由の中核を積極的に再建するための政治的決定が要請されます。前提的資格審査は個別の個人のためのものであるから、その個人に近くこれに連帯する審級、民衆的基盤、草の根、が裁可するというニュアンスも加わります。ここからいわゆるデモクラシーのイメージが導かれます。とりわけギリシャで実際にデモクラシーと呼ばれたのは、むしろ草の根の判断が優越する政体のことでした。しかし政体論的文脈を越えて決定手続の基底的な構造変化を概念する方が物事を精確に捉えると私は考えます。それを指してデモクラシーと呼んだ方が効率的です。

立憲主義は、元来は政治のコロラリーであるが、一旦樹立した国家と公権力のメカニズムを規範化するというその性質が、政治的決定にさらなる前提的資質を課してこれを制限するという機能のために大変に適しています。立憲主義は国家を法学的に概念構成しますが、公権力に対して民事法の枠組で人権を保障するということにスムースに接続します。これが立憲主義の第二の意義ですね〔樋口陽一「憲法学の『法律学化』をめぐって—第五共和制におけるフランス憲法学の新傾向」同『権力・個人・憲法学』〔学陽書房、一九八九年〕所収参照〕。この場合には基本権の第二の層、つまり個人の精神的自由、政治的でない表現の自由や広義の財産権、私は占有保障に限られると思っているのですが……それから大事なのは生存権ですね、これらが重要なアジェンダになります。生存権に関しては、信用の面で個人の自立を支え、私的権力を生みやすい信用の問題に対処するものである、と私は理解します。ギリシャ・ローマ的発想の受け売りですが。

いずれにせよ司法を通じての人権保障ということは自動的に民事訴訟を通じてということになりますが、これは市民社会というものが憲法を実現していったというプロセスからして当然なのです。つまり司法ないし民事訴訟というのは、先ほど申し上げたとおり、元来は市民社会の側に固有のデバイスです。

樋口　大事なことを一言しますが、木庭さんの「人権からデモクラシーを定義する」という言い方だけを定義ふうに聞くと戸惑うにしても、外観上はむしろ憲法学者の普通の考え方と重なっているように見えます。というのは、デモクラシーという場合、人権保障を入れるのが普通だから。入れるどころか、それこそがデモクラシーの目的であり、手段がデモクラティックな選挙議会プロセス、選挙立法プロセスだという、この理解が憲法学者の構図として普通なのです。

それに対して私は、意識的にデモクラシーと人権をアンチテーゼの形にまず置く。ひとまずそう置いた上で、制度化とその運用の知恵として、どういう折り合いをつけるか、という発想でいくのです。

木庭さんと憲法学者の通念が外見上重なって見えるのに対し、議論の実質からすれば木庭さんと私が用語法の違いに拘わらず、認識を共有している、と私は理解しています。木庭さんにとっては私的権力の解体は「政治」の課題として既に前提とされているのであり、それを行う中で個人の自由が侵害される場面の対処が人権保障であり、それがすなわち「デモクラシー」なのです。従ってそこでの人権保障は、本質的に、個人ゆえの「人」権の保障として、特定されるのです。

木庭　私のように理解すると人権とデモクラシーの衝突という問題が見えなくなるというのは痛いと

ころを突かれました。確かにこの問題はその先に現われます。デモクラシーがポピュリズムや衆愚政に陥るという批判は、やや短絡で、むしろ政治そのものの基盤を分析すべきケースが多いと思いますが、人権との衝突、つまり自己撞着はデモクラシーに固有の病理に属すると思います。トックヴィルを持ち出すまでもないでしょう。集団に抑圧された個人を守るため政治システムに対抗的に人々が連帯するという動機は、その連帯自身が集団として個人を抑圧するという暗転に向かう傾向を有します。その場合にはその連帯は政治的決定の傘を着ます。なおかつ、デモクラシーが多元主義的硬化症に陥っている場合が多いと考えられます。東大法学部に今年提出されたばかりの或る助教論文は現代アメリカにおけるこの病理を見事に分析して私に教えてくれました。

連帯の暗転はエウリピデスが執拗に追求したテーマでした。今なお極めてアクチュアルです。ソフォクレスが最も取るに足らない個人をアプリオリに尊重するのでなければ真の連帯は成り立たない、と連帯の質そのものを追求したのに対して、エウリピデスは、あらゆる連帯に対し個人が掛替えのないものを親密に保持し介入を許さないという原理こそが基底的であるべきだと主張しました。

いずれにせよ、個人の自由のためにしか連帯しないという一方通行は如何にして可能かという問題となります。第一の処方箋は、二次的な政治組織つまり連帯自体に政治システムを要請するというものです。政治制度としてのデモクラシーに固有の問題解決です。第二の処方箋は、立憲主義の第二層とはまた異なる、民事法という道具の使用です。最近樋口先生との間で互いの著書を通じて少しやりとりがあったのですが、通常、人権規定の私人間適用と言われる問題です。政治はあらゆる私的権力を解体します。だから人権を侵害するのは公権力以外にはありえないと想定されます。立憲主義はこの想定の上に立っています。ところがデモクラシーの連帯が現われてこれが集団と紛らわしい。これに乗じてデモクラシーと無関係の私的権力が跋扈してくる。そこでわれわれは重ねて狡智を発揮せざるをえない。元々市民社会の基本原理たる民事法を利用するのが立憲主義ないし人権の司法的保障でした。しかるに、単純な権利保障思考は団体にも対等な自由を認めて人権を保障するとは限らない。民事法を個人の自由を優先する方向にしか働かせないためには、民事法の枠である占有原理に依拠しなければならない。特に人権の場合には、その占有があらゆる権原を遮断するという絶対効を持つのでなければならない。憲法の人権規定はこの部分を宣明するものであると私は解します。私人間直接適用と言われるのはこれであると私は考えます。

樋口　基本権の「私人間適用」という定式が木庭理論体系の中で本来問題にならないということの論理上の前提（「政治」によって私的権力は解体されている筈だ）を、改めて適切に説明して下さったと受けとめています。このことに関連する私見は、『憲法という作為』（一四六～一七〇頁）で触れています。話が仏・米・英という形で出ていますので、どうしてもここでドイツについて、マグナ・カルタの系譜で私が理解するStändestaat（等族国家）というドイツ型の構図をどのように受け止めるか。

木庭　とりわけ、そのあと日本に影響が大きい、ドイツの国法学の伝統につながる問題ですね。公法史の全体像を扱う書物はそんなに多くないのですが、シュトッライスの大著（M. Stolleis, *Geschichte des öffentlichen Rechts in Deutschland*, 1-4, 1988-）があります。基本的に一七～一八世紀のドイツ帝国国制に一九世紀ドイツ国法学の源流を見るアプローチです。これをどう見るかについて、いまの私には明確な見通しがありません。それこそ異形に見えてしまって。

ただ一つ言えることがあるとするると、ドイツの国法学は一九世紀ドイツのローマ法学、パンデクテン法学から非常に大きな影響を受けるのですね。これについては、その基礎を築いたサヴィニーを論ずることで、一九世紀ドイツの法実証主義ということになると思いますが、その問題点を指摘しました（「K. Fr. v. Savigny による占有概念の構造転換とその射程」海老原明夫編『法の近代とポストモダン』〔東京大学出版会、一九九三年〕）。その限界を当然ドイツ国法学は引きずっているはずです。とはいえ、とくに戦後ドイツの憲法実践は、いま言ったことにとどまらない、非常に創造的なものがあるように見えますから、これに詳しくない私は十分な知見を有していないということになるかと思います。

蟻川　日本の憲法論では「国家からの自由」（自由権）、「国家による自由」（社会権）ということがよく言われます。そして「国家からの自由」が原則であると言われます。そういう趨勢の中にあって、早い段階から樋口先生は、一九世紀的近代（「国家からの自由」）を憲法論の原点とはしないで一八世紀の市民革命期近代を基底に置くべきだということを強調されてきました。市民革命期近代は「自由」の基盤を作り出すという課題を担い、自由を作り出すために国家は積極的な役割を果したのだと。レス・プーブリカとしての「国家による自由」が「国家からの自由」に先行するという理解です。ここで重要なのは、そこでつかみ出される自由が「個人の」自由だということです。そして樋口先生は、この市民革命期近代、今日の議論で言えば、初期近代の原理を『抑止力としての憲法』の中で、まさしくホッブズにまでさかのぼった上で、決定的な命題として取り出されました。それは「国家による・社会からの・個人の自由」（同書八〇頁）という定式です。

今日の木庭先生のお話は、この定式と驚くべく重なります。木庭先生の言われる政治は私的権力を解体するものですが、その私的権力が政治的決定に浸透してくることに対して政治の仕組みは十分な抵抗力がない、だからそれらの浸透への防護壁として国家が作られる必要がある。政治においてはそもそも自由な個人が主体として想定されているのですけれども、更にデモクラシーの段階になると、自由な個人を守るための政治とその仕掛けが、にもかかわらず特定の個人の中核的な自由を損なってしまう危険に対して自覚的に防衛することが課題になるというわけですから、限りなく先の樋口定式に近づくわけです。私的権力の解体が第一次的に政治の概念自体の中に取り込まれているか（木庭）、近代市民革命における中間団体の解体という事業によって遂行されるものとして観念されるか（樋口）の違いはあるにしても、基本構想は重なるといえます。そしてそれは、決して驚くべきことではないというのが、今日の議論で明らかになりつつあることだと思います。

にもかかわらず日本では、この「国家による・社会からの・個人の自由」という定式が、主要な思潮とはなっておらず、異形のものにとどまり続けています。日本社会では、あるいは日本の学界では、むしろ、自由は「国家による」自由でも「社会からの」自由でもなく、あくまで「国家からの」自由として理解すべきだとされますし、その自由の主体も、何も杓子定規に「個人」にこだわらなくともよいではないかとするのが多数派かと思われます。樋口定式や木庭流「政治」概念からすれば、「国家からの自由」ももちろん重要ではありますが、その場合も自由の主体は可能な限り個人にまで還元されるべきなのだということになるでしょう。そして、そのことへの厳しさが日本の学界には足りない、ということになるのではないかと思います。

二　知の共和国の不全

1　知的階層と政治

蟻川　さて、そうした「政治」の概念が、ギリシャのデモクラシーにとっても、ローマの法（民事法）にとっても、それらの根底に置かれるものとしてあり、かつ、その「政治」の成否が精密な議論をすることに懸かっているとすれば、そうした議論を担う人材、担い手の問題がどうしても浮かび上がってきます。さきほど樋口先生が幕末から明治にかけての、あるいは、自由民権期から大正デモクラシー期までの、日本の様々な地域社会に底流していた知の地下水脈を指摘されたこととも直結する主題です。このあたり、また木庭先生からお願いいたします。

木庭　これは簡単な事柄ですが、憲法の基礎に政治を見て、かつ政治を先ほど申し上げたように概念いたしますと、当然のことながら綿密な議論をする人々、自由で独立な人々が階層として成立していなければ政治が可能でないということになります。

ギリシャ・ローマや、実は人文主義期のイタリア、あるいは一七世紀のオランダのことがございますが、これをひとまず置いて、先ほど来申し上げている初期近代に焦点を絞って申し上げますと、そこには明確に知的階層の成立という歴史的な事象が認められるわけです。これは比較的なじみのあるところでさえあるだろうと思うわけです。

私は、政治に固有の質の高い言語行為を基礎付ける知的営為の核心をクリティックに見る。言語を使って事象を鋭く識別することを意味します。内容よりもクリティックの形態を軸として思想史を研究し、また、意識や階層の分析をすることは極めて有効であり、現在思想史研究の最前線となっています。A. Momigliano が切り開いた道であり、J. Pocock が大きく前進させ、そして私に近いところでは、Kinch Hoekstra、福田有広、福岡安都子、Luca Iori の名を挙げることができます。そうした研究では、古典や聖書のテクストに対する思想家たちのクリティックが主要な分析対象となります。

さて、ギリシャそして人文主義期に続いて一七世紀に大きなクリティックの革新があったことは言うまでもありません。まさにこの時に政治が再登場したのであり、それは全く新しい近代的な意味における政治でした。この時、全く新しいクリティックをすると同時に、まさに凡そクリティックそのものを身上とする自律的階層が登場し、状況をリードしたということが重要です。それはデカルトやホッブズを育んだ極めて具体的な人的ネットワークでした。ヨーロッパ大でつながっている自由な階層というものが非常に具体的に存在していました。たとえばホッブズが亡命してパリにいる。ホッブズが出入りするサロンはホッブズをバックアップしてくれる。あるいはデカルトをかばう。このサロンを支える人的なネットワークというようなものが具体的に存在していた。確かに、この人たちが直ちに政治的な議論をして物事を決めたというようなことはありません。しかしこの階層の存在抜きには国家は生まれなかった。実際しばしば王権に近い人々でした。

啓蒙期以降、市民社会形成期、さらにはその後のデモクラシーへの移行期には、この知的階層はさらに分節し、かつ広範な基盤を獲得していきます。既に一七世紀の思想家たちは、もちろん、如何に厳密であれ特定の価値体系から実践的帰結を導くことに極端に懐疑的であり、それらとはまったく独立の固い（しばしば自然科学的な）根拠を欲しました。しかし他面では論拠からのそのような一義的明証的な帰結を欲したのでもありました。彼らが国家概念を構築するその動機に明瞭に見てとれます。

しかし次の時代、クリティックの形態に重大な変化が現われます。通約するのはデカルト批判であり、スピノザによって非常に早い時期に口火が切られる。もう一つのメルクマールはホッブズ批判であり、スピノザに限らず、ロックはもとより、モンテスキューその他の啓蒙期の思想家たちに至るまで、ホッブズの形而上学と対決する系譜が続きます。既に述べたように、あらゆる決定に対して批判的でありうる自律的な知的階層が政治には不可欠です。そうでなければ「自由で独立の主体が厳密に議論して物事を決定する」という制度自体が成り立ちません。しかしこのような第一列の知的階層に対してさらに批判的で、論拠自体を前提的な審査にかけて結論導出に至らしめない、そのような装甲化されたクリティック、言わば「批判の批判」、を身上とする階層が今まさに登場します。彼らは「批判の批判」のコロラリーとしてイマジネーションを復権し、その領分においてクリティックの独自のクリテリウムを構築できるとも考えました。結局、政治とは独自の透明な社会的空間、市民社会の構築が彼らの目標であったと言うことができます。学問や芸術や文学などが市民社会の生命線であるわけです。他方この新しい階層から、実践の要請とクリティックの間の緊張、例えば学問は政治的に自由であると同時その政治的自由からも自由でなければならない、もっと厳密な意味で個人的な知性が客観的真実にのみ向かい合っているということがなければならない、そういう考え方が出てきます。言い換えれば、それ自身既に知的である政治的階層と、非政治的な知的階層の間の分化が肝要だということになります。

この後者の新しい知的階層は、一方で政治の実質化を要求する運動を導くと共に、他方でやがてデモクラシーへの移行を先導します。と同時に新しい経済社会の到来と密接な関係を持った。つまり、市民社会は自らの片割れである経済社会の動向、とりわけ透明な信用を如何に構築するかに大きく依存します。

蟻川　政治の担い手たる資格を有するのは一定の知的能力を有する人々であり、そうした人々が階層として存在していることが、政治が成立するためには必要である。これが知的階層という概念を通じて政治の成否の問題を切り出そうとされる木庭先生の問題意識であるわけですが、これは社会あるところ全てに政治ありとする政治の概念からは問題設定自体出てこないものです。あるいはデモクラシーを単に政体論的に多数派支配と捉える見方からは、木庭先生の言われるデモクラシーの段階に先行して、これを導く知的階層といった問題設定は出てこないでしょう。問題設定自体が出てこないことにより政治の概念やデモクラシーの概念それ自体がますます貧弱になっていく悪循環さえ見られるように思います。

以上を受けて、ここからは日本の知的階層の問題をお願いいたします。

2　一九一〇年代の日本

木庭　ポイントは先ほど来の問題設定からして、現在の日本における立憲主義の危機です。その根底には仮初めにも成り立ってきた政治の崩壊があるとした場合、予測として、仮初めにも存在していたであろう知的階層の崩壊がありはしないかということになってくるわけです。

ならば仮初めにも成り立った政治を支えるべく仮初めにもそこにあった知的階層は何の系譜を引いてそこにあったか、ということが気になります。要するに、では近代日本において、いま申し上げたような意味での知的階層はどうなんだろうかという問題が立つわけです。幾つか大きな分岐点がありますが、私は、それこそ専門を遠く離れますが、三谷太一郎先生から大きな示唆をえて、一九一〇年代に着目したいと思います。すぐに雲に閉ざされたとはいえ、可能性が一瞬見えたのがこの年代であると思われるからです。若干の先端的な知性が、近代化に乗り出した日本の社会がその知的基礎を肝心な点で移植しえていないことを明晰に見通しました（拙著『憲法9条へのカタバシス』〔みすず書房、二〇一八年〕参照）。クリティックとその担い手の階層について（鷗外）。あちらの知識をこちらに流すだけの知的自転車操業ないし過小資本（『三四郎』の「与次郎」、『それから』の「寺尾」）と経済社会における信用の欠陥との深い関係について（漱石）。第二段階の知的階層の構築の問題が、ヨーロッパにおけるその危機と並行して省察の対象となりました。もちろん日本社会は彼らが指摘する欠陥を抱えたまままさにその故に反対方向に驀進し破綻します。しかしそうした反省的知性が一旦成立しかかったことは確かであるし、これに対応する様々な知的政治的経済的動向が見られました。如何に乏しくともこの遺産の上にしか今日のわれわれの可能性はありません。利益団体多元主義の限界があったとしても立憲主義が保たれ、とりわけ極端な軍事化を避けえたのは、一九一〇年代の遺産を受け継ぐ一定の知的階層と、これに結び付いていた専門職層があったからであると考えられます。戦後の立憲体制、そして樋口先生が異形にも相対的に評価される戦後の日本の政治実践というものを支えたものだったのではないかと考えるわけです。そうしますと、問題はぐるりと回って現在、この遺産が危機に瀕しているという予測が立ってくるということになります。

同時にもちろんこの遺産が全部消えたということはないでしょうから、われわれの手がかりはやはりこの遺産の非常に新しいヴァージョンをどう構築するかということになるのではないかという方向へ議論が向かうわけです。

蟻川　一九一〇年代という重要な指摘がなされました。この点について、樋口先生からも伺いたいと思います。

樋口　一九一〇年前後の意味が着目されていることに関連して、憲法史プロパーからいっても、天皇機関説論争で、機関説が日本の知的エリートの中で支配的な影響力を持つようになる。それが一五年ぐらいあとの明治から大正への転換期に大正デモクラシーという形で、男性普通選挙、そして責任内閣制という形で結実する、プラスの線が出てくる。しかし同時に、言うまでもなく一九一〇年前後というのは大逆事件であり、外に対しては朝鮮併合という日本近現代史の暗い部分と結びつく。そして大正デモクラシー期に、普通選挙制と意識的にセットされた治安維持法という形で出てくるという奇妙な符合がある。

国内では大逆事件から治安維持法へ、そして対外的には朝鮮併合からワシントン体制とロンドン条約まで、日本が「文明国」として、大正デモクラシーの政党政治を試行しながら先発帝国主義諸国と一定の協調を保つ時期です。その経験が挫折して、尾崎行雄が敗戦直後の議会演説で「われわれは鈍盗であった」と総括するような破局をみずから招くのです。どうして、一九一〇年前後の可能性がそこで終わったのか。

一九二〇年代になってくると、さきに定義したような意味での市民社会をさらに支えるものとして、労働運動というものの萌芽が、ある程度あり得たと思うのですね。そういうものにコミットするような人たちが。

労働者階級は階級 an sich としては一つの社会の担い手になりようがない、ありのままの労働者階級は自らを陶冶して階級 für sich にならなければいけない、というふうに、われわれの学生時代によく言われていました。しかし現在、労働運動はその「陶冶」の逆になって、古代ギリシャについておっしゃったように経済の論理が、今や労働組合を通して政治の領域に乱入するという形になってきたと見ています。話がちょっと焦点からずれましたが、にもかかわらず大事な点だと思うので。

蟻川　一九一〇年代初頭には憲法学の学説上の論争としての天皇機関説論争だったものが、一九三五年には天皇機関説事件となって、日本社会を抑圧的空気が広く暗く覆っていきます。

憲法学がそのような展開だったとして、歴史学は一九一〇年代初頭に、早くも自由を縛り上げられています。憲法学が一九三五年までともかくも享受しえていたものを歴史学は一九一〇年代に既に相当程度喪っていました。つまり、憲法学と歴史学の間には二〇年ちょっとの時差があった。一九一〇年代の歴史学の姿は、一九三五年の憲法学の姿であり、すなわちそれは一九三五年以降の日本社会全体の姿となるわけです。社会経済的な問題、市民文化の未成熟、政党政治の脆弱さ、軍部の擡頭や国際情勢の中で日本が置かれた環境などを考えないといけないことは言うまでもありませんが、いまお話した一九一〇年代初頭の「影」が、当初は、学問としては歴史学だけをとらえて、他の学問はいわば「泳がされ」ていたのが、二〇年ほどの潜伏期間を経て、ついに憲法学をもとらえ、それを機に、それまではあった日本社会の多くの「光」の部分までも覆ってしまったという一面があることも否定できないのではないでしょうか。

3　鷗外とクリティックの問題

蟻川　さて、その一九一〇年代に木庭先生が見出した可能性は、さきほどのお話からすると、予想通り、鷗外と漱石です。鷗外については、木庭先生は従来から鷗外の「クリチック」の概念に着眼されています。一七世紀フランスのクリティックに連なる問題系として注目されていました。まずこのあたりからお願いいたしします。

木庭　そうです。鷗外のところを補うならば、これは樋口先生の先ほどの話とつながるわけですね。漱石もそうですが、鷗外はとりわけ、狡智という考え方、つまり歴史的な遺産のこと、何もないところからは何もできませんから、「何を材料とすべきか」ということ、をかなり真剣に考えた人です。鷗外は非常に真剣に幕末期の知的階層の一部、当時のとりわけ儒学者、武家の間の儒学的な教養を持っている人、さらにその中で考証学というものを重視する一派の人たち、に非常に大きな可能性を見出した。可能性を見出したばかりか、彼は自分の時代の問題、一九一〇年当時の問題、はまさにこの遺産を忘却したというか、ないがしろにした点に存するとさえ考えました。再び三谷先生によれば、鷗外にとって深い自己批判でもあったということです。つまり明治以降の日本のとりわけ近代科学、ヨーロッパから取り入れた学問は、実はヨーロッパの場合には一七世紀の遺産を土台にして成り立っているのだけれども、それを輸入するというときに、あさはかにも土台のところが見えない。これと、なんと自分のところにきちんとある考証学の土台という宝を捨ててしまったということが関係している。

蟻川　それが『渋江抽斎』。

木庭　そうですね。或いは「史伝」と呼ばれるジャンルの一群の作品ですね。

蟻川　史伝全体ですね。

木庭　そうですね。一連の。

蟻川　鷗外がその中に「クリチック」の一語を書き記した一九一六年の『渋江抽斎』およびそれ以降の一連の史伝と呼ばれるジャンルの作品に木庭先生が着眼されたとすれば、私は一九一二年の「かのやうに」に注目したいと思います。当時の日本では歴史に神話が紛れ込んでいるからこれを切り離さなければまともな歴史は書けない、けれども歴史学者とてそれを敢えて切り離せば困難な事態に立たされる、だから神話を事実とはしないが、事実である「かのように」書く、これしかない、しかしそれでも見通しは立たない、という陰鬱な短編ですが、これも実はクリティックが主題なのです。というのも、苦悶する主人公は若き歴史学徒で、歴史学の核心は歴史史料の真正性の検証としての史料批判、すなわち史料に対するクリティークにあるからです。主人公の五条秀磨は、クリティークが最後のところで貫徹できない日本社会の構造にぶつかっていたのです。これは一九一〇年から一一年にかけて実際に起こった南北朝正閏問題のあとに書かれた作品です。国定教科書の編修官だった歴史学者の喜田貞吉が実証的な研究にもとづき両朝並立としたところを、南朝を正統とすべしとする政治的な横槍が入って大学を休職させられた事件です。私は「かのやうに」を我がことのような痛切な思いで読んだであろう人物として歴史学者の黒板勝美を想像します。黒板は喜田の同級生で、当時東京帝国大学文科大学の史料編纂官でした。主人公の秀磨とは年齢こそ異なりますが、私費での欧州留学から帰ったばかりの秀磨と同様、黒板も、私費で一九〇八年から欧州に渡り、一九一〇年に帰国して、南北朝正閏問題と大逆事件に向き合いますから、「かのやうに」の主題を誰よりも日本社会におけるクリティークの不可能性として読んだ一人ではなかったかと想像するのです。彼は留学前から国立古文書館の創設を主張していましたが、留学でフランスの国立古文書館などを訪れた彼は、諸国の古文書館が「たんに古文書のみならず、最新の書類中保存すべきものと否とを区別して之を整理する任に当り一々之が目録を編して行く」ことを生き生きと書きとめ（黒板勝美『欧米文明記』（一九一一年））、その方面の研究を進めました。歴史学はもとより門外漢ですから確証をもって言えるわけではありませんが、黒板は歴史史料に対して厳密なクリティークを貫徹できない日本社会で歴史学者にできることは、歴史史料を収集・保存し、歴史学者のみでなく広く公衆にそれらを公開して最終的には公衆の批判を促すことしかないのではないかという地点に一度は接近していたのではないかと想像しています。少なくとも黒板の弟子の羽仁五郎はその地点に立ったと思います。羽仁が戦前弾圧を受けたとき黒板は支援を惜しみませんでしたが、戦後貴族院議員となった羽仁が各官庁から文書資料を召し上げて国政への国民の批判の拠点にしようとした国立国会図書館構想は、羽仁のオリジナルな着想と考えられがちですけれども、師である黒板の思想の現実化である可能性が小さくはないと私は推測しています。

黒板についてもう一点だけ。明治政府は維新直後から国家としての修史事業に着手し、中国に倣っていわゆる正史の編纂を始めていたのですが、有名な久米邦武の筆禍事件（「神道は祭天の古俗」事件）を機に、政府は修史事業を断念し、帝国大学史料編纂掛の役割を歴史編纂から史料編纂に切り下げて再出発させました。このことを機縁として歴史研究と歴史教育は分断され、実証的な歴史学への攻撃を容易なものにしてしまったといわれています。南北朝正閏問題は、まさにその痛ましい実例となったわけです。その禍根は現在にも引き継がれていて、歴史研究から分離された歴史教育の行きつく帰結として今日の歴史教科書問題があるといえるように思われます。歴史教育の方面では敢えて言えば奔放な教科書記述（戦前・戦中の日本の対外進出に伴う負の面を取り上げない、取り上げても様々な正当化を施す）が罷り通る半面で、歴史研究として歴史を書くことは著しく制約されました。政府は朝鮮併合のあと、総督府の事業として一九一〇年代半ばに朝鮮の正史編纂を企画し、一九二二年の朝鮮史編纂委員会、一九二五年からは朝鮮史編修会という組織を編成して編纂事業に乗り出しますが、それは、日本を対象とした歴史編纂ができなくなっていたことで抑圧された当時の歴史学者たちのクリティークへの渇望を吸収したというべき不幸な事態でした。黒板はこれに一九一六年から嘱託として参与し、実証性と客観性を重視した史料批判と歴史記述をモットーに具体的な編纂事業を指導しますが、いかにそうした配慮を尽くそうとも、その仕事の成果がサイードのいう「植民地人文学」の範疇を出られないのは皮肉なことと言わなければなりません。鷗外作品の主人公と奇しくも運命が重なるようなところのあった黒板勝美のその後の歩みは、近代日本の知的階層につきまとうクリティークの限界を屈折した形で示すものとなっているように思われます。

4　漱石と「信用」の問題

蟻川　鷗外に続き、漱石についても木庭先生から何か一言いただけますか。

木庭　桑原朝子さんという日本史の研究者と議論を交わすことがあるのですが、漱石の『それから』に江戸時代を示唆する部分がいくつかあります。そして、江戸時代の中でもどの時代の、どの側面か、という解釈問題が重要だと桑原さんは言います。漱石の場合には、桑原さんの仮説を容れると、元禄期の上方や江戸の市民的なものだろうということになろうかと思います。ですから鷗外の武家的な部分と、ちょっとしたコントラストをなすということになります。

蟻川　なるほど。興味深いです。そのこととも関係する形で、木庭先生は、既に決定的な『それから』論を書かれていますが（木庭顕「夏目漱石『それから』が投げかけ続ける問題」同『現代日本法へのカタバシス』〔みすず書房、二〇一一年〕二二〇頁）、あの小説の主人公である長井代助などについては、関連して何かコメントをいただけるでしょうか。

木庭　そうですね。『それから』という小説の内部から、漱石のそういうものの考え方が少し伺われると私は考えます。しかしもちろん、鷗外と違って漱石のほうが、ドラスティックに断絶するという形のトランスフォーメーションを経ないと新しい階層は築けないと考えていると思います。鷗外の書くものは油断ができないので解釈が非常に難しいのですが、江戸時代末期の考証学者たちに物事を託しているようにも読める。

蟻川　そうすると代助は知的階層に当たるとお考えですか。お考えではないですか。

木庭　知的階層たるべき存在として描かれていることは疑いないと思います。

蟻川　わかりました。しかし木庭先生は「高等遊民」という言葉に関しては、代助が「高等遊民」であるとする解釈が多いが妥当ではないという趣旨のことを書かれています。代助の父親あるいは兄の経済的基盤が不安定であることからそう書かれたわけですけれども、それは経済的基盤が確保されない限りは知的階層にはなれないというお考えなのでしょうか。「独自の経済的基盤を有して知的なことに専念しうる階層」が「高等遊民」の定義であるとしたらそうならざるをえないといえそうですが。

木庭　鋭い質問にたじろぎますが、知的階層の存立のためには自立的な経済的基盤が必要であるという点は動かないと思います。ただし経済的基盤は信用のタームで捉えられます。裕福でもその富を依存していれば失格です。貧しくとも自前でやっていければよいのです。しかし元手は必要です。社会保障は、一人一人自立できるようになされなければなりません。具体的には教育がポイントになります。自分が投資されていて資質を身につけていること、これが肝要です。政治システムの責任です。信用を与えるのですね。これは必ず担税力として政治システムに返ってきます。一九九〇年代以降、この側面には注目が集まっており、ヨーロッパには「エラスムス」という留学制度がありますが、高度の労働力を生むための高等教育に各国が力を入れており、しかも大変国際的です。もちろんこれが直ちに知的階層に結び付くのではありませんが、要するに信用の問題だということが言いたいわけです。

蟻川　信用の問題であるということですね。よくわかりました。それは「高等遊民」が決して抽象的な人間類型というわけではなく歴史的に制約された存在であることの説明にもなっていると思います。例えば内田魯庵は「文明国には必ず智識ある高等遊民あり」という文章を書いていますが、「文明国」というのは歴史的な概念です。日本でいえば日露戦争後の時代の雰囲気の中で多用された言葉です。岡倉天心は一九〇六年にアメリカで出版した『茶の本』で、「西洋人は日本が平和な文芸に耽っている間は、野蛮国と見なしていた」、「それが満洲の戦場に大がかりな殺戮をやりはじめると文明国だといっている」と書いていますが、戦争に勝って次の戦争が始まるまでの間が「高等遊民」の賞味期限なのではないでしょうか。戦争が近づいて時局が切迫したら、如何に「高等」とはいっても「遊民」をしている余裕は経済的にも社会的にもなくなっていくはずです。

この点で、私は狩野亨吉という人物に昔から興味があります。漱石が亡くなったとき、告別式で友人代表として、推されて弔辞を読んだ人です。学者で、矢内原忠雄の前の旧制一高の校長であり、京都帝国大学文科大学の初代学長も務めた人ですが、その学長も一年で辞めるような人で、路傍にあって書画の鑑定業、古物商をやるような人でした。人から推されることが多く、東北帝国大学の総長にと推されたり、皇太子だった裕仁親王（のちの昭和天皇）の教育掛に推挙されたりもしたのですが、いずれも固辞しています。およそ公職であるとか世上の名誉とかに関心がない強い個人主義者です。その強さの源泉がどこにあるのか興味あるところですが、私は彼の学問それ自体のうちにあるのではないかと睨んでいます。彼の数少ない論文の中に「天津教古文書の批判」というのがあります。当時出てきた或る宗教に伝わるとされる古文書が偽書であることを見抜き、指摘したものですが、表題にある「文書の批判」こそ史料批判であり、まさしくテクスト・クリティークです。物事の真贋をただ言葉だけによって見定める学問は、単に方法というだけでなく思想でもあり、狩野の強い個人主義を芯のところで支えていたのではないかと臆度します。国家が何をしようとびくともしないでしょう。それは漱石自身にもいえることだと思いますが、二人に共通する背景は、西洋でいうフィロロギーの知的伝統でしょう。日本語では文献学と訳されることが多いようですが、同時代の専門家としては芳賀矢一の名前を挙げることができます。芳賀は、漱石が博士号を辞退する騒動が起きたときに、政府の側に立って辞退を思い直してくれないかと言ってきた人です。攻守双方がフィロロギーの伝統、いいかえればクリティークの伝統を共有していたのが当時の知的環境だったといえるでしょう。わけても狩野は、方法的にも個人主義の思想においても徹底していました。

ちなみに狩野は『それから』の代助のモデルであるとか、『吾輩は猫』の苦沙弥先生のモデルであるとか言われてもいるようですが、木庭先生のお話を聞いて、長井代助との連想で少し思い当たることがありました。それは狩野が鑢（ヤスリ）の会社に関係して多額の負債を抱えてしまったという話を思い出したということなのですけれども、これで狩野はひどい目に遭うのですが、大学に定職を持っていたわけでもないので、生涯苦労しました。所持していた万巻の書籍は東北帝大に寄付するという形をとったのですが、出来たばかりの仙台の新しい帝国大学は、あの狩野先生の蔵書が利用できるということで、全国から多くの学者を招聘することができたと言われています。

ついでにいうと、今日、東北大学の「狩野文庫」として知られるその一大コレクションの寄付は一九一二年から始まります。その具体的な作業を買って出たのが、狩野の一高校長時代の教え子だった岩波茂雄です。岩波がはじめは古本業として岩波書店を興すのは一九一三年です。岩波書店の創立とこのときの書籍の寄付作業の手伝いとは関係があったと言われることもあるようです。

このように一九一〇年代の知的世界で重しのような存在感を持っていた狩野亨吉が、株に手を出したことも含め否応なしに経済の問題にからめとられていったという側面については、私は深く考えていませんでしたので、代助の場合とはそもそもの知的信用が全然違うとはいえ、木庭先生のさきほどのお話で目が開かれた思いがします。同時に、もしそこまで含めて、漱石が狩野亨吉を、というか狩野亨吉のなり損ねを、モデルとして代助の人物像を造型していたとすれば、近代日本に対する漱石の洞察にはあらためて膝を打たざるを得ません。

5　第三列の問題

樋口　私は漱石を十分に読み込んできていないのですが、かねて鷗外の、正体をつかませないとでも言ったらいいのか、上品なしたたかさに強い印象をうけてきました。大逆事件裁判に並行して『沈黙の塔』をあえて公にすると思えば、乃木殉死に直面して『興津彌五右衛門の遺書』を書く、というふうに。どちらにせよ、一九一〇年前後という時点のつかまえ方と、漱石と鷗外を、文豪イメージを超える先端的問題提起者として読む点で木庭さんに同感します。

さて、そのような現代史の推移をふまえて私たちが対面しなければならない問題を、木庭さんは提起されています。二つの層が必要だという問題です。一つはいわば政治の世界と地続きでいながら、意識的に強烈な独立の意識を持っている層。それから、地続きのところにあえていないでいて影響力を及ぼす層。私がもう一つ付け加えたいのは、三列目です。これは非常に広い範囲の知識階級。戦前は第三層から次々崩れていったわけじゃないですか。

それに対する点検の一つが戦後南原構想という形をとり、義務教育の九年制度となる。つまり第三層をきちんとしなくてはいけない。そして新制大学です。旧制高校文化に多くを負っていたはずの南原自身が、あえてそれをやるというのはかなり強烈な問題意識があったからに違いないでしょう。

それが戦後の教育改革になるんだけれども、これの評価をどうするのか。私はちょっと、今、評価を至しかねています。第三の層は場合によってはまたも第二、第一の層の足を引っ張ることになり得る。しかし、もともと第三の層をつくろうとしたプロジェクトは、確かにそれがなければ第一、第二の層自身がそれこそ土壌を失うからです。その正と負にどう対面するか。

木庭　第三列の問題とは、またしても、何と痛いところを突かれたものかと思います。知的階層の問題を提起しても、それを具体的にどのように調達するのかを考えなければ空論である、基盤の教育制度の問題がある、という点に反論の余地はありません。社会経済的な問題が横たわっているのはその先ではないかというのですね。いずれにせよ、身分制はおろか、階級にも依拠しえない。ブルジョアジーが形成されず、或いは一度も社会の進歩の先頭に立った経験がない、という歴史的なデフィシットを日本の歴史は抱えますし、労働者階級が誇り高く形成されるという度合いも十分ではなかったのですから、知的階層は教育制度と専門職層に基礎付ける以外にない、という洞察は極めて優れたものと思われます。あくまで大学にいて研究者や専門職層を送り出してきた経験しか持たない者の観察ですが、まさに教育制度、とりわけ高等教育制度を先ほど来話題になっている利益集団多元主義とその暴走・脱線が襲ったのではないかと私は思っています。その結果が知的階層の全面崩壊ではないか。

明治時代以降、貧弱で不適当な投資しかなしえないためにすぐに破綻する劣悪な経済社会しか存在しませんでした。蓄積の欠如というよりは協業の基礎に信頼を築けないからロスばかりなのです。怪しい結託と裏切りに彩られる信用しか発達させえませんでした。そうした信用の形態は、増長した上で破綻すると、強い軍事化ドライヴと暴力的な同調圧力をもたらします。おっしゃるとおりこの道筋が本格的にスタートしたのも一九一〇年代であり、「改革」を強いて一度大破局に至ります。その一九三〇年代には巨大な知的コンフォルミスムが発生しました。経済的スペキュレーションから弾き出された分子が強烈なポトラッチを挑み、手打ちが成立し密度の高い一体化が起こるのですが、挑む先には当然知的階層とこれに連動した専門職層が含まれます。この時、知的階層が抵抗しえないのは、その内部に知的信用欠乏の分子を多く抱えており、彼らが外の力を借りて真の知的階層に同様のポトラッチを挑むからです。

現在の知的崩壊も基本的に同じ経過の末に現われたと考えられます。一九八〇年代後半以降、特に大学において、戦後の立憲主義を支えた知的階層が継承されるための土壌が奪われていきました。「改革」の一環でした。学問はこの「改革」と内面的に共振するようになっていきます。例えば研究者は、「改革」の様々な分枝に周波数を合わせることによってしか生き残れない、知的過小資本を通り越した端的な経済的過小資本に陥ります。利益集団にどうぶら下がるか、そのボスにどのようにしてなるか、ということに知的階層たるべきはずの人々が汲々とすることになっていく。頭越しに端的に権力に結び付くことも頻発するようになっていく。

現在の状況が戦前と異なる点は、信用の分野が破綻する前の一九七〇年代に一種のレヴィジオニスムとして知的コンフォルミスムが先に始まることです。大学における「改革」はいわゆるバブルの破綻ではなくバブルそのものの一環として一九八〇年代後半ピークを迎える。信用の破綻と政治方面の「改革」はそれより後のことでした。明らかに、知的階層と専門職階層の知的破綻が、劣悪な信用に基づく経済社会と利益団体多元主義の破綻よりも先行した。知的に劣悪な信用に乗る層が「改革」によりリヴェンジしようとしたということが言えます。「改革」は大スペキュレーションを仕掛けることを意味しました。破綻後の自暴自棄的博打であることが通常であるが、われわれの場合は、おそらく、破綻前に仕掛けました。そして派手に破綻し、そして自暴自棄的大博打を無窮動化しました。その分、知的階層、否、それになり損なったわれわれの責任は大きいと思います。力が及ばなかったことについて、私は近年痛恨の念にさいなまれ続けています。

要するに、戦後教育制度の善意は、利益団体多元主義によって裏切られ、その利益団体多元主義の神聖化の過程では壊滅し、第三列は形成されず、第二列も第一列も再生産されなかった、と言うことができるように思われます。

蟻川　私も、樋口先生が第三列を問題にされたことは非常に重要だと思います。横から入って恐縮ですが、私からも第三列に関連して、お聞きしたいことがあります。

例えばSEALDsの学生たちの活動をどう評価されるでしょうか。彼らの活動がともかくも知にもとづく政治的批判といえるとすれば、大学生になるまでの間に彼らが受けてきた教育がそれを可能にした、といえるのかどうか。彼らは、しかし、他の大学生たちとの関係で「浮いて」しまっていないかどうか。そして、彼らが発見した「不断の努力」という言葉は、私は、これは紛れもなく憲法一二条のものだと思うのですが、専門の憲法学者たちが重きを置いてこなかったこの条文に光を当てた慧眼には目を見張ります。同時に、SEALDsのメンバーには、どの大学であれ法学部生が（殆ど）いないというようにも聞いています。そうであるとしたら、いま述べた彼らの慧眼を可能にしたものは何なのか。この問いは、法学、とりわけ憲法学の研究教育のあり方にそのまま跳ね返ってくる問題であるように思われます。最後の点は、私自身が憲法研究者の末席を穢す者として考えなければならない問題ですが、以上のような点についてのお考えを聞かせていただければと思います。

樋口　一九八〇年代以降、日本の大学が置かれた環境が大きく動き、大量の卒業者を迎え入れ、あるいは経済状況のいかんによって門を開閉する社会の側では、知的なものへの関心の稀釈化（あるいは軽侮）が拡がって来ました。選挙権年令が一八歳に引き下げられる中で、若年層は、木庭さんの定義する意味での「政治」にとっての正と負の面に股裂きになる形が目に見えて来ています。大学教育の場で他ならぬ当事者の一人だった私としては、少しでも「正」の可能性を伸ばし、「負」との間の裂け目を縫い合わせることを心がけている日常です。ヴォルテールなら自分の庭を耕す、というところでしょうが、庭の土を培養する「こやし」の一部にどれだけなれるかはわかりません。木庭さんのコメントを聞きたい。

木庭　しっかり投資された若い人々を創り出すことが重要だと言ったばかりのところで、直ちに反撃されてしまいました。二〇一五年の運動については、なお検証が必要であると考えていますが、相対的に恵まれているはずの学生たちが実に冷ややかだったことはよく覚えています。信用が入っているはずではないか。にもかかわらず全然知的でない。ちなみに私は最近中三高一くらいまで結構素晴らしい感覚を持っていることを確認する機会がありました。対するに、東大法学部の学生は、流石に時々素晴らしい素材が隠れていますが、総じて極端に没知性的です。豊かな家庭に育っても、知的な信用は入っていません。中等教育のところに大きな問題があります。そもそも経済社会が真に知的信用の入った自立的な個人を欲していません。依存体質の人間の方が都合がよいのです。だからあの馬鹿げた就活方式のリクルートがあります。「改革」後の高等教育が知的に腐敗したことの他、明治以来の慢性的知的資力不足の影響も大きい。少数ながら若い世代がようやく初めて西ヨーロッパの知的世界の地下深くまで降りることを始めていますが。

蟻川　続けて恐縮ですが、安保法制の審議の際の政治学者の振舞いを木庭先生はどう評価されるでしょうか。もちろん政治学者も一様ではないわけですが、閣議決定に始まり、通常の立法過程で集団的自衛権の行使が容認されていく動きの中で、多くの憲法学者は政治学からの援軍を得られず、孤立を味わいました。この問題はどう考えればよいでしょうか。さきほど来の話の延長上で考えますと、戦中までの丸山眞男の学問は、文献を精密に読むまさしくフィロロギーの伝統に則ったものでしたが、戦後は、あえて「出店」という言い方をして「政治学」にも乗り出していかざるを得ませんでした。丸山自身は、生来の学問的運動神経を発揮して、多くの後進も生み出し、その成果には目覚ましいものがあるわけですけれども、そうした後進の多くはフィロロギーの伝統からは離れたように思います。しかしそこから戦後日本の政治学が形成された。そういったことが、憲法学者の孤立と何ほどか関係していないでしょうか。

木庭　憲法学者の孤立と政治学の動向については、私もそのように感じていますが、丸山真男に関しては、そのように単純な話ではないと思います。彼は、凡そ現実の全体を反省的批判の下に置くこと、しかもそのことに責任感を持つということ、これをわれわれに教えました。これはもちろんホメーロス以来のメンタリティーです。他方最近の政治学の衰退は、世界大の政治の後退の一環であると考えます。文学・哲学・歴史学が振るわない。経済学に取って代わられたと考えられた時期もありましたが、これも振るわない。イタリアの同僚と「ディアレクティクに将来はあるのか」をめぐってかつて大激論をした覚えがありますが、彼はこれからの世界は脱ディアレクティクの時代だ、と大変悲観的でしたので、私はディアレクティクないし人文主義以外に出口はないと言って滔々と反論しました。しかしポストモダンの議論などを見ると、旗色が悪いのを認めざるをえません。私は中でクリティックの再建が鍵を握ると考えていまして、実は『政治の成立』はそれを目指したものでしたが、クリティックの部分に絞って少しわかりやすく提言する著作を今企画しています。

蟻川　私も、今の木庭先生の丸山理解を共有しています。問題は、丸山自身ではなく、戦後の、今日までの政治学と憲法学との関係です。憲法学者は九条解釈をもっぱら行い、これに対し、多くの政治学者は九条解釈を神学論争と呼んで、それよりも安全保障の政策論が先だ、と言い続けてきました。その根底には、たぶん自衛隊を認めるべきか否かといった実体的な対立もあったかもしれません。けれども二〇一五年の問題の場合には、自衛隊を認めるかどうか、もっといえば集団的自衛権の行使を許すべきかどうかは敢えて括弧に入れて、それまでに確立していた内閣法制局の憲法解釈を前提とした上で、集団的自衛権の行使を容認するとしてもそうするためには憲法改正が必要ではないかという狭い土俵で憲法学者は議論を構成していたのです。この土俵であれば、議論は第一次的には実体問題から手続問題に移っていますから、政治学と憲法学は連帯できる可能性があったはずなのです。そうであるにもかかわらず両者が疎隔したのは何故なのか。そこにはそもそも憲法論を持ち出すことそれ自体への政治学者の不信のようなものがあったのではないか。憲法改正を必要とする争点か否かを争うこともまっとうな「政治」過程であり、議論によって争いうる争点なのだということ自体が共通了解になっていなかったのではないかと恐れるのです。憲法解釈は政治的決定から独立した神学の争いなどではなく、それ自体が、厳密な意味での議論としての「政治」の過程の重要な一部であり、むしろ共通のルールにもとづいてもっぱら議論によって争えるという限りで「政治」の中でも最も厳密な議論が要求される基本的な要素です。フィロロギーは、テクストを文脈から独立した単なる言葉として解釈することではなく、置かれた文脈の中でのその位置を見定めることを不可欠とするはずです。

とはいえそうした理解が共通了解から落ちてしまった原因が、憲法学者の従前からの議論が悪しき意味での神学論争にしか見えなかったことにあるとしたら、それは憲法学者の責任でもあるでしょう。憲法学者は九条をむやみに振り回すのではなく政治過程の中で限定的に位置づけなければなりませんし、政治学者はそうして限定的に位置づけられた九条解釈は政治過程の不可欠な構成要素であるということから目を逸らしてはならない。木庭先生が丸山について今述べられたこと、「現実の全体を反省的批判の下に置くこと、しかもそのことに責任感を持つということ」が、今日まさに求められているのだと思います。

樋口 二〇一四〜一五年に憲法学者があえて「狭い土俵」を設定し、そこで争おうとしたという点は、少なくとも私自身にとって決定的に重要でした。「九六条の会」なら責任を引き受けざるをえないと考えたのはそれゆえでした。にもかかわらず新法制推進論の方ではたえず議論を第九条の実体論に持ち込んだ上で「必要は法に拘束されず、法を与う」という古諺通りの主張を押し出したのです。憲法改正手続論が同時に政治過程論の一主題だったことを、憲法学の側から意識的に強調することは、今後もっと必要でしょう。

6　法ドグマーティクの構造性と戦略性

樋口　今日最初に蟻川さんが、これまで私が九条論を扱ってきた仕方の特性を適切に表現して下さいました。ここで改めて議論したいのは、第九条そのものの問題についてです。木庭歴史学のインパクトを受ける側からすれば、非常に強烈な問題提起と考えているからです。というのは、国際法学者が書いたものを読みつつ自衛権というものにアプローチしてきた憲法学者にとって、とにかくそれをどう脱・構築するか、あるいは逆にそれを使って武力行使と武力保持を正当化するか、立場によって正反対だけれども、自衛権の「権」という言葉づかいの土俵に乗って議論をして来たと思う。

しかし、木庭占有論をこの九条の問題にぶつけてみると、それはそもそも「権」ではないはずだったではないか。憲法学者、その前提として国際法学者が自衛の問題を論ずるとき、初めから「自衛権」としている。というのは、中世カトリック正戦論にせよ、近代の無差別戦争観を前提にするにせよ、それはつまるところ、戦争をすることを正当化するための権利です。

だから当然に権利という言葉を使っていたのだけれども、第九条を持った自分たちの足場から出発するときには、せいぜい「自衛権」なるものは本来違法阻却事由にすぎない。押し込まれたら、実力を使って押し返す。違法阻却事由である限り、やりすぎてはいけないという制約がある。

そのことが一項の意味であり、かつ二項は木庭さんの言い方で言うと「火の玉」を持ちすぎていると、一項いかんに関わらずやりたくなるから、その火の玉を持つこと自体を抑制する。火の玉を抑えることは、私がかねて言ってきたように、国内の自由の前提を危うくすることを未然に防ぐことだ、というふうにつながっているのではなかろうか。オーバーランさせないために二項がある。

このごろになって、そのように私自身が頭に描くことができるようになったので、そう受け止めた上で考えを詰めて行きたい。どうお考えでしょうか。

木庭　そのように理解していただけるならば、これに過ぎる幸せはないと言うしかありません。ただ、違法性阻却と捉えると正当防衛論に持って行かれます。つまり場合によって占有線を越えることが正当化されるのだ、急迫不正の侵害に対しては先制攻撃をしてもいいのだということに繋がりかねない。実力の形態を厳密に識別しなければならない所以です。

樋口　そもそも実力所持の主体の違い（個人の正当防衛と国家の自衛）という論点からして、その通りでしょう。ところで、かねて木庭さんが「日本法学の悪癖」として指摘なさっている論点があります。これは私の方法論上の立ち位置にも通じる問題なので、この機会に問題にして頂きたい。

というのは、二つの問題があります。一つは、九条について憲法審議の際の吉田首相答弁に沿った教科書の記述を私は改訂していません。それが私のプランAです。しかし当然、プランBがあります。私は法廷には立ちませんが、深瀬忠一さんのように特別弁護人として法廷に立つとしたら、また、政治の場に向けて現時点で発言する場合に、二〇一四年以前の内閣法制局解釈を前提としたプランBを言うでしょう。

プランAとプランBという構図で発言している私の発言、あるいは私と同じような立場の発言は、意識的にそうしているかどうかは分からないけれども、実践に関わる法的発言としては当たり前の話ではないか。それをやらない弁護人がいたら、「この法律は憲法違反ですよ」という一点張りで無駄な弾を打ち続けることになる。被告人を救うという目的、自分の観点から見てより悪い帰結を招くような法適用を阻止するという目的からプランBを持ち出すのは当たり前だということ、それでもプランAを放棄しないのは、これまでそれが存在し続けてきたことがプランBというひとつのきわどい均衡を支えてきたという見方があるからだということ、そのことをなぜか法律家でも理解できない人がいる。その問題が一つ。これはどちらの側の「悪癖」なのか。

もう一つ本質的な問題は、自分自身のプランAについて。これは方法論上の問題になるわけですね。私は学生のころ九条に関わって来栖、川島両先生が議論された問題に強いインパクトを受けています。あの場にはなぜか、批判するにせよ援用するにせよ出てこなかったけれども、一九三〇年代の宮沢俊義先生の画期的な何本かの論説がありました。それに、目立たない形だけれど清宮四郎先生も同じようなこと、解釈というのは立法だということを言われている。私はそれを基本に置いてきています。

しかしそれとは別のこととして、法文テキスト、われわれにとっては憲法自身ですが、その中に規範化された命題の歴史学的な意味を問うならば、一九四五〜四六年時点の日本を含めた国際環境の中で、九条がどういう意味づけを与えられて、文書として定着したかということは、分からないことは分からないとして確定できるはずだと考えてきました。

以上二つのことをふまえた上で、自分にとってこの条文に関わる課題は何かという選択をする。これは自分にとっての選択です。これはもう価値判断にかかっている。

次いで、目的に対する適合性。法廷に向けてどうするかとか、あるいはこの政権に対してどうかという、そういう使い分けをする。以上のようなことは、木庭さんがおっしゃる「法律学の悪癖」の部分を取り込んでいるわけです。

木庭　この問題はもう非常に難しくて、十分にお答えしうるかどうか分からないんですが。おっしゃるとおり実定法学者、あるいはまして実務の法律家は理論的な立場と実践的な立場、あるいは理論知と実践知を使い分けなければいけないというのは疑いのないところです。これを称して、「日本の法律学の悪癖」というふうに呼んだわけでは実はなくて、少し説明に長くかかるかもしれませんが、『法律時報』の論文（前掲『憲法9条へのカタバシス』所収）でもはっきり、そこは書いたつもりです。三層で思考するということなのです。三層で思考するというのはどういうことかというと、理論知と実践知の間に中間の意味の層といいますか、解釈論のディスコースのフォーラムとでもいいますか、これがもう一段あって、そして最後はやはり個人のそのときのストラテジーの問題になる。これは来栖三郎先生が指摘された問題だと私は理解します。来栖先生のフィクション論（来栖三郎『法とフィクション』〔東京大学出版会、一九九九年)〉の「余白に」という形で付けた解説みたいなものでそのことを申しました。来栖先生のお考えでは、この中二階のようなところが日本の法律学には欠けているのではないかと。論理的に出てくる解釈の枠組があって、そのあとはいきなり個人の価値判断、しかもそれが端的な利益だったりする。中間の部分が欠けているのではないかということですね。『法律時報』論文では、ソシュールの記号論のモデルを借りまして、記号がいきなり何か実体を指しているように解釈するのは粗雑であると申しました。この場合には、「戦力」という語が自衛隊を指すかどうかという解釈枠組が批判の対象になります。記号は「シニフィアン」と「シニフィエ」の二段で構成されており、「シニフィアン」が「シニフィエ」を呼び出す仕方は、音の分節的差違がイメージの分節的差違に対応するというものですが、この差違は様々なヴァリエーションを越える言わば構造的な一定の範囲内に収まります。しかし逆に言えば対抗的な議論の中でそれが定まるところ、そういう意味連関、を見定めなければ言語を使うことはできない。その先に初めて「戦力」が具体的な個物を指しうるのかどうかということが言える。「レフェラン」へと議論を進めることができる。ところが現在なされている言説は、「戦力」という語の豊富な意味連関を対抗的な議論を追跡して捉えることなく、ただの常識論で解していきなり自衛隊に当てはめてしまっている。なお、豊富な意味連関などを持ち出されれば解釈を限定できないではないかというのが伝統的な法律家の感覚かと思いますが、私は、憲法ともなると、政治システムそのものが懸かっていますから、分厚い文化によってしか歯止めは掛からないと思っています。「余白に」で強調したように、何故解釈に際して想像力を働かせて中二階を設定するかと言えば、それは市民社会というものが分厚く成り立つ性質のものだからです。

樋口 法ドグマーティク（Rechtsdogmatik）と言われてきたものは本来、そういうものでなくてはいけないということですね。

木庭 そういうことです。そこがもうちょっと分節的で、複合的な構造を持っていなければいけないということです。その上で各人が自分の信念に従ってその構造を操り勝負する。

樋口 木庭さんのおっしゃる中二階性を自覚しないで理論性を主張してきた旧来のドグマーティクのありように対する疑いをつきつめ、それを「理論的認識」の次元から「実践的意欲」の次元に追い出した戦前宮沢の思考枠組を、あえて自分のものとして維持してきました。戦後解釈学説を主導する立場に立った宮沢先生は、その枠組を変えることなしに、しかし「ある種の客観性」「そういう理論性」に基づく「説得力」という de facto の要素をつけ加えておられます。そして私自身、ここでも先刻とりあげて頂いた「異形の」類型論の提唱ということだけからしても、そうとは言わずに自分なりのドグマーティクあるいはカズイースティクに携っているというべきなのでしょう。「自衛権」という、憲法の法典には出てこない観念を外側から無造作に受け取っちゃったことをどう考えるか。法律学における「中二階」の必要ということが関連してくるでしょうか。

木庭 そうですね。九条解釈は実は分厚い繊維で囲むことが可能です。トゥーキュディデースやホッブズからその網の目はスタートする、というのが『憲法9条へのカタバシス』で私の言いたかったことです。少し前までの政府解釈はこの観点からすると、偶発的にせよ、俗な言い方をすれば、「いい線行っている」。しかしロジックが分厚くないし、語の選択も悪いのでなし崩しにされた。

樋口 政府の旧解釈は政府なりに苦心して、九条の文言にあからさまに反しないように、あえて外側からそれを持ってきたということだったでしょう。

蟻川 一点だけ挟ませていただきます。今日の話の冒頭で樋口先生が挙げられた八幡製鉄政治献金事件の最高裁判決です。この判決には、法人である株式会社がなぜ個人に保障される権利を保障されるのかの説明がありません。まさに「当然」のこととして保障されてしまっています。同じことが、国家についても見られます。個人には正当防衛が認められるのだから国家にも「当然に」正当防衛が認められなければならないというものです。没論理の似非類推解釈ですが、残念ながらこれが政治家も含めて人々が「自衛権」を観念するときに一番よく使われる説明です。到底法解釈の名に耐えないものです。

このこととの対比で取り上げたい話があります。砂川事件の最高裁判決に加わった入江俊郎裁判官が、のちの一九六二年の段階で、あの判決では九条の問題は「自衛のための措置」どまりにしようとしたのだと、そこから先は今後に委ねると、そう受けとれる走り書きをしていたということを記事で読みました（朝日新聞二〇一五年九月一五日〔豊秀一〕）。遺族の方の協力を得ての調査だと思いますが、重要な掘り起こしがされたと私は思っています。

注意しておかなければならないのは「自衛のための措置」と「自衛の措置」は違うということです。入江のメモに書かれていたのは「自衛のための措置」です。これに対し、集団的自衛権の行使を否定した一九七二年の政府見解に出てきて、それを無理やり援用して集団的自衛権の行使に道を開いた数年前の国会審議で政府が使ったのは「自衛の措置」です。私は、砂川判決の「自衛のための措置」は、集団的自衛権の行使容認のさいに政府が使った「自衛の措置」とは別物と捉えるべきだと思っています。「自衛の措置」概念が容易にフルスケールの「自衛権」につながりうる装置であるのに対して、砂川判決の「自衛のための措置」は、たとえ形式上は「自衛権」の概念と両立させられているとしても、だとしたらなおさらその「自衛権」が軍事化として具体化されるのを牽制する役割を、入江はこの概念に期待していたのだと思います。極めて戦略的な概念で、これこそ、さきほど木庭先生が言われた中間的な意味の層を形成するものだと思います。「自衛権」の概念だけで簡単に勝負がつかないように、これを導入して、入江は時を稼ごうとしたのです。

木庭　あれは横田（喜三郎）なんかの議論を意識しているのではないかと思うんです。戦争直後には「自衛権」が危ないんだということであれほど大きなコンセンサスがあった。「自衛権」という言葉が一番危ないんだというコンセンサスがあった。

樋口　それは既に吉田演説で出ている。

木庭　吉田演説、そうですね。出ています。だから重要な問題は、横田先生自身もその後曲がって行ってしまいますが、あのコンセンサスがふっといつの間にか、すり替えられて消えるんですね。トゥーキュディデースやホッブズの系統は、戦間期の反省から二〇世紀の半ばに一瞬蘇った。歴史は単線的にばかりはいかないので、皮肉にもトゥーキュディデースもホッブズも好戦的な論者によって引かれ続けてきたのですが。

樋口　そう。こともあろうにホッブズとカントを対比させて、ホッブズは戦争が好きだ。カントは永遠に平和主義だというのが意外に流布しているかもしれないから。

木庭　流布していますね。

樋口　この点は記録には残しておきましょう。

木庭　なるほど。でもそれはカントをよく読むと、もちろんホッブズ批判もあるんですけれども、ホッブズの深いところを受け継いでいることがわかる。ホッブズ批判のすべての人がそうですが、ホッブズの課題をどう引き継ぐかという限りで、ホッブズと問題意識を共有している。カントの場合は啓蒙期にありながら他にもまして痛烈な réciprocité 批判を共有している。ホッブズはその解体を国家に託した。あの作品（『永遠平和のために』）においてカントはこれこそが戦争を引き起こすと分析した。もちろん国家に武力装置があれば réciprocité に巻き込まれるというホッブズの先を行く批判をも付け加えましたが。

＊　＊　＊

蟻川　最後に、お二方から一言ずつお願いいたします。

木庭　私はほとんどしゃべりすぎたくらいで、付け加えるとすれば、しゃべりすぎる悪癖は不治の病なので申し訳ありませんと謝る以外のことはなかろうかと思うのですが、饒舌ついでに申し上げれば、危険な状況を前にしてまずすべきことは、皆で力を合わせて徹底的に分析することだと思います。一体これは何なのか、何故こうなったのか。焦る気持ちはわかりますが、しかしどのみちギリシャ以来営々と積み上げてきた蓄積を以て立ち向かう以外にない。母屋に火が回っているのに今から井戸を掘って水を求めるようなものですが、これが王道です。出来合いの思想や方法を持ってきてその日暮らしをするのはいい加減にやめましょう。そもそも、本当ならば、基本ないし古典をしっかり押さえていない言説など全く相手にされない空間というものが形成されていなければならない。個人としてきちんとクリティックの訓練を受けていない知性は入り込む余地がないというのでなければならない。ところが学界でさえそういう基準というものは存在せず、基準を当てはめれば誰も居なくなってしまうような状況です。若い研究者をこの観点から必死に培養してきて、わずかながらその成果が出たものの、その人たちは厳しい状況に置かれています。めげる様子もありませんが。憲法九条が土地上の暴力集団を基盤にした人々によって蹂躙されるばかりか、言論界でいとも軽々に扱われてそれが通用する、それは厳格な知的ディスコースが冷酷に君臨していないからです。このことに私は深い責任と無力感を感じます。こういうことを言えば最も嫌われ全く逆効果であることはよくわかっています。現に私は私の近傍で蛇蝎の如く嫌われています。しかし私はヨーロッパで勉強し、幸いかつての巨匠たち、ヨーロッパの奥深いところに潜む最良の知性、から、学問の水準というものをさりげなくしかし妥協なく見せつけなければならない、ということを学びました。同時にそれは、如何にそのような知的世界が楽しい空間であるかを見せつけるということでもあります。憲法を一体何によって守るのかと問われれば、私は迷うことなく学問によって、或いは高度な知的営為によって、と答えます。つまり憲法というものの知的レヴェルを前にして軽々にはアプローチできないという現実、つまり文化を創り出すことです。鼻持ちならないエリーティズムであるという声が今にも聞こえそうですが、犠牲にされて見捨てられる「最後の一人」のために連帯しうるのはこれしかなく、内容のない迎合的な微笑みなど何の役にも立ちません。政治、デモクラシー、占有、人権といった装置なしに「最後の一人」を救うことなどできませんが、これらの装置はいずれも高度な知的営為と想像力の研ぎ澄ましを蓄積して初めて成り立つものです。

樋口　およそ一五〇年前に日本（一八六八年）とドイツ（一八七一年）が前後して、一方は内戦（戊辰戦争を挟む幕末維新）、他方は対外戦争（普仏戦争）それぞれの勝利を跳躍台として、統一国家を出発させました。一九世紀後半の段階での近代国家体制を移入した日本は、その時点でのお手本を習うのに忙しく、初期近代ヨーロッパでの「公」と「私」の緊密な連関をふまえた上での一九世紀欧州基準を受けとめる、というまでにゆかなかったのは自然だったでしょう。日本の憲法学がルソーや、ましてホッブズを意識すること少なく今日に至ったのも、やはり自然だったでしょう。

その日本近代で、廃藩置県や兵役義務制以下の一連の施策によって国民国家規模の「公」が掲げられたはずですが、幾層にもわたる私的権力が社会を支配し続けます。木庭さんの意味での〈政治〉、個人それぞれを担い手とする「公」の構築という課題への対応にしても、一九一〇年前後のせっかくの可能性を大きく展開させることはできなかった。あらためてその同じ課題にアプローチする仕方は一様でなくてよいと思いますが、「エタティスト」――ナショナリストではありません。その反対物です――を以て自任してきた私として、今日の討論から大いに知的刺戟を得ました。

六〇年近く前の留学生として Marcel Prélot 先生の講義を聴いた時の強い印象を思い出します。「朕ハ国家ナリ」と訳されていた“L'Etat c'est moi”は、君主による国家私物化宣言どころか、それとは正反対に、君主こそ国家の公共性を体現する、という宣言だったのです。「私」による「公」の僭奪のきわみと言う他ない〈日本という問題〉に当面して、あらためて思うことです。

今日の標題に寄せて言えば、自分自身の憲法学の土壌を掘り返す、またとない機会に恵まれたことをお二人に感謝します。

蟻川　ありがとうございました。

本日焦点が当てられた一九一〇年代の日本からちょうど一〇〇年が経過した二〇一〇年代の日本を、われわれは今生きています。そう思うと、考えることは尽きません。しかもその二〇一〇年代も、早くも終わりに近づいています。二〇一〇年代の残りの約二年間は、日本の憲法学者がどう身を処すかが試される時でもあるように思います。私自身は、お二人の先生の最後のご発言から大変重い課題をつきつけていただいたと感じています。そして、お二人の本日のお話全体から、私は、憲法学に限らず人文・社会科学に携わる者の末端に属する一人として、学問において、個人という一点をぶれずに保持し続けることのむずかしさと爽やかさをあらためて学ばせていただきました。

長時間にわたり、ありがとうございました。

（二〇一八年三月二二日収録）

近代国家の構造と法による「闇」への対処

毛利　透

一　近代国家の法的構造

1　樋口学説への応対

樋口陽一の日本憲法学界への貢献として、近代国家がその根底に「主権と人権の密接不可分の連関と緊張、という問題」を抱え込んでいることを明確に指摘し、強調したことが挙げられることには、誰も異論をはさまないであろう。フランス革命を典型とする近代市民革命は「身分制的社会編成原理を否定して諸個人と国家の二極構造を生み出」した。権力を集中する国民主権が身分制のくびきから個人を解放し、個人は人権主体としての地位を獲得するが、それは同時に、その個人が中間団体の保護をあてにできない「裸の個人」として国家と対峙しなければならなくなることを意味する。[1]我々は、個人の価値が生まれによって定まる社会を捨て去り、自由を得た。その代わり、我々は各々の人生を各々が決める、ばらばらの個人として生きていくことを迫られる。その際、国家権力は、社会に私的権力が発生することで個人の自由が制約されることを防ぐ役割を担うとともに、公共のためという名目で個人の自由を唯一正統に制約する権限を有することになる。後者の権力が濫用されようとするとき、社会の中にそれを止められるだけの実力は存在しない。我々はそれを、まさしく自由のために捨て去ったのだから。我々には、人権という法的論理によって国家権力に対抗するという、かなり見込みの薄い途しか残されていない。[2]ここからは当然、国家権力に立憲主義を護らせることが、どれだけ強調してもしすぎることのできないくらい重大な課題なのだという帰結が導かれるだろう。

　このような近代国家の把握の仕方は、本書の出発点となった鼎談でも共有されているところであり、私自身の学問的営みの前提でもある。私のこれまでの樋口学説への応対は、上記の二極対立の構図の中で、主権者国民の意思、民意はどのようにして構築されるべきなのか、という点に向けられてきた。樋口が自らの国家観を、シュミットを（むろん批判を交えつつであるが）援用して説明することに示唆されるように、このような国家観は「喝采による民主政」と両立しうるように思えてしまう。国家権力を動かす力は、自由な個人の集合体である国民からくる。個人が出発点である以上、民意は所与のものとして存在するわけではない。では、国民の間で権力を動かす正統性を有する民意が生まれるためには、個人と個人がどのように結びつくことが求められるのか。

私は、「市民自らの討議の場を組み込むことなしでは、諸個人によって担われるres publicaという樋口憲法学の根幹的主張は実現（困難なのは当然だが、それ以上に）不可能なのではないか」という批判的視座から、そのような場の構築を自らの課題と考え、いろいろと論じてきた。この関連で付言すると、私は近著に収録した拙稿の注で、樋口の「ただ乗りの自由」と「公共秩序としての自由」の対比を取り上げた。後者は、「自由な公共社会の維持に関心を寄せ」る人々が、良き社会の構築のために行使する自由ということであろう。それは、経済活動を含むこともあろうが（たとえば、環境に配慮した技術革新に取り組み、成果を市場に披露する、など）、多くの場合は精神的な表現活動として現れるだろう。おそらくそこでは、自由をそのように行使する人々による理性的な議論によって、民意が形成されていくという姿が理想として想定されていると思われる。
(3)(4)(5)

私も、そのような自由行使によって形成される民意こそが国家権力を動かす正統性を有すると考えている。その意味で、憲法学はたしかに「公共秩序としての自由を前提することなしに成立できない」。しかし、まさに近代国家において、何が公共社会のためになるのか、その中身は所与ではなく、自由な議論によって決められていくしかない。だから、その過程では、意見表明の自由が、所与の内容的制約なしに保障されていなければならない。したがって、法的自由は恣意の自由をして構成されなければならず、それをどのように行使するかは、各人の判断に委ねられることになる。恣意自由を認める器があってこそ、それを各人が各様に公共社会の維持のために使うことが保障される。
(6)(7)

さらに、フリーライダー論が当然含意することではあるのだが、誰もが自由を公共秩序維持のために使用するという負担からは免れたいという願望を有していることへの注意も必要である。樋口は、「それでいいのだ」という開き直りには断固反対する。これも、フリーライダー問題への当然の対処といえるが、では、どのように対処すればいいのか。近著を含む私の研究は、この問いへの回答の試みといってもよい。自由な議論の場を確保しつつ、そこでの議論から生まれる意見のまとまりが政治に反映される可能性を高める、つまり、公権力の側にそのような議論へのセンシティブさを高める、という可能性を模索してきたといえる。

2　主権国家併存体制の意義と課題

主権国家が併存し、それぞれの国家の政治については各国の国民が責任を持つという体制は、このようなフリーライダー問題への一つの対処ともいえる。カントはすでに、そのことを指摘している。「理性的な存在者は、全体としては自分たちを維持するために普遍的な法則を求めているが、しかしひとりびとりはひそかにそれから逃れようとする傾向がある」。この問題を解決するための手段が、国家、理想的には共和国の構築である。この体制により、人間に道徳性が求められることなく、しかし普遍的な法に基づく、すなわち恣意的ではない、強制秩序の樹立・維持が可能になる。「実際、道徳性からよい国家体制が期待されるのではなく、むしろ逆に、よい国家体制からはじめて国民のよい道徳的形成が期待されるのである」。これに対し、「世界王国」は理性の理念に適合しない。「なぜなら、法は統治範囲が拡がるとともにますます重みを失い、魂のない専制政治は、善の萌芽を根だやしにしたあげく、最後には無政府状態に陥るからである[8]」。

人間が本来有する非社交的社交性からして、フリーライドを防いで公共社会が維持できる単位は、必然的に限定なものにとどまる。社会の規模が大きくなれば、それへの参加のインセンティブはどんどん薄れていく。また、カントは、諸国家併存状態における国家間の「生き生きとした競争[9]」が理性の理想への接近を助けることも強調している。国民に対して自由を公共社会維持のために使用しようというインセンティブを与えるためには、たしかにこのような健全な競争は大いに貢献するだろう。逆に、そのような競争のない、人類という単位しか公共性の存在しない社会では、参加を促す「魂」が生じず、私益の追求のみが横行することになってしまうだろう。

国民は、一定の領域における公益実現を可能とし、かつそのことに責任を有する国家の政治を担う人的単位と理解することができる。そのような国民が自らの国家の統治に責任を有し、その意味でこの国家と特別の関係に立つことには、こうして国家統治の公共性を確保するために重大な意義がある[10]。だが、このように世界が諸国家併存体制で構築されるとすると、一面で各国家の公共性は必然的に限定されたものとなる。人類全体の目から見れば、その国の特殊利益に過ぎない「国益」が、私益とは異なる公益として評価され、政治が目指すべき目標とされてしまう危険がある。また、特定の国の価値が実体化され、その価値にかなう、あるいはその価値を受け入れる者だけが「国民」として認められるというような倒錯が生じる危険もある。このような危険性は、人間の能力の限界からしてある程度は仕方がないとして受け入れるしかないが、当然ながら、それが暴走して国民の自由が不当に害されることを防ぐ手立ては必要である。

ユルゲン・ハーバーマスは、民主的法治国の法的構造理解として、最初に、諸個人が互いを、国家を構築する結合の自由かつ平等な構成員＝権利主体として承認するという段階を置いた。現実には偶然の産物である国家を、人為的に構築されるべきものだと理論的に再構築するというのが彼の法理論だといえるだろうが、そこでこの承認プロセスを出発点とすることには、①国家という団体から実体的要素を抜き取り、それを人為的な意思に基づく結合と純化してとらえること、②国民各人の権利主体性について確定しておき、その点について人々の現実の状態に基づく疑義が提起されることを封じること、さらに③その者らが法仲間（Rechtsgenossen）として国家との関係で特別の連帯・責任関係に立つことをはっきりさせておくこと、といった意味があるといえよう。そのことにより、特定の国家において政治を担う責任が国民に課されることが明確化されるとともに、その国民による民主政から排除が極小化され、目指すべき公益ができるだけ脱実体化された、議論に開かれたものとなるとなるよう配慮がなされる。私は、このような理論構成は基本的に首肯できると考えている。(11)

二　議論の歪み（「闇」）への対処

1　コミュニケーションの体系的歪み

とはいえ、話はさらに難しい問題をはらむ。私は、市民の議論の場におけるコミュニケーションも大変歪みやすい弱点をもっていることも指摘してきた。私は、民主政論など派手な分野ではないが、このコミュニケーションの歪み論もユルゲン・ハーバーマスのコミュニケーション理論の大きな貢献ではないかと考えている。コミュニケーションの歪みとは、人々の議論における合意が、言論の説得力以外の要素によってもたらされる現象であるといえよう。理想的には、議論でものを言うのは言説の説得力だけであるべきだが、現実の議論には、そのほかにいろいろな要素が作用してしまう。

近代における個人は、何か所与の社会的評価を有さない。有さないからこそ、自分が何者であるかは、他者との交流によってしか確認することができない。ばらばらの個人は、逆説的にも、他者の評価に依存しなければ自己のアイデンティティを確立できない存在である。だから、個人は傷つきやすい。ハーバーマスは、「極端に傷つきやすい」という。だから、傷つくことを恐れる者は、自分の意見を正直に公表することを躊躇する。それが厳しく批判されれば、自己のアイデンティティが危機に陥ると分かっているからである。

このような議論における自己防衛の構造は、ある程度は不可避の現象であり、また突拍子もない言説が公共の場に登場するのを防ぐ機能も有しているといえよう(12)。しかし、議論の場に私的権力が作用して、コミュニケーションが体系的に歪められるときには、問題は深刻化する。議論の参加者にとって、議論の帰趨に議論以外の利害が関係してきてしまう場合には、その場のコミュニケーションには恒常的に、説得力以外の要素を判断に入れるよう圧力がかかり、コミュニケーションは体系的に歪められる。そうなると、「この場では実は自由な議論が許されておらず、みな言論の説得力とは別の考慮で賛成したり反対したりしている。」とも言えなくなる。閉鎖的な環境で、参加者の人格全体についての評価がその議論空間での評価に依存してしまう場合には、このような私的権力が働きやすく、議論の場に病理現象が引き起こされてしまう。閉鎖的な集団で発生しがちな「集団分極化」はその一つである。[13]

このようなコミュニケーションの体系的歪みは、木庭顕が「闇」と表現する現象[14]の少なくとも一部であろう。このような環境で、理性がまっとうに働かない病理的状態に置かれた個人は、救出されなければならない。その救出を保障するのが法であるはずである。しかし、この課題の達成は極めて困難である。「集団に抑圧された個人を守るため政治システムに対抗的に人々が連帯するという動機は、その連帯自身が集団として個人を抑圧するという暗転に向かう傾向を有します」。「政治はあらゆる私的権力を解体」するはずだが、「デモクラシーの連帯が現れてこれが集団と紛らわしい。これに乗じてデモクラシーと無関係の私的権力が跋扈してくる」。[15]「個人の自由のためにしか連帯しないという一方通行は如何にして可能かという問題」を実際に解決するためには、「深く根を下ろす権力と利益をめぐる集団の動きを徹底的に分析」することが必要になる。[16]しかし、これは、現実に成し遂げるにはあまりにも重たい課題である。だから仕方がないとは言わないとしても、日本の司法がこの点で十分な役割を果たせていないことも否定しようがない。

人格の傷つきやすさへの対処として、ハーバーマスは反事実的な想定として理想的発話状況を掲げ、それにより現実を批判的に評価する拠り所を議論参加者に示そうとした。現実がおかしい、この議論空間は狂っているという視点を持つことが、その者の人格を支え、現実に対する批判的問題提起を行う勇気を与えると考えたのである。このような問題提起は、むろんその者が、自分の権利主体としての地位は確実に保障されているということを信頼できることにも依存する。その議論の場から排除されようが、社会から排除されるわけではないという保障があって初めて、人は「この場は狂っている」という声を上げることができる。民主的法治国の論理が、まず初めに国民各人の権利主体としての相互承認を組み入れていることは、こうして議論の場の歪みに対処するためにも必要なのである。

2 あるべき経済の姿を問え——ホネットの批判

しかし、当然ながら、これでは「闇」への対処として十分ではないという批判が予想される。問題は、我々が権利主体としての法的承認だけでは実社会で生活していけないという現実に由来しているはずである。現実社会で我々は、家庭、学校、職場など、さまざま場面で独立の人格として承認されることに依存して生きている。それらの場はそれぞれ独自の人物評価基準を有しており、承認の内容もさまざまである。だとしたら、それらの場での議論が狂っていないかどうか、つまりそこで「私的権力」による「闇」が発生していないかどうかは、それぞれの場ごとの承認関係の特性に基づいて論じる必要があるのではないか。全体社会を病理から救うためには、そのような理論こそ求められるのではないか、というのが、師ハーバーマスに対する、アクセル・ホネットの不満だったように思われる。

ホネットは、『承認をめぐる闘争』[17]において、初期ヘーゲルの読解を通じて愛・法・連帯という承認モデルを導き出したことで知られるが、彼がこの教授資格論文で言いたかったことは、その中では控えていたハーバーマス批判を展開した論文中の、次の箇所に最も明確に示されているように思われる。「ハーバーマスが、その批判理論の規範的なパースペクティヴを社会に係留する解放のための事例は、関与する主体たち自身の道徳に関係する経験にはけっして現われない。なぜならこれらの主体は、彼（女）らの道徳的な期待ないしは「道徳的観点」であると見なしうる事柄が裏切られるとき、直観的に身につけている言語の諸規則の制限としてではなく、社会化によって獲得されるアイデンティティの要求の侵害として、この裏切りを経験しているからである」[18]。人は、現実にその場で自分が立ててしかるべき要求が不当に満たされないとき、承認を否定され傷つくのである。そこでコミュニケーションが歪められているとしても、それは当事者を直接傷つける原因ではない。批判的社会理論は、この承認否定を生じさせる社会の病理に直接向き合い、対処しなければならないはずではないのか。これがホネットのハーバーマスに対する根底的不満であろう。そこからホネットは、資本主義社会において人の価値評価が労働を基準としてなされることが多いことにかんがみ、労働が発生させる規範的な承認要求こそ批判理論が扱うべき課題だとする[19]。

ハーバーマスは愛弟子からの批判に対し、自らの理論の根幹を示して対応した。「ハーバーマスによると、当事者の先取りされた要求ではなく、実践的討議だけが、所与の労働組織においてどんな規範が支配的であるべきかについての決定を道徳的に基礎づけうるというのである」。ホネットは、この指摘には一理あるとする。たしかに、「内在的批判の意味するものが、特定の集団がそのつどの現状において自分たちの社会状態や労働環境から掲げる主張や要求をたんに押し通すことであってはならない[20]」。

しかしむろん、ホネットはあきらめない。ハーバーマスは、社会統合の原理としてシステム（経済と行政）と生活世界を分離することにより、生活世界をシステムの論理による植民地化から守ることと引き換えに、システム自身の内部作動における規範性を問う視点を放棄した。つまり、あるべき経済の姿を問うことを断念したのである。ハーバーマスは、「資本主義的な経済領域そのものには何らかの道徳的インフラストラクチャーを想定していない」。だが、「資本主義的な労働市場の機能能力が道徳的規範の一連の前提と結びついていることが示されるのであるならば、もちろんのことこの関係は全く違うものになることだろう。つまりそうなれば、『システム』と『生活世界』とのカテゴリー的な対立が消えるだけでなく、現実的な労働関係に対して、内在的批判というパースペクティブを取ることが同時にまた可能となることだろう」。こうしてホネットは、「近代的労働世界の根底に存する一連の道徳規範」の探求に向かう[21]。そして、やはりヘーゲルを手掛かりにして、「資本主義的な労働組織のための道徳的条件」として、労働の成果に対し生活を確保する収入が支払われることと並んで、労働が公益への貢献として認識可能なかたちでなされることが求められる。「労働成果の相互的な交換という理想から全体として要求されることは、個々の活動が十分に複合的ですぐれた技能を発揮する構造を保持しており、そのことによって『市民的誇り』と結びついている普遍的承認にふさわしいことがはっきりと分からなければならないことである[22]」。つまり、職場のあるべき姿自体が、職場外の広い社会とのつながりの中で論じられなければならない。労働者に市民としての誇りを与えられないような職場は、資本主義が内包する規範に照らして不当なのである。

ホネットは、これまでの労働者の運動も、このような「近代の労働市場の体制にすでにはめ込まれている」道徳規範の侵害への異議申し立てとして理解できるとし、日々の労働の中で承認要求を不当に侵害されている労働者に対し、理想的な討議規則の侵害などという現実と遊離した迂回を経ることなく、「現存する労働関係を批判するための内在的基準」を示せるとする。彼は、これこそが「現状の労働関係のもとで苦しんでいる」多くの人々のために批判理論がなすべき貢献のはずだと、経済のシステム統合をおおらかに認めてしまう師ハーバーマスを痛烈に批判するのである(23)。

3　規範生成には公共の議論という手続が必要だ

このようなホネットの試みは、我々の文脈で言えば、職場の「闇」を照らし出す理論の構築として理解することができよう。資本主義経済が内包する規範を探り、労働組織の歪み、そこから生じる労働者の苦しみを直接指摘できる理論を示そうとするその心意気は、是とすべきである。しかし、素人的感想ながら、現代においてあるべき経済秩序を構想するのに、ヘーゲルを用いて「市民的誇り」をもちだしてくるのは、かなり時代錯誤的で、現実との接点が乏しいという気がする。少なくとも、経済秩序について別様の規範的理論を建てることは可能であろう。また、資本主義経済においてホネットの言うような秩序が規範として先取りされているとしても、実際の職場でそれがどのように実現されるべきかがあらかじめ決まっているわけではない。

さらに、おそらくハーバーマスの立場からすれば、「現状の労働関係のもとで苦しんでいる」人々が、どうしてホネットの言う道徳規範を自らの主張の根拠として選び取ることができるのだろうか、という疑問が提起されるだろう。歪んだ労働環境の下で働き、自らの承認要求が害されて傷ついている人々が、歪められる前の道徳規範をどうして知ることができるのだろうか。

一つは、それが法制化されている場合である。このような法があれば、各人はそれを、現実を批判するための基準として用いることができる。資本主義経済の内在的道徳があるとすれば、労使関係を規律する法はそれに沿ってつくられるべきであろう。ただし、法制定に至るためには、広い公共での議論を経る必要がある。個々の職場の状況から離れ、一般的な次元であるべき労働環境を論じることが求められる。そこで多くの人々の同意を得られる内容が法制化されるのであり、だからこそ、法は職場における歪みを測る基準としての正当性を有するのである。

では、すぐに使える法が存在しないときにはどうすべきか。この場合には、労働者が職場以外の人々、広い公共に職場の問題を訴えかけ、その議論の場での共感・連帯を得られる可能性が存在することが必要であろう。閉ざされた歪んだ空間では、人々の判断能力自体が狂っている。あるべき規範は、そこから離れた議論の場を活用することによってしか見出しえない。そのような場の議論に参加することによって、「私の会社の労働環境はおかしい。」という直観が、異議申立てできるほどの確信へと変化することが可能となる。また、その会社の労働環境は、このような外部の批判にさらされることによって、その妥当性が吟味されることになる。

結局のところ、当事者が自分たちに妥当しているはずの規範を自覚し、その実現を求めることができるためには、その環境からいったん離れ、部外者をも入れた広い討議による反省という過程が必要となるのではないか。おそらく、ハーバーマスがホネットに対し妥協の姿勢を見せなかったのは、経済システムに対し民主的議論の過程を通じて統制を図るという自らのプロジェクトが、現代において理論がとりうる唯一の途だという確信があるためであろう。

三　小括

このような検討から、憲法学にとって何が言えるのだろうか。一つは、集団の中で私的権力による「闇」が発生するのを抑制するためには、労働の現場（に限らないが）の問題を外部に訴えることが可能でなければならないということである。ここから、公共での言論活動が、その者の職業生活を脅かすことなく可能であるべきだという要請が導けると思われる。職場の問題を世論に対して訴えると不利益を受けるというのでは、外部の目を入れてその改善を図ることは極めて難しくなろう。公務員の政治活動禁止の問題性は、このような観点からも論じることができるのではないか。公務員の職場とはすなわち行政機構であり、そこでの意思形成過程に言説の合理性以外の要素が作用して体系的に歪みが生じているのであれば、公務員がそれを外に向かって訴えることは、同時に時の政治への批判となる(24)。そのような行動を自分の公務員としての地位を賭けてしか、それどころかときには犯罪者となる覚悟をもってしか、起こせないのでは、行政機構内のコミュニケーションの歪みへの是正メカニズムが働くことは期待できない。しかし、そこで狂った論理が妥当し続けることは、国民皆にとっての損失となろう。

樋口が人権主体として「強い個人」という想定を置いたことは、かなりの物議をかもしてきたが、基本的に集権的権力と個人が直接対峙しているという近代国家の法的構造からして、権力制限の成否の一切が個人の側にかかってくる以上、その個人に「強さ」が求められることになるのは当然といってよい。そうでなければ待っているのは全体主義的支配であり、「不自然に強さを求められるくらいなら、全体主義的支配に甘んじたい」と（内心では思っているとしても）公言する者はいないだろう。樋口の人権論は、その国家論との関係においてのみ理解可能である。「『強者であろうとする弱者』、という擬制のうえにはじめて、『人』権主体は成り立つのである」[25]。問題は、この擬制をできるだけ現実化するにはどのような制度的備えが必要なのか、という方面に展開されるべきであろう。違憲審査制はその一つの、今日の常識から言えばその最低限度の制度的担保である。樋口自身が、日本の司法権、違憲審査制の運用に強い不満を示すのは、それが、あえて強くあろうとする個人を守るという役割を十分果たせていないからである[26]。人々が、自由を現実の不正義に対して声を挙げるために使うかどうかは、各人に委ねられる。ただ、法は、そのような公共のための自由行使を促進するように構築されるべきであり、そのただでさえ弱いインセンティブをくじくように構築されてはならない[27]。

もう一つ付言しておくべきなのは、これも当然ながら、強くあろうとして、自らの理性をあえて行使してなされる主張が、常にそのまま承認されるべきだとはいえないということである。誰の主張も、一つの主張という以上の意味はもたない。国民間の権利主体としての相互承認は、各人を潜在的に理性を行使しうる主体であると確定するのであり、実際に自由をどのように行使するか（しないか）は各人に委ねられる。そして、公共社会において権力を動かすべき意思は、開かれた議論の中で実際に理性が働くことによって形成される。この議論の場に一部の本当に「強い」者の意見しか出てこなければ、民意形成は歪んでしまうから、できるだけ多数の意見が説得力を競うことが望ましい。だから、公共のためにも、上記の擬制ができるだけ現実化されることが望ましい。法は、そのための手助けをしなければならない。

（1）　樋口陽一『近代国民国家の憲法構造』（東京大学出版会、一九九四年）四七〜四八頁。

（2）　むろん、樋口の学説構造はさほど単純ではなく、多くの論者に注目された「『コオル』としての司法」といった、「自由の確保手段」としての身分的な集団への積極的言及も無視できない（樋口陽一『憲法　近代知の復権へ』（東京大学出版会、二〇〇二年）一三六頁以下参照）。しかし、近代国家の最も基底的な法的構造としては、やはり本文で示したような図式が描かれており、だからこそその困難さや危険性も強調されることになると思われる。

（3）　毛利透『表現の自由』（岩波書店、二〇〇八年）五頁。引用は、私の同感する愛敬浩二の樋口説評価を私なりにまとめた箇所である。

（4）　毛利透『国家と自由の法理論』（岩波書店、二〇二〇年）三三八頁注22。以下は、この注を敷衍する叙述である。

（5）　樋口陽一『国家という作為』（岩波書店、二〇〇九年）六七〜六八頁。

（6）同六八頁。

（7）本当に内容的制約なしでいいのか、つまり、現代において、一定の内容は初めから公共社会に寄与しないと決められるのではないかという問題が存在するのは周知のところである。しかし、原理的には、本文で示したような論理が成り立つはずである。それを、人類のこれまでの経験からしてどこまで貫けるかが問題となる。

（8）カント『永遠平和のために』（宇都宮芳明訳、岩波文庫、一九八五年）六七～六九頁。カントは、この「世界王国」の「専制政治（Despotism）」を、「自由の墓地の上に」立つとも形容している。

（9）同六九頁。

（10）瀧川裕英『国家の哲学』（東京大学出版会、二〇一七年）二九三頁以下が示す、「割当責任論」による国家の正当化は、それ自体は説得的である。そこから、「地球共和国」を目指すべきかどうかについては、私はカント的な立場から消極的である。フリーライドを避けるためには「魂」が必要だという問題――ハーバーマスが憲法「パトリオティズム」を唱えるのもそれゆえである――が避けられないと思う。ただし、「世界共和国」においても国家が存続するとされる以上、この点の評価は、「世界共和国」としてどのような政治形態を想定するのかによって変わってくるだろう。

樋口陽一が「日本の研究者はまず日本の現実に対して責任を持つべきだ」という「態度決定」から、日本を「厳しく採点する立場」をとっている（『環海交流・備忘』（私家版、二〇一一年）一三六頁。同様の態度表明は他の箇所でも見られると思うのだが、現在見つけられないので、この私家版から引用する。）のは、彼が日本国民として日本国に対し特別の責任を負っていると自覚しているからであり、これは彼が真の意味で「愛国者」であることを示している。かなりの程度フリーライダーであることを自覚している私には、なかなか書けない文章である。

（11）ハーバーマスの典拠も含めて、毛利・前掲注（4）第1章参照。このような理論は必然的に、外国人の法的地位について説明する責務を負うが、その点についても同書を参照のこと。私は、このような理論が、無国籍者がいてはならないという国際法上の要請をより説得的に正当化することにも資すると考える。

（12）インターネット上で「トンデモ」な主張が横行するのは、少数でもそれを承認してくれるオーディエンスが存在してしまうからである。ネット上では、過激なごく少数の意見が、本当の意見分布とは不釣り合いな存在感を見せてしまうことは、指摘されてきたところである。田中辰雄・山口真一『ネット炎上の研究』（勁草書房、二〇一六年）など参照。
（13）ハーバーマスの典拠も含めて、毛利・前掲注（3）第3章参照。
（14）木庭顕『憲法9条へのカタバシス』（みすず書房、二〇一八年）二〇五～二〇九頁。
（15）蟻川恒正・木庭顕・樋口陽一「鼎談　憲法の土壌を培養する」本書一頁、三〇～三一頁（木庭発言）。
（16）木庭・前掲注（14）一頁。
（17）アクセル・ホネット『承認をめぐる闘争〔増補版〕』（山本啓・直江清隆訳、法政大学出版会、二〇一四年）。同書には立ち入らないのだが、序文のフェミニズムに関する箇所の訳（三頁）があまりにも原文の趣旨と異なるので、（しかもフェミニズム批判ならば思想的重要性もあるので、すでに指摘されているのかもしれないが、）指摘しておきたい。そこではホネットが一方的にフェミニズムを批判しているような訳になっているのだが、原文は単に本書ではフェミニズムは扱わないと言っているだけである。訳文は、議論の枠組みが異なることをホネットが批判しているように言うが、ホネットは、枠組みが異なるから扱わない、とだけ言っているのである。
（18）アクセル・ホネット『正義の他者』（加藤泰史ほか訳、法政大学出版会、二〇〇五年）一〇四～一〇五頁。
（19）同一一二～一一五頁。
（20）アクセル・ホネット『私たちのなかの私』（日暮雅夫ほか訳、法政大学出版会、二〇一七年）九二頁。ハーバーマスの応対は、実際には前掲注（18）文献に対するものではないが、内容的には完全に対応している。ハーバーマスは、労働者の要求の正当性を測る基準が「職場のロジック」で決められることは認められないとする。Jürgen Habermas, Vorstudien und Ergänzungen zur Theorie des kommunikativen Handelns, 1984, S.485f. (Fn.14).

（21）同九四～九五頁。

（22）同九八頁。ホネットは、デュルケームの分業論も援用している。

（23）同一〇二、一〇七～一〇八頁。ロールズやハーバーマスなどの「手続主義」に対するホネットのより一般的な批判としては、同書五二頁以下参照。さらにホネットは、「公正な条件のもとでの分業」が市民の政治参加を促し、民主政が機能するための社会的条件となると指摘する。ホネット・前掲注（18）三三四頁。Vg. Axel Honneth, Die Armut unserer Freiheit, 2020, S.208ff.

（24）もちろん、職場での意思形成に参画する者らの地位にはもともと上下関係がある。しかし、そこでも、会議で何かを決めようとする際には、参加者が自分の考えを自由に発言し、その発言の内容の説得力について議論するという前提がとられているはずである（そうでないと、会議をする意味がない）。会議の場で、ある者の発言が、「この人は上司に嫌われているから」というような理由で参加者の賛同を得られない場合、その場の意思形成過程は歪んでいる。

（25）樋口陽一『国法学　人権原論〔補訂〕』（有斐閣、二〇〇七年）六九頁。

（26）蟻川・木庭・樋口・前掲注（15）本書四～六頁（樋口発言）。

（27）笹沼弘志は、人権は「契約によって創りだされるもの」、「事実上は存在しないが、契約によって『そもそもあったことにしておこう』と約束する」ものだとする。基本的に賛同できる。笹沼弘志「人権批判の系譜」愛敬浩二編『人権の主体』（法律文化社、二〇一〇年）二二頁、五〇頁。そして、その内容が、各人を潜在的な理性主体として承認するということであれば、笹沼と樋口にさほど対立があるのかどうかは定かでない。樋口説は、権利主体論としては主体性を実質によって制限するような理論ではなく、それをどのような存在だと想定すべきかという内容の主張である。それを「強者であろうとする弱者」ととらえるからこそ、現実の弱者を含むあらゆる者が権利主体として承認されるとともに、法に対し、強くなろうとする個人を見捨ててはいけないという要請が課される。

憲法・国制・土壌

林　知更

一　「日本」という対象

1　文化と腐葉土

かつて、作家ヘンリー・ジェイムズは、「芸術の華は、厚い腐葉土の上でなければ花咲くことはできない……少しの文学を生むために非常に多くの歴史を必要とする」、と述べたと伝えられる(1)。祖国である新世界アメリカと、自らの教養の基礎となったヨーロッパの文化的蓄積との間の緊張関係こそは、ジェイムズの文学的生涯にとって中心主題のひとつであった。しかしこれと類似の洞察は、ジェイムズに限らず、自らが生まれ育ったのと異なる国・地域・時代に成立した文化的事象を学ぼうと試みる者が、程度の差こそあれ感じてきたものと思われる。芸術ならぬ法、とりわけ憲法の領域もその例外ではない。我々は、ある土壌から生まれた「果実」としての文化的産物を受け取り、鑑賞し、模倣することすらできる。しかし、その果実はどのような土壌の蓄積を背景に生まれたのか。これと比肩しうる果実を自ら自身の手で作り出すにはいかなる前提が必要か。異なる土壌の上で同じ作物は育たないにしても、我々が自らの地で自分なりの果実を育む上で、この他者の蓄積から何を学べるのか。明治期日本の西洋体験にも間違いなく含まれていたであろうかような問いは（例えば、「漢学に所謂文学と英語に所謂文学とは到底同定義の下に一括し得べからざる異種類のものたらざるべからず」との認識から「根本的に文学とは如何なるものぞ」との問いに直面した夏目漱石にも、そのひとつの原型を見出しえよう(2)）、今日の我々にとっても決してその意味を失っていないと考えられる。

これを憲法について言えば、一八世紀末に米仏で生まれた成文の憲法典を明治期に移植した我々は、今なお西洋諸国から学ぶという営みを完全に捨てることができない。過去の偉大な理論から学ぶ場合も少なくないが、現在進行形の発展もまた大きな刺激を与える。二〇世紀後半の米独における違憲審査制の発展はその重要な例と言えよう。ドイツを見るなら(3)、憲法裁判所を中心とした法実務と大学に拠点を置く憲法学との協働によって生じた憲法の機能拡大のダイナミズムは、しばしば国境を越えた関心の対象となっており、そこで生まれた果実としてのドグマーティクの諸形態を日本に輸入し役立てようとする試みも盛んである（比例原則の影響などは英語圏にも及ぶ）。しかし、その種の実用的な目的をいったん離れるなら、そこでの法学的な議論の創造性がいかなる点に存し、それが何に支えられているのか、という問いは一層我々の興味を刺激する。それはまた、我々自身が自らの創造性を発揮しうる余地や可能性がいかなる点に存するのか、という更なる問題へとつながる（法が学問の対象であると同時に社会的実践でもある以上、それは学問のみでなく日本社会のあり方にも関わる）。もちろん、これらの問いに明快な答えを与えることは明らかに容易なことではないとしても。

この国の憲法のどこかが（我々が参照対象とする他国と比べても）うまくいっていない、という問題意識が、我々に欠けている前提条件の探求へと我々を導くことも少なくない。そうした態度を、例えば一種の自虐史観などとして退けることは正しくない、と思われる。何かを学ぶとは、現在の自分に欠けているものが何かを知ることと表裏である、という一般的な問題に加えて（従ってここでは、自虐か自尊か、西洋崇拝か愛国か、近代主義か反近代かといった対立よりも、むしろ端的に知的な忍耐力の程度が問題である場合も多いと思われる）、純粋に比較憲法的に見ても、日本の憲法は重要な部分で改善を必要とする点を有していると考えられるからである。以上の意味で、「憲法の土壌を培養する」という本書の問題意識は、筆者もまた筆者なりの形で（かつ自らの問題意識の最も深い部分で）共有するところである。

2　様々な他者

とは言え、以上のままでは問題設定があまりに漠然としすぎている。ここで「憲法」として何を理解し、その何が問題だと考えるのかに応じて、何がその前提条件（「土壌」）として問題になるかも異なりうるからである（これは次節以下で改めて論じる）。

加えて、これらの問いは、何を比較対象としての他者に設定するかに応じて、追求のあり方が異なりうる。上に上げたジェイムズや漱石の例に限らず、従来この種の問いへの機縁を多く提供してきたのはヨーロッパであり[4]、これは憲法を含めた明治以降の日本法学にも当てはまる。西洋法の歴史が古典古代にまで遡りうる蓄積を有する以上、そこで画期をなした重要な知的革新の諸時代を尺度に据え、ここから現代日本を照らし直す試み（本書の鼎談の中心的なモチーフでもある）は、極めて正統でもあるし、ここから我々に見慣れた日本の光景がいかに自明でないものとして異化されるかは、スリリングでもある。

とは言え、こうした視角が万能でないこともまた確かであるように思われる。我々のよく知る近代憲法は、三教授の討論が「近代」を代表するものとして言及するマキャヴェッリやホッブズなどよりも大分後、アメリカ独立革命とフランス革命以降に始まり、この二〇〇年強の間に諸国に伝播して様々な転変を経てきた。初期近代が様々な理論構想として提示した国家モデルやその構造要素が、この一八世紀末以降の憲法に基礎を提供した面は軽視されるべきではないが、他方でその後の憲法発展や学問的議論によって明らかになった問題もまた少なくないものと考えられる。かくして日本憲法学は、上述の意味での参照対象としての他者を定めるに際して、古代ローマや初期近代のヨーロッパではなく、多くの場合一八世紀末から現代に至る米独仏などの諸国を念頭に置いてきた。もちろん、これらの諸国の間には、現実の憲法のあり方においても学問上の議論の枠組みにおいても違いが小さくない。このため日本憲法学の内部には、どの国を主な参照対象とするかで一種の学派的な分割が生じ、それぞれの学派は参照対象国で用いられる概念や枠組みを意識的・無意識的に模倣する傾向があるため、憲法学内部で異なる言語の間での翻訳の困難が生じることにもなる。ここには良きにつけ悪しきにつけ、唯一の「正統」な道は存在していない。

こうした日本のシンクレティズム的な知的風土にも利点がありうるとすれば、それは我々に自己のあり方についての反省を迫る他者が複数存在する点に求められるように思われる。何を比較対象として念頭に置くかによって、日本の少しずつ異なる側面が浮かび上がるとすれば、我々は複数の比較対象、複数の分析視角をいわば複眼的に用いることによって、より良い自己理解に達することを期待することができる（従って、参照対象を西洋のみに限定する必然性もない）。この際に意識すべきは、それぞれの視点にはその立脚点に由来する「盲点」が必ず存在するという洞察である。物事の全てを見通すことのできる特権的な地点が存在しないとすれば、我々がある視角を設定することで、何が見えるようになり、何が見えなくなるのかを、自覚すべく努める必要がある（恐らくここでは、現代日本から歴史的・地理的に距離を取ることによって、明瞭に見えるようになるものと、逆に見えにくくなるものの両面が存在する）。このことは、古典古代から現代日本を見る場合でも、フランス革命や二〇世紀のアメリカ・ドイツ等から日本を見る場合であっても、等しく当てはまろう。

以上の予備的考察を踏まえた上で、一九世紀後半以降のドイツを主たる参照対象に勉強してきた憲法研究者の一人として、三教授の討論に登場する主題について（自らの盲点を逃れえないことを承知しつつも）何が言えるのか。これが以下本稿の問題である。

二 憲法と国制

1 構造としての憲法

ところで、三教授の討論で「憲法」が論じられるとき、そこでは独特の強い含意が込められているように思われる。そこで描写されるのは、「社会、とりわけ経済社会からのインパクトに対して、この政治システムが非常に弱い」（本書一六頁・木庭）、というギリシャ・ローマ政治の弱点を克服するために、近代が「社会からのインプットを斥ける防壁」（本書一六頁・木庭）としての「国家」を作り出し、「憲法はこの国家に政治という実質を充填する役割を担」（本書一六頁・木庭）った、という発展の構図である。「経済、つまり私的なものが越境してくることへの防護壁としての公的なるものとしての国家、それを構造立てるもの（Constitution, Verfassung）が憲法だということで、それは二〇世紀後半、八〇年代までは共通の了解事項だったでしょう」（本書二〇頁・樋口）。「国家という装置は、政治を立ち上げる条件がないところで言わば強引に立ち上げるための狡智」（本書二二頁・木庭）であり、「政治というその中身を詰める主体、それを駆動していったのはなんだったかというと、国家ができたおかげで、徐々に形成されていく市民社会というものがあり、これが憲法ないし政治の実質化というものをプッシュしていく」（本書二二頁・木庭）。

こうした憲法理解が照準を合わせるのは、成文憲法典という装置それ自体ではなく、近代憲法が実現しようとした国の構造ないし基本秩序（本稿では「constitution」あるいは「国制」の語と互換的に用いる）であると見ることができる。「国家」という政治的秩序の形態の成立を前提に、近代憲法がその構造を更に具体的に形成する。こうした構図は、ヨーロッパの大陸側の発展を座標軸として憲法を勉強している者には、極めて親しみ深いものである（鼎談でも「教科書的な知識の再確認」、「どんなに退屈でも動かない基本」とされる）。フランスにおける絶対君主制下の国家形成とフランス革命を、その憲法史上の典型例として想起することができよう。この革命下の憲法制定は、身分制の解体を含めた社会構造の再編プロセスと不可分に結びついており、憲法の劈頭にも取り入れられる人権宣言はそのプログラムないし青写真を示す。この意味で、近代憲法の生成は国の全体構造を意識的にいかに構想するかという課題と結びついており、三教授の討論が提示するのは、この歴史上のプロセスの意義に関するひとつの読み方である。

このような原点を今改めて想起することに意義があるとしたら、それはこの歴史上の青写真と照らし合わせることで、我々の国の構造がいかなる特質を持つか（とりわけそれがいかにこの原点から離れた地点にあるか）を浮かび上がらせうる点に求めうるものと思われる。かくして三教授の現代日本に対する批判の向かう先は、政治の不在から「知の共和国」の弱体化に至るまで、間然するところがない。そこで問われているのは、我々の国の constitution が今いかなる状態にあり、そこに欠けている基礎（「土壌」）は何か、という問題であると言い換えることができる。

とは言え、ここにはいくらか留保を置く余地がないわけではない。恐らくは一定の理想化を伴うその種の秩序モデルが、現実批判の尺度としてどのような有効性と限界を有するかという問題を別としても[5]、この近代憲法の原点から現在までは二〇〇年以上の時が流れており、この間に変化した事柄の重要性もまた無視することができないと考えられるからである。

では、憲法をめぐる何が変化したのか。本稿はこれを、「形式的意味の憲法の意義増大」と「憲法の秩序づけ要求の後退」という視角から（「教科書的な知識の再確認」に陥ることを敢えて恐れず）簡単に検討してみたい。どうすればなるべく平板にならずに議論できるか、悩ましいところではあるが、ここでは便宜上一人の論者を狂言回しとして登場させることにしよう。

2　形式的意味の憲法の意義増大

国の基本構造という意味での憲法（constitution, Verfassung）を理論的・概念的に捉えようとする議論は、憲法学史上も様々な形で存在してきたが、二十世紀における代表的な試みのひとつとして想起されるのはやはりシュミットの『憲法理論』における概念規定であろう。そこでの絶対的憲法概念は、彼自身の理論構想を示すと同時に、時代の中で有力化する動きへの対抗を意図したものでもある。そこで批判対象として構成された相対的憲法概念は、一定の形式的な徴表を持つ法規範、具体的には改正要件が法律よりも加重された規範を指示する。この意味での憲法には全体としての秩序の統一性という契機が欠けている、というのがシュミットの批判の要点である。憲法制定者が通常の立法手続による改廃から保護するために憲法典の中に盛り込んだ種々雑多な規定、党派間の妥協の定式などが、国の基本構造を定める規定と等しく憲法として扱われる事態を、シュミットは半ば戯画的に描き出す（こうした議論は憲法改正限界論などで一定の実践的含意を与えられる[6]）。

一定の形式的徴表を有する諸規範の集合としての憲法、という観念に対する批判は、シュミットの別の箇所での規範主義批判とも響き合うように思われる。国家権力の発動を法規範によって規定し尽くすことで、全てが法の定めるプログラム通りに進行するような国家秩序のイメージをシュミットは批判する。これに抗して彼が着目するのは、非常事態や憲法の欠缺など、既存の法規範から一義的な解決を導くことができずに、「誰が決定するのか」が問われざるを得ない局面である[7]。これを主権の担い手の問題と言い換えることができるとすれば、これはその国がどのような政治的形態へと秩序づけられているかを前提とする。以上のような補助線を引くことが許されるとすれば、決断思考と秩序思考の距離はそう遠くないし、『憲法理論』の構成要素にはこの両方が共に存在している。こうしたいわば法秩序の破れ目から浮かび上がる現実の秩序の次元に定位した思考は、ワイマール期ドイツ憲法学において、あくまで法という意味領域の固有法則性に照準を合わせた思考（ケルゼン）とひとつの対立軸を形成していく。

これは、構造としての憲法を考える上であくまで可能なひとつの筋道であるにすぎないが、やはり無視しえない重要性を持つものでもある。では、この規範と秩序をめぐる対立軸は、その後どのような命運を辿ったのか。戦後のドイツ連邦共和国に関して言えば、そこで生じたのはむしろシュミットの主張とは逆の、形式的憲法の意義増大であったように見える。ナチス体制とその破綻の後で、政治を統制する「憲法の規範力」[8]の意義を重視する立場が有力化したことは、理解に難くない。加えてここでは、憲法の形式性に対して「人間の尊厳」等の価値による意味充填が行われる。しかし、この文脈で決定的なのはやはり違憲審査制の確立であると思われる。特別の手続と形式を備えた国家行為の事後的統制の場である憲法裁判権は、(たとえある種のフィクションであるとしても)法がその固有法則性を展開するための制度的拠点としての意義を獲得する。ここでは、広範な権限を与えられた憲法裁判所の下で、幅広い争いが裁判的解決の場に持ち込まれうることに加え、実体的にも(基本権の意義が拡大し、またいわゆるルールでなく原理としての性格を持つ法的要請が解釈上様々に導出されることで)憲法の規範的統制が及ぶ(たとえ衡量や制限に服する形であれ)問題領域もまた拡大する。もちろん、緊急事態のような法秩序の破れ目が生じる可能性を完全に排除することは難しいとしても、可能な限度まで憲法によってこれをカバーする試みが行われる[9]。一言で言えば、一定の形式的徴表を備えた法規範としての憲法は、戦後の連邦共和国では戦間期のシュミットが恐らくは予想しなかった形でその意義を増大させていく。

では、このような形式的憲法の意義増大は、国の基本構造の意味での constitution とどのような関係に立つことになるのか。憲法の規範的要請によって覆われる問題領域が拡大することは、シュミットのように規範的憲法の破れ目の向こうに(いわば「実存」的な次元の)秩序を見出そうとする試みにとっては不都合かもしれないが、憲法規範による社会構造の秩序づけを強化するものではないのか。恐らく問題はそれほど単純ではない、というのが筆者の見解である。

3　憲法の秩序づけ要求の後退

ここで再び狂言回しとしてのシュミットに戻ろう。『憲法理論』の中心に置かれるのは、憲法制定権力の理論、すなわち制憲者の決定によって政治的統一体の形態と態様が構成される（実定的憲法概念）、という構想である。[10]単一の主体の一回的決断による秩序形成という革命の理論化は、しかしそれが定式化された時点で既に、眼前で展開される政治的現実からの挑戦に直面していた。それは、『憲法の番人』の分析によるなら、[11]単一の国民という観念に回収されえない政治的アクターの複数性（多元主義や連邦制など）が難局にある国家の舵取りを困難にする危険に加えて、国の基底的な構造（とりわけ国家と社会の関係）が元来の制憲者の意思からは自律的な形で時代による変遷に服していく（「社会の自己組織化としての国家」と定式化される）事態である（もちろんこれはローレンツ・フォン・シュタインなど一九世紀から意識されていた問題の発展形態とも言える）。とりわけ後者の問題は、ワイマール共和国特有の政治的文脈を超えて持続的な意味を持つ問題であるように思われる。[12]そこに含まれるのは、フランス革命以降の近代化が自由な市民社会のいわば初期条件を設定した後に、この社会（とりわけ経済社会）の自律的な展開が当初の意図を大きく超える形で（諸個人の生の条件のみならず）国の全体構造を変えていく、という事態であるからである。これは結局、政治と社会の基本的関係に関する問い、すなわち国家や政治（憲法制定の局面を含め）に体現された集合的な人間の意思が本当に社会を支配・制御しているのか、むしろ国家とは固有法則性を持った社会という海に浮かぶ島の如きものではないのか、という問いにも行き着く。

かくして、ナチス体制の政治的試みが破綻した後、フォルストホフら戦後にシュミットの思考を受け継ぐ論者たちの間に登場したのは、国家が秩序形成の中心を成した時代の終焉に対する諦念であり、産業社会の固有法則性に対する屈折した（また些かイデオロギー的に誇張された）信頼であったように思われる。[13] そもそも、冷戦下で戦勝国間の政治的力学によって東西分割して成立し、またコーポラティズム的性格の強い戦後の連邦共和国において、制憲権者たる国民の政治的意思による秩序形成がフィクションにすぎないと見ることにも相応の理由はある。少なくとも、彼ら戦後の保守派が想定したほど産業社会が自己充足的かは議論の余地があるとしても、国家の主権性の限界に関する意識それ自体には一定の正当な核心が含まれていると思われるし、ここには（例えばシェルスキーからルーマンへと補助線を引くなら）現在にまで受け継がれた部分があることも否定できないように思われる。

ここでは、憲法もまた他ならぬ国家法の一翼である以上、国家の限界という問題の射程も憲法にまで及ぶものと考えられる。加えて、上述のように法規範としての憲法は違憲審査制の下でその機能を大幅に拡大したとは言え、それは適法な提訴という手続要件に制約された（従ってそこには程度の差こそあれ偶然性の要素が付着する）国家行為の事後的統制にとどまり、基本的に社会内部のプロセスに自ら直接に介入するわけではない。基本権の意義とは、国家がいわば暴走して社会のシステム分化を破壊する事態を防ぎ、社会の諸システムが自らの論理に従って機能することを保護する点にある、とするルーマンの基本権論[14]ほどに消極的な見解を取るかは別としても（憲法研究者の直観としては必ずしも全面的には同意できない部分を感じるが）、少なくともその積極的な秩序形成的意義を過大評価する危険に対しては常に慎重さが必要であるように思われる[15]。

とは言え憲法自体に、その生成当初から全体社会を構成する上での青写真ないし指導理念としての性格が与えられている以上（そこには主権や代表、人権など含め歴史的に形成された思想的含蓄の深い観念が並んでいる）、その諸規定を一貫性のある形で解釈するには、解釈の下敷きにやはり何らかの国家像や秩序モデルが必要なのではないか。こうした立場に立つ場合、憲法解釈論とは優れて憲法理論をめぐる争いとなる。かくして例えばベッケンフェルデのような論者は、この局面でシュミット的国家像を（多分にリベラルに修正された形で）活かそうと試みる。そのベッケンフェルデ自身が、もし国家との個人の基底的な関係の理解をめぐる問題が、その時々の解釈のための端緒のひとつとして扱われてしまうなら、憲法は解釈を通して多様で異質な秩序観念を持ち込むことのできる単なる形式的な容器に縮減されてしまう、との批判的指摘を行っていることは注目に値する[16]。しかし、多分に偶然的事情にも影響されつつ違憲審査の場に持ち込まれた種々の事件に対して、その時々に異なる複数の裁判官が多数派を形成しつつ積み重ねていく判例の総体が、あたかも単一の主体の意思を体現するかのように特定の国家観によって統べられることを期待するのは、非現実的であるようにも思える（もちろん、そこで判例の流れをいわば「連作小説」のように可能な限り一貫した形で読む努力は行われるであろうし、眼前の事案の適切な解決を主たる任務とする法実務と違って学説はこの点に自己の任務を見出していくかもしれないが)。そこでなおドグマーティクになしうることがあるとしたら、それはひとつには議論の共通基盤となりその合理性を高めうるような論証枠組みを提供する点に求められうるかもしれない(例えばシュリンクの基本権の三段階審査は、この次元に極度に形式化された形でシュミット派的な国家像を保存する例として理解することができよう)。

しかし、仮に憲法が様々な秩序観念を入れうる「形式的な容器」になったとして、これによって憲法の本質的な機能が毀損されたと言えるのか。確かに、制憲者(あるいはその背後にある思想家たち)の国家像を体現した文書として憲法を捉える場合、この運用段階で生じる憲法の全体構想の曖昧化と多義性は一種の堕落とも見えようが、にもかかわらずここで憲法はその法的及び社会的機能を(上で見たように戦前よりはるかに高度に)果たしている、と言うこともできそうである。換言すれば、秩序構想としての憲法と法規範としての憲法の間には、恐らくは一定のズレと緊張関係が存在する。とすれば、我々はここで憲法と国制構造の関係について改めて考え直す必要があるように思われる。

4 「市民的法治国」の後で

ここでは憲法は、一方では制度的・実体的の両面から法体系の中で果たす規範的な役割を拡大する。特に基本権の客観法的内容の「発見」を通して、今では私法を含め憲法の影響から完全に免れることのできる法領域は存在しない。しかし他方では、憲法を含めた実定法が全体社会を制御する能力に限界があることがますます意識されざるをえなくなり、法学内部でも法とその外部の関係に焦点を当てた議論

（経済学や社会学の参照含め）も有力化していく。すなわちここで我々は、憲法の実定法としての機能強化と、その全体社会の青写真ないし秩序構想としての限界の意識という一見相反する現象に直面するように思われる。それは一言で言えば、憲法が実定法という全体社会の中の機能的に特定された（その意味で有限な）部分として分出していったことの持つ異なる側面と言えるのではないか。

シュミットは自らの『憲法理論』を、時代の動揺に直面する一九世紀以来の「市民的法治国」の憲法理論として描き出した。それが憲法学的に見て今日なお我々の興味を惹くのは、近代の立憲国家の抱える緊張関係に概念的表現を与え、問題の構造を浮かび上がらせる手際の見事さに負う部分が大きい。これに対して、戦後ドイツは立憲国家としてこれとかなり異なる構造を発展させることになった。現在のドイツ憲法学でシュミットがアクチュアリティをほぼ失い、主に歴史的関心の対象とされているとしたら、それはシュミットの政治的な危険性もさることながら、現実の国のあり方がシュミットの市民的法治国から変化してしまったという要因が大きいように思われる。シュミット個人がいかに道徳的非難に値する人物であろうとも、その思考が我々の現在を照らし出す上でアクチュアルな意義を持ち続ける限りはその作品が参照され続ける（従ってこれを掣肘する形で道徳的非難もまた繰り返される）だろうし、現実がその思考を追い越してしまった場合にはより冷静な向き合い方が要請されることになるものと思われる。戦後ドイツが到達した現在の立憲国家に対して理論的表現を与えるには、シュミットではない何か別種の試みが登場しなければいけない。

その有力な候補のひとつとして考えられるのは、例えばルーマンかもしれない。もちろん、彼が提示するのは社会学（つまり法の外部）の立場からの観察にすぎず、これを直接に憲法学の規範的議論に接続させるのは不適合が大きい[17]。そこでの憲法に関する説明（法システムと政治システムとの「構造的カップリング[18]」）も、憲法学から見れば十分な精度を欠いている。更には、彼の極めて抽象度の高い一般的理論化が、国や時代ごとにかなり振れ幅が大きい憲法の機能態様の違い（憲法の司法化の程度、憲法と政治の関係など）を受け止めうるものなのかも、疑問なしとしない[19]。にもかかわらず、全体社会の中の部分システムとしての法という像が、我々がドイツ憲法を見る際に感じるリアリティの重要な部分を衝いている面があることもまた否定できないように思われる。「答え」ではなく「問い」としてのルーマン理論が突き付けるものをどのように受け止めるべきか、彼の理論は我々に何らかの態度決定を迫るだけのものを有しているように思われる（筆者は今のところ、ルーマンを保守的なテクノクラシー的秩序像の擁護者として批判する立場にせよ、逆に「ポストモダン」的理想を示すものとして擁護する立場にせよ[20]、ルーマン理論を規範的観点から読む態度には完全に賛成しきれないものを感じており、近代社会がいかに成立しているのかを説明しようとする理論構想のひとつとして素直に受け止めたい[21]）。

いずれにせよ以上の検討が示すのは、現代においては以前にも増して、実定法としての憲法と国（あるいは全体社会）の構造という意味での constitution との間の差異に自覚的でなければならない、という消息であるように思われる。改めて単純化して図式的に整理するなら、フランス革命などにおいて人権宣言は新たな社会編成の理念・原理を指し示したが、その具体的な現実化は立法等に委ねられ、憲法それ自体の固有の規律対照は主に統治機構の領域に求められた。他方、二〇世紀になり、憲法の諸領域、とりわけ基本権に私法を含めた他の法領域を矯正する実定法的効力が与えられていったとき、そこではその実効性と同時に（純然たる理念にとどまる場合には意識されずにすむが、現実との種々の接触面から明らかになる種類の）限界もまた意識されざるをえない。憲法は、それがいかに重要な役割を果たすものとは言え、全体社会の部分たる法システムの一部分にすぎず、社会構造そのものではない（とは言えもちろん、それが決して些細な存在でないからこそ、憲法を通した観察によってのみ浮かび上がらせることのできる社会の様相があるはずだし、憲法学になお学問的期待を寄せることが正当化される理由はここにあると筆者は考えるが）。ここでは当初の近代憲法に存在した秩序構想のイマジネーションは程度の差こそあれ制約されざるをえない。そこでそもそも近代法の原点がなんであったかを想起することは、現代の我々がいかなる地点にたどり着いてしまったかを意識する上で有益かつ必要かもしれないが、それが直ちに我々の解決策を与えてくれるわけでもない。我々が失われたイマジネーションを自分なりの形で取り戻すには、何か別の方法を探らなければならない(22)。

三　日本の国制と憲法

1　憲法から流失した constitution

以上に検討した「憲法＝constitution」の両義性は、「国家」概念の両義性とも重なるところがあるように思われる。国民によって作り上げられる政治的共同体全体を指して「国家」と呼ぶこともあれば、

「国家と社会の区分」のように、この内部で特定の機能を果たすために組織された部分を「国家」と呼ぶこともある。「憲法」に関してもまた、特にフランス革命のように社会全体の編成原理を大きく組み替える際などに問題となるのは、広義の国家の全体秩序ないしconstitutionをいかに構成するかである。しかし、ひとたびこの構成行為によって国家と社会との内部分化を含めた一定の秩序構造が成立すると、その中で社会は市民法などの定める初期条件の上で固有法則的な発展を見せ、他方で国家組織は限定された機能の担い手としてこれに対峙する。ここでは実定法としての憲法もまた、この分化した社会構造の一部として特定の機能を受け持つ（いわば狭義の憲法）。本稿が前節で検討した問題は、シュミットが（例外状況や友敵の決定が問われる実存的状況などに着目することで）こうした近代社会の分化した構造が破れて憲法の原初的な層が姿を現す地点を主題化しようとしたのに対して[23]、戦後ドイツは両者の分化を更に機能的に高度なものとする方向へ進化していった（とりわけ違憲審査制は、法システムの自己矯正能力を高めることで、統治の質と安定性を高める意味を持ちうる）、と言い換えることもできよう（これによってシュミット的な脱分化の論理が効果を発揮しうる余地も大幅に狭められる反面、ケルゼンやルーマンらいわば分化の思想家のアクチュアリティが増大する）。少なくとも私自身は、戦後ドイツの発展の憲法史的意義をこうした観点から捉えることで腑に落ちる点が少なくないように感じている。そしてそこには、無論これによって失われたものも存在するが、ある種の断念を代価として得られたものも大きい、と筆者は考える。

ここで「現代日本のconstitutionをどう考えるべきか」という本書の共通主題に戻るなら、この社会構造の総体を把握するための学問的方法を我々が所有しているか否かが問題となる。革命の原点を想起したり、思想史上の秩序モデルを引照基準とする方法は、現在からの批判的距離を獲得するという点では有効であろうが、我々の社会がこの原点からどのように離れていかざるをえなかったのか、そこにいかなる理由や原因、固有の合理性が内在していたか等を理解する上でやはり一定の限界を免れないように思われる。また、問題をあくまで社会秩序の面のみに限っても（例えばルソーであれば、人の精神の構造を変えるためにこそ政治体の構造を変革しなければいけないと考えたであろうが、そうした人間的側面を度外視しても）、狭義の憲法はもはや constitution の全てを支配してはおらず、憲法学が単独でなしうることには限界がある。法学の範囲だけで考えても、民事法含め他の法分野を対象とする諸学と憲法学がどのように協働できるかが課題となろうが、これは筆者自身にもまだ解決のついていない問いである。三教授の討論で論じられるように、経済秩序の constitution にとっての意義や社会における知や階層のあり方など、政治の基礎となる社会構造のあり方を問う場合、これらの方法論的問題に向き合うことは不可避となろう。あくまで憲法学の枠内で言えば、実定法としての憲法によって把捉し切れない社会構造の問題を学問としての憲法学がどこまで論じうるかという問いは、純然たる実定法学を超えたいわば一般国家学的な議論の伝統に今日いかなる可能性が残されているかという問いとして定式化し直すことができる。この意味で過去の憲法学史（ドイツに限らず）の蓄積からいかなる助けや手がかりを汲み取りうるかも検討の必要があるが、今は今後の課題として書き留めるにとどめる他ない。

2　枠秩序としての憲法

これに対して、憲法学の観点からもう少し確実に言えるのは、全体社会の中でこの狭義の憲法が分化し機能するあり方に関してである。先に見た戦後ドイツと比べたとき、日本ではこの憲法の実定法としての自律化の程度が様々な面で低いように感じられる。戦後、米独仏など様々な国で進んだ違憲審査制の機能拡大は十分成功せず、他方で憲法改正をめぐる政治的争いは今日まで持続しており、論壇や社会一般の議論まで含めて憲法に関する政治的ディスコースと法的ディスコースの混淆が極めて頻繁に生じる（他方で内閣法制局流の方法論的に保守的な解釈論的伝統が継続性の擁護者として重要な役割を果たし続けてきた点が興味深いが）。一言で言えば、改憲派にとっても護憲派憲法学にとっても、憲法はしばしば国のあり方に関する自らの秩序理想・秩序構想を投影する対象としての性格を与えられ、そこではしばしば実定法としての憲法の能力を超えた問題（例えば愛国心や道徳などは典型的だが、恐らくはそれに限られない）が投げかけられる反面、それが本来法的に果たすことができるはずの能力が十分汲み尽くされていない、と言うことができるように思われる。しかし、こうした状況から生じる諸問題（とりわけ憲法学がここでの対立構造に過剰適応することに伴う議論の合理性の低下の危険など）については筆者は既に別の形で論じているので、ここでは繰り返さない[24]。

いかなる要因がかような状態を規定しているのか。様々な説明仮説が考えられようが（戦後日本に特有の憲法の正統性問題や改憲問題の影響はそのひとつだが）、結局のところ日本の社会統合にとって実定法としての憲法の規範的機能（「憲法の規範力」）がさほど大きな役割を果たしていないのではないか、との思いも禁じ得ない。憲法や国家に先立つ何か共同体的なもの（あるいは一種の同調圧力等を通して担保された、法以前の社会的紐帯）の観念が優位を占め（それこそ例えばケルゼンが恐らくは暗黙に前提とした、実体的な一体性を欠き、法によってこそ統べられうる多民族国家・ハプスブルグ帝国などとは対極的に）、この前法的共同体のあり方に関する自らの理想や理念を投影するスクリーンとして憲法が引き合いに出される度合いが強いのだとすれば（中でも天皇制をめぐる争いなどはこうした色彩が濃厚であるように感じる）、ここで法学としての憲法学が何をなすべきなのか。筆者自身、この点では未だ迷いの中にいることを率直に告白せざるをえない。

あくまで実定法としての憲法に定位して考える限り、憲法は政治や社会のプロセスの全てを支配することはできず、その枠を定めうるにすぎない。これはある意味で憲法の限界を示すものではあるが、しかし他方そうであるからこそ憲法という装置が歴史的・文化的背景を異にする他国に移植されうるのだとも言える。かくして憲法という枠秩序はその内側を政治の実質によって充填される必要があるが、憲法それ自体はそこでの政治的なディアレクティクの質を保障しない。ここでなお憲法が政治の前提条件を確保するために何をなしうるのか。討論で指摘される、「社会、とりわけ経済社会からのインパクトに対して、この政治システムが非常に弱い」という問題は、この文脈に位置づけうる。

これに関して一言だけ述べれば、この問題に取り組む上で、今日ではもはや「国家」という観念にはさほど多くを期待できないのではないか、というのが筆者の考えである。市民社会の諸利害を超越した公共的国家という観念は、それが実地に適用されるためには現実の担い手を必要とする。君主・官僚制がもはやその任に堪えられなくなり、この種の観念が権威主義的統治の正統化に利用される危険が無視しえなくなった後に、ドイツ憲法学で生じたのは、伝来の国家観念を法技術的に形式化・無害化したり、市民社会の公共性に照準を合わせる議論であったように思われる。ドイツで利益集団多元主義が（フレンケル等を経由して）受容されたのは、こうした伝統的国家観念の解体過程においてであり（従って、重点は「利益」よりも、国家的公共性の一元性に対抗する意味での「多元性」の方にあると理解するのが適切であろう）、あくまでその限度で支持しうるものと考えている。国家観念を歴史上の原点へと投射し、いわば「遠きにありて思うもの」とすることで、現代批判の尺度として利用しつつその現実上の危険を免れるという戦略は、巧妙ではあるが、これによってどこまでこの文脈（特に政党法制や政治資金法制を含めた政治過程の法的規律の領域）で具体的な解釈論のレベルまで一貫性を持って議論し切ることができるかは、筆者は疑いの念を抱いている。(25)

3　土壌としての「知の共和国」

かくして最後に残されるのは、この現代日本の constitution と憲法（及びその枠を充填する「実質」）を多少とも良いものに育てる上で、何がその土壌となるのか、という問いである。一義的に答えることは難しいが、これら全てを批判的・反省的考察にかける知の働き（「凡そ現実の全体を反省的批判の下に置くこと、しかもそのことに責任感を持つということ」（本書五五頁・木庭））がそこに含まれることは確かであると筆者も信じる。同時に、これを支えるはずの制度的・社会的基盤こそは、現在最も荒廃が著しいもののひとつだ、とも思う。それは敢えて一言で言えば、政治ならぬ学知の領域への「経済社会からのインパクト」の侵入であろう（大学のみならず出版も大きくその影響に晒されている）。何より、社会からのニーズに応えることを学術に対して過剰に求める風潮が、自ら問いを発見し追究するという学問の基底的な営みを疎外している面は否定できないものと思われる（レッシングが功利主義に対して発したとされる、「役に立つということが何の役に立つのか？（And what is the use of use?）」という問いをここで改めて想起することは、全く無意味ではあるまい[26]）。ここでは更にメディア社会の昂進が与える種々の影響も無視しえない。これら複数の要因が、学問共同体の内部に一見目に見えにくい分断を生んでいる（これは例えば安保法制をめぐる一連の過程にも間違いなく影響を与えている）。

とは言え、これは学術に特有の問題ではなく、社会一般で生じている事態の学術における反映であると捉えるのが適切であろう。我々はルソーに立ち返り、人間の生み出した社会の構造が人間の精神を悪くしているということの意味を、もう一度真剣に考えるべき時ではないのか、とすら思う。かくして、土壌への問いは再び人の精神のあり方をも規定する社会の constitution の問題へと循環する。

二〇〇〇年にテニュアを得て、この二〇年を数多くの痛みと共に生きてきた身としては、「知の共和国」などは（大変失礼ながらも）恵まれた世代にのみ許された幸せな絵空事としか思えない面がある。むしろ私自身は、自らの営みを「嵐の中に立つ孤木」としてイメージすることが多い。いつか朽ち果てる時が来るまで、自らの持ち場を離れずに一人風雪に耐えて立ち続けることが、恐らく今の私に許された最大の望みであろう。「それでは希望がないではないか」と言う人もいようが、腐葉土の厚みとは、きっとこれまでも、そのようにして多くの孤木たち（「余は余一人で行く所まで行って、行き尽いた所で斃れるのである」と書いた漱石から、[27] 今日では忘れられた無数の人々まで）の営みから作り出されてきたものではなかったか。

（1） 江藤淳の引用による。江藤淳『決定版 夏目漱石』（新潮文庫、一九七九年）二二二頁。
（2） 夏目漱石『文学論・上』（岩波文庫、二〇〇七年）一九〜二〇頁（序文）。
（3） これは三教授の討論では、「とくに戦後ドイツの憲法実践は、いま言ったことにとどまらない、非常に創造的なものがあるように見えます」（本書三二頁・木庭）という形で言及される。
（4） 但し、例えばジャズ奏者が教科書的体系化によっては把捉されないアフリカ以来の黒人文化の厚みに対して構造的に類似の畏れと葛藤を抱きうることなどに照らしても（最終的に敢えてそこから離陸する可能性を含め。邦楽を学ぼうとする外国人も類似の考えを抱くかもしれない）、この種の文化接触上の問題を直ちに「世界文明史におけるヨーロッパ文明の特権的地位」といった形へと実体化することに対しては、若干慎重であるべきではないかと筆者は感じている。
（5） 少なくとも近代に関して主に言及されるのが、現実の諸国の国制構造であるよりもむしろ思想家たちの秩序構想であるとすれば、これを実行に移す際に何が生じたか等をめぐってもう一段考察の余地が残るように思われる。
（6） Vgl. Carl Schmitt, Verfassungslehre, 1928, §2.
（7） Vgl. ders., Die Diktatur, 1921; ders., Politische Theologie, 1922.
（8） Vgl. Konrad Hesse, Die normative Kraft der Verfassung, 1959.
（9） 不十分ながら、筆者なりの検討として参照、林知更「危機と憲法――非常事態条項をめぐって」東大社研・玄田有史・飯田高編『危機対応の社会科学 下：未来への手応え』（東京大学出版会、二〇一九年）三〜二九頁。

同「憲法・非常事態・コロナ」法律時報二〇二〇年一二月号一～三頁。非常事態に関する憲法の包摂性に関しては参照、Anna-Bettina Kaiser, Ausnahmeverfassungsrecht, 2020.

（10） Vgl. Schmitt, a.a.O.（Anm. 6）, § 3.

（11） Vgl. ders., Hüter der Verfassung, 1931.

（12） 筆者なりの検討として参照、林知更『現代憲法学の位相』（岩波書店、二〇一六年）第1章。

（13） Vgl. Ernst Forsthoff, Der Staat der Industriegesellschaft, 1971. 筆者なりの検討として参照、林・前掲注（12）第3章。

（14） Vgl. Niklas Luhmann, Grundrechte als Institution, 1965.

（15） 但し、例えばGerald N. Rosenberg, The Hollow Hope, 2nd ed., 2008, のような見方がドイツで具体的にいかなる程度においてなり立つか等は、今後の検討課題としたい。

（16） Vgl. Ernst-Wolfgang Böckenförde, "Grundrechtstheorie und Grundrechtsinterpretation"（1974）, in: ders., Staat, Verfassung, Demokratie, 1991, S. 115ff., 141f.

（17） Vgl. Oliver Lepsius, Steuerungsdiskussion, Systemtheorie und Parlamentarismuskritik, 1999.

（18） Vgl. Niklas Luhmann, Das Recht der Gesellschaft, 1995, S. 468-481（馬場靖雄ほか訳『社会の法2』〔法政大学出版局、二〇〇三年〕六〇七～六二〇頁）; ders., Die Politik der Gesellschaft, 2002, S. 388-392.（小松丈晃訳『社会の政治』〔法政大学出版局、二〇一三年〕四七四～四七九頁）

（19） これらの点で、筆者はシステム理論の安易な受容に対するメラースの批判に基本的に同意する。Christoph Möllers, Kommentar, in: Udo Di Fabio, Staat im Recht, 2020, S. 59-90. .

（20） 村上淳一のポストモダン論におけるルーマン受容には、しばしばこうした規範的観点が顔を出すように思われる。

（21） 筆者がこれまで参照したルーマン関係文献の中でこの意味で示唆的であった例として、小松丈晃『リスク論のルーマン』（勁草書房、二〇〇三年）を挙げておきたい。

(22) 比較憲法や憲法理論といった基礎的な部分領域の意義はこうした観点から再考される必要がある。Vgl. Christoph Schönberger, Der "German approach", 2015. また、不十分ながら参照、林知更「歴史哲学の後で――憲法学における外国法の参照」法律時報二〇二〇年四月号六～一三頁。
(23) 従ってシュミットは「政治的なもの」を、道徳や美、経済などと並ぶ自律した社会的領域としてではなく、対立の強度の問題として捉える。Vgl. Carl Schmitt, Der Begriff der Politischen, 1932, Abschn. 2.
(24) 林・前掲注(12)。
(25) これは筆者の助手論文のテーマでもある。林知更「政治過程の統合と自由――政党への公的資金助成に関する憲法学的考察(1～5・完)」国家学会雑誌一一五巻五・六号(二〇〇二年)～一一七巻五・六号(二〇〇四年)。
(26) ハンナ・アレントの引用による。Hannah Arendt, The Human Condition, 2nd edition, 1998, p. 154.
(27) 夏目漱石(三好行雄編)『漱石書簡集』(岩波文庫、一九九〇年)一七九頁(明治三九年一〇月二三日狩野亨吉宛書簡)。

改革・階級・憲法
――日本社会の歴史的条件

西村裕一

汝自身を知れ。(1)

一　国鉄分割・民営化の憲法問題

二〇一六年一一月一八日、北海道旅客鉄道株式会社（JR北海道）は、「当社単独では維持することが困難な線区について」と題された資料を公表した。それによれば、全営業区間のおよそ半分に当たる一〇路線一三区間が、JR北海道単独では維持が困難な路線とされている。(2)その後、すでに同年一二月の廃線が決まっていた留萌本線の留萌・増毛間に続き、二〇一九年四月には石勝線の新夕張・夕張間が、二〇二〇年五月には札沼線の北海道医療大学・新十津川間が、二〇二一年四月には（高波被害を受けて不通のまま放置されていた）日高本線の鵡川・様似間が、それぞれ廃線となった。加えて二〇二〇年八月には、深川・留萌間を残すのみとなった留萌本線の沿線自治体も、一部区間の廃止を容認するとの決定を行っている[3]（以上、二〇二一年一〇月現在）。JR北海道が発足してから廃止された鉄路は（三セクに転換したものも含めて）実に一四路線一八区間に及んでいるが、かねて予想されていたように[4]、北海道の鉄道網が今後も縮小の一途を辿るであろうことは間違いない。

日本国有鉄道（国鉄）の分割・民営化問題を契機として交通権という概念が提唱され、一九八六年には交通権学会が発足している。同学会が提案した「交通権憲章」草案（一九九八年版）によれば、「交通権とは『国民の交通する権利』であり、日本国憲法の第二二条（居住・移転および職業選択の自由）、第二五条（生存権）、第一三条（幸福追求権）など関連する人権を集合した新しい人権である」[5]という。もちろんだからといって、鉄道の廃止を以て直ちに「人権侵害」であると構成することは、実定法論としては困難であろう。けれども、田舎町の小さなホームを走る線路がはるか札幌や東京にまで通じているという事実は、「都市の空気は自由にする」との格言を持ち出すまでもなく、地域共同体の絆に囚われた――例えば、独力で自動車を運転することのできない子どもや障害者といった――人々にとって、〈自由への希望〉を担保するものだったのではあるまいか。

交通権という概念が主張される背景には、公共交通が人間の生活にとって必要不可欠な公共財であることから、交通政策の基本理念には「公共性の原理」[7]が据えられなければならないとの考えがある[6]。たしかに、「人間の本質につながる意味をもつ」移動の自由が遍く保障されるためには、文字通り全ての人にとって公共交通機関がアクセス可能なものとならなければならない。それに対し、一般に行政的役務の民営化の根本にあるのは、役務の公共性を軽視するとともに、必ずしも行政の公共性に仕えるものではない経済的効率性を重視する考え方である。[8] この点は、運輸政策審議会答申（一九八一年七月六日）が、一九八〇年代において交通政策を推進する際に「忘れてはならないのは、行政の原点である行政の簡素、効率化の問題である」として、「八〇年代における総合的な交通政策の基本理念」の一番手に「効率性の確保」を据えていたように、[9] 当時の交通政策にも通底していた。かくして、国鉄の分割・民営化は〈公共による自由〉を浸食したのである。

かかる国鉄の分割・民営化は、一九八一年三月一六日、第二次臨時行政調査会（第二臨調）の発足に端を発する。[10] その第二臨調が国鉄分割・民営化を謳った「基本答申」（一九八二年七月三〇日）によれば、「今後の行政の目指すべき目標」の一つが「活力ある福祉社会の建設」であるところ、日本が目指すべき「活力ある福祉社会」とは「自立・互助、民間の活力を基本と」するものであり、「西欧型の高福祉、高負担による『大きな政府』への道を歩むものであってはならない」。そのような「高福祉、高負担でなく、国際的にも開かれた、活力ある日本」を実現するために提案されている改革方策は、したがって、ひとり行政組織の改革に留まるものではなく、「21世紀を展望した国づくりの基礎を固めるためのものであ」る。もとより、「民間部門」には「ともすれば行政に依存しようとする体質が」いまだに残っていることから、上述のような「自立・自助を基本とする新たな社会を形成していくため」には「国民と政治の意識と行動の改革が」必要になる。[11]

「基本答申」が掲げるこのような「行政改革の理念」は、一九九〇年代前半に行われた選挙制度改革に始まる一連の「統治構造改革」を正当化する「理念」の中で、再び歴史の舞台に姿を現すことになる。すなわち、一九九六年一一月二一日に設置された行政改革会議の「最終報告」（一九九七年一二月三日）は、次のように「行政改革の理念と目標」を謳い上げた。曰く、「われわれ」には「『この国のかたち』を見つめ直し、その再構築を図ること」が求められており、したがって、「われわれ」が目指す行政改革の使命は「21世紀日本のあるべき国家像・社会像を視野の中軸に据え、改革の具体像を描くこと」にある。このように「今回の行政改革は、『行政』の改革であると同時に、国民が、明治憲法体制下にあって統治の客体という立場に慣れ、戦後も行政に依存しがちであった『この国の在り方』自体の改革であり、それは取りも直さず、この国を形作っている『われわれ国民』自身の在り方にかかわるものである」。そのためには、「まず何よりも、国民の統治客体意識、行政への依存体質を背景に、行政が国民生活の様々な分野に過剰に介入していなかったかに、根本的反省を加える必要がある。徹底的な規制の撤廃と緩和を断行し、民間にゆだねるべきはゆだね」なければならない。[12]

来るべき二一世紀を展望すると称して、一九八〇年代から繰り返し試みられてきた「この国のかたち」の改革は、ここまでの叙述から明らかなように、「小さな政府」や「官から民へ」といったスローガンを唱える「規制緩和」論と不離一体であった。[13] けれども、「規制緩和」とは――その根底に「国民の一人ひとりが、統治客体意識から脱却し、自律的でかつ社会的責任を負った統治主体として、互いに協力しながら自由で公正な社会の構築に参画し、この国に豊かな創造性とエネルギーを取り戻そうとする志」が流れているという、「司法制度改革審議会意見書」（二〇〇一年六月一二日）が掲げる美名[14]とは裏腹に——結局のところ既得権益の付け替えにすぎないのではないかという疑いは、憲法学においても夙に指摘されている。[15]こうした一連の「統治構造改革」の成れの果てが、公共体（res publica）であるべき国家の〈民営化＝privatization＝私物化〉であったのは、それゆえ、全く驚くべきことではない。

むしろ、現在の地点からこのような歴史を振り返ったときに不思議に思われるのは、国民に痛みを強いるものであるはずの〈公共の縮小〉が、にも拘わらず国民によって広く支持されてきたという事実である。このうち、第二臨調に対する国民の支持が調達されるに当たっては、会長である土光敏夫を「メザシの土光」として祭り上げたマス・メディアの存在を見逃すことはできない。実際、第二臨調の第四部会長代理を務めていたのは読売新聞論説委員の岩村精一洋であり、その岩村も同席する座談会において、第一・第二部会長代理を務めた牛尾治朗は、「マスコミが行政改革というものに一致してご協力された」と持ち上げていた。[16]もちろん例外はいくつもあろうが、ほかならぬ土光自身によって「基本答申に対する各新聞の論調はよかったと思っています」[17]と評された各紙の論調を総体として客観的に見る限り、メディアは行政改革に対して中立を保っていたわけではなく、積極的に第二臨調側のプレイヤーとして振る舞っていたと言わざるを得ないであろう。[18]改革政治に明け暮れた「平成デモクラシー」において、メディアが一貫して「改革」の旗振り役を務めることになる素地は、一九八〇年代にはすでにでき上がっていたのである。

このように第二臨調による行政改革を支持する世論の背景として、「官業性悪説」およびそれと裏腹の「民業性善説」の存在が指摘されている。[19] その象徴として槍玉に挙げられたのが、以前から度重なるストや順法闘争で国民の不興を買っていた国鉄であった。すなわち、国鉄の経営が「破産状況」に陥った原因の一つとして「労使関係が不安定で、ヤミ協定、悪慣行の蔓延など職場規律の乱れ」があるという第二臨調の「基本答申[20]」が出される直前の一九八二年三月から四月にかけて、メディアにおいて国鉄に関する報道件数が急増し、[21] その中では国鉄労使を「国賊」呼ばわりするほどの苛烈なバッシングが展開されたのである。[22] 第二臨調が、労働基本権をはじめとする公務員の権利に対する配慮を欠いたまま公務員制度改革の議論を進めることができたのも、[23] こうした世論の支えがあればこそであろう。

とはいえ、公務員の権利についての問題が影響を及ぼす範囲は、ひとり公務員の生活にのみ留まるものではない。行政改革の目玉とされた国鉄分割・民営化は、よく知られるように、国鉄労働組合（国労）の解体を真の狙いとするものであった。第二臨調の「影の主役」であった中曽根康弘は、国労を解体することによって、国労を中核組織とする日本労働組合総評議会（総評）が崩壊に至ることを明確に意識していたという。[24] こうして、第二臨調による行政改革は、戦後の憲法学における重要論点であった「公務員の労働基本権」を骨抜きにすると同時に、民間における労働運動を衰退させることにも成功したのである。[25]

ここで、マッカーサーによる五大改革指令（一九四五年一〇月一一日）の一つが労働組合の結成奨励であったことに思いを致すならば、かような帰結を招いた国鉄分割・民営化は、労働関係をめぐる「戦後レジームからの脱却」をもたらしたと言えよう。事実、国労の解体は総評および総評を支持母体とする社会党の弱体化を招き、ひいては、その社会党に一角を担われていた五五年体制が終焉を迎える契機になったとされる[26]。それに加えてＧＨＱは、富の集中を解体すべく財閥解体や農地改革などに及ぶ経済民主化政策を実行したわけであるが、それはまた、戦後改革の一環として制定された日本国憲法に内在する要求でもあろう[27]。そうであるとすれば、富の集中を惹起する規制緩和と表裏一体で進められてきた「統治構造改革」が、「憲法改正」なき「憲法改革」と表現されたことにも――憲法の規範力を融解させるおそれがあるため、このような表現を用いることに筆者としては賛同しないが[28]――十分な理由がある。かかる「憲法改革」の端緒となった国鉄の分割・民営化は、まことに、「戦後政治の総決算」を標榜する内閣に相応しいレガシーであった。

二　階級の分断

第二臨調は日本において「ネオ・コーポラティズム」が初めて具体的な形を取った現象として説明されることがあるが、労使の提携ないし労働団体の取り込みという方法を採っているヨーロッパとは異なり、財界と官界を中心とした「労働過少代表制」と呼ぶべき構成になっていた[29]。このように財界と官界がヘゲモニーを握っている組織が福祉を切り捨てる提言を行ったのであるから、第二臨調による行政改革は、政治史家の篠原一が指摘するように、古典的な階級支配のテーゼに近似していると言うべきであろう[30]。にも拘らず、労働者が大半を占めているはずの国民の多くは、先に述べた通り、かかる行政改革を支持したのであった。それは、例えばメディアによる土光会長の神格化などを通じて、「行政改革」という言葉が誰も否定することのできない神聖なシンボルとして操作されていたからであろう。換言すれば、「行政改革」というシンボルは、政治的な争点を非政治化するものであった。その結果、日本の政治路線は、国民による明示的な選択を経ないままに、とりわけ財界の志向する「小さな政府」論へと大きく転換していったのである。(31)

他方、行政改革に潜む階級性が覆い隠されたことによって、同じ労働者の中で官業と民業との間に分断線が引かれることも違和感なく受け入れられてしまう。もちろん、戦後日本における労働組合のナショナル・センターが、官公労組を主体とする総評と民間労組を主体とする全日本労働総同盟（同盟）とに分裂しており、第二臨調による行政改革に対する態度についても両者が対立関係にあったことは言うまでもない。このような労働者間の分断と、先ほど触れた「民業性善説」および「官業性悪説」とが掛け合わされれば、公務員労働者が一方的な標的にされるのも当然の成行きであろう。加えて、「公務員の政治活動の自由」に対しては広範な規制が課されており、事実上およそ政治的発言を禁じられている公務員労働者は、自分たちへの攻撃に対してある種の無抵抗状態に置かれていると言ってよい（またそうであるがゆえに、「官業性悪説」が跋扈するという一面もあろう）。かくして、実態としては第二臨調が発足する前から日本の政府はすでに「小さな政府」であったにも拘らず、公共サービスの担い手を「無能な官」から「有能な民」へ移していくという流れは、一九八〇年代以降もますます進展していった。(32)

たしかに、国鉄分割・民営化後の一九八九年、労働組合のナショナル・センターは日本労働組合総連合会（連合）へと統合されたものの、先述の通り、その後も労働運動が振るっている様子はない。実際、「労働組合の危機」が叫ばれているように、現在の日本において労働組合の組織率は低下の一途を辿り、その社会的な存在感も弱まっている。[33]その理由の一つは、日本の労働組合が、労働者階層の中では最も恵まれた層である大企業の正社員に偏っているという点に求めることができよう。[34]この点については、連合会長を務めていた神津里季生も、あるインタビューの中で「『組合不要論』というのは〔中略〕従業員の人たちがある意味、非常に恵まれた環境にある大企業では往々にしてみられる」と述べ、彼らが労働組合の必要性を実感できていないことを指摘している。その上で神津は、「しかし、そのほとんどが残念ながら、近視眼的な考え方や、視野の狭さからくるものだと言わざるを得ません」と続けて、次のように労働組合の意義を語っていた。「労働組合というものは、〝横〟に繋がってこそ価値を発揮するものなんです。また本来、『社会的公正』を追求するべき組織なんです。それが『自分たちさえ良ければいいや』という集団になってしまうと、『御用組合』になってしまうだけでなく、社会的公正をも阻害する存在になりかねない。ましてや組合が無いと、そういう意識すら生まれない[35]」。

この発言からは、労働者階層の中には「官と民」の間にだけではない、いくつもの分断線が走っていることが窺える。そうした亀裂が入っているのは、あるいは大企業と中小企業の間であったり、あるいは正規労働者と非正規労働者の間であったり、あるいは男性と女性の間であったりするだろうが、しかしながら、従来の労働運動や労働研究が、大企業に勤める男性の正社員を範型とする「普通のサラリーマン」から零れ落ちた人々の存在に大きな関心を払ってきたとは、お世辞にも言い難いであろう。実際、終身雇用・年功序列・属性基準賃金という「日本的雇用慣行」の下では、処遇の劣る非正規労働者の存在を前提として正規労働者が恵まれた処遇を享受しているという関係が成立しており、この意味において、「非正規労働者と正規労働者は、日本社会にかなり独特の、差別的な雇用身分というべきもの」であった。にも拘らず、一九六〇年代に確立したとされるこのシステムは、七〇年代後半から八〇年代にかけての日本企業の「成功」に伴い、賞賛すべき「日本社会の規範」として定着することになる。[36]

たしかに、「わが国雇用構造においては一方に近代的大企業、他方に前近代的な労資関係に立つ小企業および家族経営による零細企業と農業が両極に対立」しているという「経済の二重構造」の存在それ自体は、戦後の早い時期から指摘されていた。[37] ここで述べられている大企業と中小企業等という「二重構造」は、高度成長と石油ショックを経て、この間に確立した「日本的雇用慣行」の果実である「終身雇用と年功賃金に守られた内部労働市場」と、パートタイマーやアルバイト等の「流動性は高いが、未熟練低賃金の外部労働市場」という「二重構造」に転化したとされる。[38] もちろん企業規模間格差が消失したわけではないが、二〇世紀末から問題視されるようになった――しかし、実態としてはそれ以前から存在し続けていた――日本社会における格差[39]とは、ある程度まで、かかる「内部」と「外部」との格差に対応すると言ってよいだろう。[40] けれども、「内部」にいる正規労働者によって構成された企業内組合は、「外部」に当たる非正規労働者との連帯には冷淡であった。

そもそも、戦後日本におけるこうした「しくみ」は、ほかならぬ労働者たちが経営側と合意したことで形成されたものである。[41] 戦前に苛烈な企業内身分差別を経験していたこと[42]から、「役職位と学歴にかかわらない企業内の平等処遇が、日本の労働者が理解した戦後民主主義であった」[43]。とはいえ、長期雇用と年功賃金によって守られた正規労働者であることは、今や、非正規労働者の増大に伴って特権的な「地位」と化しているのが現状である[44]。にも拘らず、今なお彼らが「正規」労働者として認識されているという事実が、上述した「日本社会の規範」の強固さを端無くも物語っていよう。

一九八〇年代末という相対的に早い時点において、「国民の格差に対する関心」の高まりに着目していた議論は、同時に、国民の意識が「格差であれば何でもいけないということにはなっておらず、個人の選択や努力を尊重し、各々の個性化や多様性を容認する傾向がある点で成熟化しつつある」と評価していた[45]。社会学者の橋本健二らが行った調査によれば、ここに姿を現している「自己責任論」は、貧困層を含めて日本社会に広く浸透しているようである。そして、非正規労働者が「アンダークラス」となった「新しい階級社会」において、なおも格差を正当化しているイデオロギーこそ、かかる「自己責任論」にほかならない[46]。

三　日本社会の「ふつう」[47]

本稿との関連で注目すべきなのは、その自己責任論が、「官業性悪説」および「民業性善説」に基づく規制緩和論と結びついているという点である。このことを端的に示しているのが、「規制・保護や横並び体質・護送船団方式に象徴される過度に公平・平等を重んじる日本型社会システム」から脱却し、

「健全で創造的な競争社会」を構築することを提言する、「日本経済再生への戦略」と題された経済戦略会議の答申（一九九九年二月二六日）であろう。

これまでの日本社会にみられた「頑張っても、頑張らなくても、結果はそれほど変わらない」護送船団的な状況が続くならば、いわゆる「モラル・ハザード」（生活保障があるために怠惰になったり、資源を浪費する行動）が社会全体に蔓延し、経済活力の停滞が続くことは避けられない。現在の日本経済の低迷の原因の一つはモラルハザードによるものと理解すべきである。〔改行〕もしそうであるなら、日本人が本来持っている活力、意欲と革新能力を最大限に発揮させるため、いまこそ過度な規制・保護をベースとした行き過ぎた平等社会に決別し、個々人の自己責任と自助努力をベースとし、民間の自由な発想と活動を喚起することこそが極めて重要である。[48]

一九八〇年代の第二臨調から九〇年代以降の「統治構造改革」に至るまで、規制緩和という名の〈公共の私物化〉を推し進めたのは、たしかに、「自立と自己責任」という「時代の気分」[49]であった。もっとも、「自立と自己責任」の原則は、ここ四〇年ほどの間に突如として現れたわけではなく、むしろ近代日本に一貫して流れる「気分」であったと言うべきであろう。[50]

近代日本社会における広汎な人々にとって最も日常的な生活規範である、勤勉・倹約・忍従・正直などの一連の徳目を、歴史学者の安丸良夫が「通俗道徳」と名付けたことはよく知られている。[51]安丸によれば、商品経済の急速な展開によって近世封建社会の危機が深まった一八世紀末以降、かかる通俗道徳を中核とした民衆的諸思想を自己形成・自己鍛錬の原理として、実直で勤勉で忍耐強く謙譲な人間像が形成され、そのような人間がそれぞれの地域で新たな地歩を築いていくという過程が繰り返し進行することを通じて、通俗道徳は社会通念として定着していったという[52]。その結果、たとえそれが政策によって作り出されたものであったとしても、貧困は自己責任であると人々に認識されるようになり、近代の自由競争社会の中で、通俗道徳は「公権力による統治のイデオロギー」として利用されることになった[53]。現代の規制緩和論や「小さな政府」論を支えている自己責任論もまた、「統治客体意識」や「行政への依存体質」から脱却できない国民を「自律的でかつ社会的責任を負った統治主体」へと転換するという名目の下[54]、彼らに「忍従の徳」や「自助努力」を強いているにすぎないと考えるべきであろう[55]。こうして見ると、一九八〇年代以降の改革論議は、論者の主観的意図に関わらず、「通俗道徳のわな[56]」に嵌ってしまっているように思われてならない。

すでに述べたように、自己責任論は日本社会に広く浸透しているとはいえ、とりわけそれを強固に内面化しているのは「勝ち組」であろうと想像される。はたして、前述した橋本らの調査によれば、アンダークラスや失業者らに比べて、資本家階級・新中間階級・正規労働者において格差解消および所得再分配を支持する人の比率は顕著に低い[57]。資本家階級はともかく、就業人口の中で多数を占める新中間階級および正規労働者が貧困層に対して冷淡であるというのが、現代日本が抱える特徴の一つであろう。それでは、自己責任論を信奉し格差解消や所得再分配に反対するというのは、一体どのような論理と心理に基づいているのだろうか。この点については、「勝ち組」サラリーマン層をコアに有するとされる「大阪維新の会」（維新）の支持者たち(58)のメンタリティーを理念型的に描出したという、次の文章が参照に値すると思われる。

彼らは、大阪都心のタワーマンションか郊外の戸建て住宅に暮らし、かなりの額の税金、社会保険料、介護保険料、年金などを負担しながら、医療、子育て、福祉などの公的サービスの恩恵を受ける機会は必ずしも多くありません。彼らは日頃からジョギング、アスレチック・ジムなどで体を鍛え、有機野菜や減塩レシピなど健康に留意した食生活を送っており、医療機関にお世話にならないよう自己管理を怠りません。ですから、飲酒や健康によくない食生活など自堕落な生活の果てに自己責任で病気になった「自業自得の人工透析患者」たちが、もっぱら自分たちの負担している健康保険によって保険診療を受け、実費負担を免れていることに強い不満と敵意、さらには怨嗟や憎悪すら抱いています。だいたい大阪の街の「地べた」にへばりつくように住んでいる、「年寄り」「病人」「貧乏人」は、税金も、社会保険料も、介護保険料も、年金もほとんど負担することなく、もっぱら彼らの負担した税金、保険料、年金をシロアリのように食いつぶしつづけています。さらにそれを管理する公務員たちも、高給を取るばかりか、さまざまな無駄遣いや不正を働きながら、労働組合運動まで行なって、この食いつぶしに加担しています。少子高齢化による医療、福祉への公的負担の激増により国や府の財政危機が進むなか、このままでは日本は滅びかねません。そうしたなか、「身を切る改革」と

「官から民へ」のスローガンを掲げ、自己責任と市場原理主義にしたがって、閉塞した現在のシステムを打ち壊そうとしてくれている「維新の会」は、自分たちが希望を託せる唯一無二の改革勢力にほかならない、といったようなところでしょうか[59]。

もとより、政治行動論に基づく実証分析によれば、社会階層に関わる変数と維新への支持との間に強い関連はないとされていることから[60]、このような「勝ち組」サラリーマン層が維新支持層のコアであるか否かについては判断を留保する必要がある。それにも拘わらず、この文章は、むしろ大阪や維新という射程を越えて[61]、自己責任論によって嚮導されてきた我が国における改革論議の特徴を見事に表現していると言えよう。とりわけ統治機構論との関係で重要なのは、自己責任論を振りまく維新の台頭を支えてきたのが、競争社会に対してより肯定的であると分析されている[62]、都市に居住する高学歴・高所得の中年・若年層に属する人々が多数を占めるであろうマス・メディアであったという事実である[63]。在阪メディアがほぼ総出で維新を支持するというディストピア的状況は、幸いなことに未だ全国には及んでいないと見るべきであろうが、安倍政権（および菅政権？）下におけるメディアと政府との蜜月ぶり[64]に鑑みると、憲法学がこの問題から目を背け続けることはいよいよ許されなくなっているようにも思われる[65]。

四　若干の感想

本稿は、「憲法学者は憲法のことだけ考えていればよいわけではない[66]」という苦言を真に受けた筆者が、ほかならぬ日本国憲法の解釈を行うために不可欠の前提として、日本社会の現状をどのように認識しているかについての見取り図を描いたものである。そのような性質のものであるため、取り立てて新しい知見を提供しているわけではないが、残された紙幅もわずかであることから、最後に二点ほど感想を述べて本稿を閉じることにしたい。

第一に、「統治構造改革」と憲法学との関係について。この点、行政改革会議の「最終報告」は、周知のとおり、「一人ひとりの人間が独立自尊の自由な自律的存在として最大限尊重されなければならないという趣旨」である「個人の尊重」（憲法一三条）と、「そのような自律的存在たる個人の集合体である『われわれ国民』が、統治の主体として、自律的な個人の生、すなわち個人の尊厳と幸福に重きを置く社会を築き、国家の健全な運営を図ることに自ら責任を負う」ことを意味する国民主権（憲法前文）とからなる「日本国憲法のよって立つ精神によって……『この国のかたち』を再構築すること」を、「行政改革の目標」として設定していた[67]。憲法の精神によって一連の「改革」を基礎づけようとすることのような議論は、すでにいくつもの厳しい批判に晒されており[68]、その意味では屋上屋を架すことになるけれども、ここでは日本社会の問題として改めて、「自律した個人」というコンセプトの強調が「通俗道徳のわな」に搦め捕られてしまう危険性を指摘しておきたい。もとより、このことは「自律的個人」を追究する憲法学の営み[69]を否定するという趣旨では毛頭ないのであって、あくまで、憲法典が用いているわけではない「自律」という言葉の使用には慎重でありたいという筆者の心構えを述べているに止まる。

第二に、憲法が勤労の義務を定めている（二七条一項）ことについて。この点、「勤労の能力があり、その機会があるのにかかわらず、勤労しようとしない者に対しては、国は、その生活を保障する責任を負わないと解すべきであ[70]」り、生活保護法四条一項における能力活用要件はその趣旨を確認したものであるという見解が多数説を形成しているように、勤労の義務は生存権制約原理として理解されているのが現状である。[71]たしかに、憲法制定過程においては不労所得者への対応という論点も話題に上ったのではあるが、[72]右のような「自立」イデオロギーと結びついた解釈によって、勤労の義務に係る規定は福祉行政に大きな弊害を生み出していると言わざるを得ないだろう。[73]もちろん、「改憲論をめぐる争いは、その社会のその時点での、最高の政治的選択」である以上、「サロン談義のなかでそれぞれが理想の憲法像を出し合う」ことは現実的な課題ではないのであって、[74]本稿も直ちにこの規定を廃止せよなどと主張するものではない（実際、そのような改憲が実現する可能性は万に一つもないだろう）[75]。ただ、筆者の立場を明らかにするためにも、ここではあえて、日本国憲法が抱える課題として勤労の義務に係る規定を挙げておきたいと考えた次第である。

（追記）本研究はJSPS科研費JP 20K01266の助成を受けたものである。

（1）針生誠吉「天皇制と日本の社会科学」創文一八一号（一九七九年）一三頁。
（2）参照、https://www.jrhokkaido.co.jp/pdf/161215-5.pdf。なお、本稿におけるウェブサイトの最終閲覧日はすべて校正中の二〇二一年一〇月一四日であるが、原稿を提出したのは二〇二〇年一二月のことであるため、それ以降に刊行された文献については原則として参照していないことをお断りしておく。
（3）参照、「沼田—留萌間　廃止容認」北海道新聞二〇二〇年八月一九日朝刊。
（4）参照、「国鉄『分割・民営化』への関門」朝日新聞一九八二年七月一六日朝刊。
（5）交通権学会編『交通権憲章』（日本経済評論社、一九九九年）二頁。
（6）参照、岡崎勝彦「交通権と人権」交通権学会編『交通権』（日本経済評論社、一九八六年）三一頁以下。これは、国鉄が「公共の福祉を増進することを目的として」設立された公共企業体であり（日本国有鉄道法一条）、国鉄分割・民営化後の鉄道事業を規律する鉄道事業法が「公共の福祉を増進することを目的と」している（同法一条）こととも、軌を一にしている。
（7）参照、伊藤正己「居住移転の自由」宮沢俊義先生還暦記念『日本国憲法体系　第七巻　基本的人権（Ⅰ）』（有斐閣、一九六五年）二一一頁。
（8）参照、室井力『行政の民主的統制と行政法』（日本評論社、一九八九年）二三四〜二三五頁。
（9）参照、運輸省編『長期展望に基づく総合的な交通政策の基本方向』（運輸経済研究センター、一九八一年）八六〜八八頁。
（10）国鉄分割・民営化をめぐる政治過程については、参照、草野厚『国鉄解体』（講談社、一九九七年）。
（11）参照、臨時行政調査会事務局監修『臨調　基本提言』（行政管理研究センター、一九八二年）一三頁以下。
（12）参照、https://www.kantei.go.jp/jp/gyokaku/report-final/1.html。

(13) 参照、中島徹『財産権の領分』（日本評論社、二〇〇七年）五〜六頁。
(14) 参照、https://www.kantei.go.jp/jp/sihouseido/report/ikensyo/iken-1.html。
(15) 参照、長谷部恭男『Interactive 憲法』（有斐閣、二〇〇六年）一九〇頁注（16）。
(16) 公文俊平ほか「官僚・政治家に〝包囲〟された臨調の内幕」文藝春秋六〇巻九号（一九八二年）三七七頁。
(17) 土光敏夫・石田正實「対談 政府の決意と国民の意識改革を求める」経団連月報三〇巻九号（一九八二年）七頁。
(18) 第二臨調に対するメディアの姿勢について、簡単には、逢坂巌『日本政治とメディア』（中央公論新社、二〇一四年）一五〇〜一五三頁を参照。
(19) 参照、原野翹『現代行政法と地方自治』（法律文化社、一九九九年）二六七頁以下。
(20) 参照、臨時行政調査会事務局監修・前掲注（11）九七頁。
(21) 参照、草野・前掲注（10）一二三〜一二七頁。
(22) 参照、屋山太郎「国鉄労使『国賊』論」文藝春秋六〇巻四号（一九八二年）九二頁以下。
(23) 参照、晴山一穂「公務員制度論」法律時報五五巻七号（一九八三年）一四〇頁以下。
(24) 参照、牧久「中曽根元首相が私に語った『国鉄解体』を進めた本当の理由」（二〇二〇年）https://gendai.ismedia.jp/articles/-/69904?imp=0。
(25) 参照、中島・前掲注（13）七〜八頁。
(26) 参照、牧久『昭和解体』（講談社、二〇一七年）四九五〜四九六頁。
(27) 参照、木下昌彦「21世紀の財産権と民主主義」辻村みよ子ほか編『「国家と法」の主要問題』（日本評論社、二〇一八年）二三五頁以下。
(28) 参照、拙稿「憲法改革・憲法変遷・解釈改憲」駒村圭吾・待鳥聡史編『「憲法改正」の比較政治学』（弘文堂、二〇一六年）四四一頁以下。
(29) 参照、篠原一「『小さな政府』論の特色」世界四三五号（一九八二年）三〇〜三一頁、同「現代の政治状況

と日本の選択」月刊自治研二五巻五号（一九八三年）五〇〜五二頁。
(30) 参照、篠原一「第二臨調を批判する眼」世界四四二号（一九八二年）三八頁。
(31) 以上の記述については、篠原一「『行政改革』と第二臨調の役割」経済評論三七巻七号（一九八二年）四頁以下、同『歴史政治学とデモクラシー』（岩波書店、二〇〇七年）一五八頁以下も参照。
(32) 参照、前田健太郎『市民を雇わない国家』（東京大学出版会、二〇一四年）。同書二六三頁以下では、「行政改革がさらなる行政改革の呼び水となるメカニズム」についての興味深い試論が展開されている。
(33) 参照、西谷敏『労働組合法〔第三版〕』（有斐閣、二〇一二年）一〇〜一一頁。
(34) 参照、大内伸哉「憲法の沈黙と労働組合像」法学教室四一六号（二〇一五年）二七頁以下。
(35) 参照、西岡研介『トラジャ』（東洋経済新報社、二〇一九年）五八七頁、五九一頁。
(36) 参照、遠藤公嗣「雇用の非正規化と労働市場規制」大沢真理編『ジェンダー社会科学の可能性　第2巻　承認と包摂へ』（岩波書店、二〇一一年）一四四〜一四五頁、一四八〜一四九頁。
(37) 参照、経済企画庁編『昭和32年度　経済白書』（至誠堂、一九五七年）三三頁以下。
(38) 参照、社会開発研究所編『2000年に向けて激動する労働市場』（社会開発研究所、一九八五年）一四頁、八二頁。
(39) 参照、橘木俊詔『日本の経済格差』（岩波書店、一九九八年）、同『格差社会』（岩波書店、二〇〇六年）。
(40) 以上の記述については、小熊英二『日本社会のしくみ』（講談社、二〇一九年）四一頁以下を参照。
(41) 参照、小熊・前掲注（40）五六三頁以下。
(42) 戦前における「会社身分制」（参照、野村正實『日本的雇用慣行』〔ミネルヴァ書房、二〇〇七年〕一七頁以下）についての古典的研究として、参照、氏原正治郎『日本の労使関係』（東京大学出版会、一九六八年）六一頁以下。
(43) 遠藤公嗣『日本の人事査定』（ミネルヴァ書房、一九九九年）二七五頁。さらに参照、二村一夫「企業別組合の歴史的背景」研究資料月報（法政大学大原社会問題研究所）三〇五号（一九八四年）二頁以下、同「日本労使関係の歴史的特質」社会政策学会年報第三一集『日本の労使関係の特質』（御茶の水書房、一九八七年）七七頁以下、同「戦後社会の起点における労働組合運動」坂野潤治ほか編集委員『シリーズ　日本近現代史4　戦後改革と現代社会の形成』（岩波書店、一九九四年）三七頁以下。なお、二村「日本労使関係の歴史的特質」九五頁注（8）は、組織内にキャリア組を抱えなかった国労の「労働者的性格」に触れているが、前述した国労バッシングの背景に、ブルーカラーの多くが「できることならブルーカラーであることをやめたいと思っている」（同「戦後社会の起点における労働組合運動」五五頁）ような社会における（ある種の）身分差別意識の存在を推察するのは、穿ちすぎであろうか。

(44) 参照、橋本健二『〈格差〉と〈階級〉の戦後史』（河出書房新社、二〇二〇年）三四九頁。

(45) 参照、経済企画庁編『国民生活白書（昭和63年版）』（大蔵省印刷局、一九八八年）二五二〜二五三頁。

(46) 参照、橋本健二『新・日本の階級社会』（講談社、二〇一八年）第1章、第7章。

(47) 本章の小見出しにある「ふつう」という表現は、熊沢誠『新編　日本の労働者像』（筑摩書房、一九九三年）一一頁以下に収録されている、「『ふつう』のための『猛烈』」という論考から示唆を得たものである。

(48) http://www.ipss.go.jp/publication/j/shiryou/no.13/data/shiryou/souron/13.pdf。それにしても、「『活力』があれば幸福なのであろうか」（高山大毅「『振気』論へ」政治思想研究一九号（二〇一九年）一八〜一九頁）。

(49) 参照、中島徹「憲法の想定する自己決定・自己責任の構造」自由人権協会編『憲法の現在』（信山社、二〇〇五年）二二九頁以下、特に二五〇頁以下。

(50) なお、日本社会が強烈な自己責任観を内面化するようになった時期を近代以前にまで遡らせる見解として、参照、木下光生『貧困と自己責任の近世日本史』（人文書院、二〇一七年）。もっとも、同書に対しては、大杉由香「書評」歴史と経済二四一号（二〇一八年）六二頁以下や、松沢裕作「書評と紹介」大原社会問題研究所雑誌七二一号（二〇一八年）七六頁以下等による批判がある。

(51) 最近の公法学会でも「通俗道徳」に言及する報告が登場した。参照、井出英策「社会はなぜ引き裂かれたのか」公法研究八二号（二〇二〇年）一四五頁以下。

(52) 参照、安丸良夫「日本の近代化と民衆思想」（一九六五年）『安丸良夫集1　民衆思想史の立場』（岩波書店、二〇一三年）二頁以下。
(53) 参照、藤野裕子『民衆暴力』（中央公論新社、二〇二〇年）九五～九六頁、一二六～一二七頁。
(54) 参照、前掲注（12）（14）。
(55) 参照、小熊英二「総説」同編『平成史〔増補新版〕』（河出書房新社、二〇一四年）六一～六二頁。ここに「儒教の庶民道徳化のなかで形成された勤労による自力更生の道徳論すなわち伝統的な隋《ママ》民観」（池田敬正『日本社会福祉史』（法律文化社、一九八六年）一六六頁）を見出すことは、さほど困難ではないだろう。
(56) 参照、松沢裕作『生きづらい明治社会』（岩波書店、二〇一八年）七一頁以下、八九頁以下。
(57) 参照、橋本・前掲注（46）第6章。さらに、同『アンダークラス』（筑摩書房、二〇一八年）二〇八頁以下も参照。
(58) 参照、冨田宏治「住民投票から見えたこと」宮本憲一ほか『2015秋から　大阪の都市政策を問う』（自治体研究社、二〇一五年）一八頁。
(59) 冨田宏治「維新政治の本質」住民と自治六六七号（二〇一八年）二〇頁。
(60) 参照、善教将大『維新支持の分析』（有斐閣、二〇一八年）四六頁、一九八頁。
(61) 全国レベルの議論としては、二〇〇五年から二〇一五年にかけて、「格差容認志向が強い人ほど、支持なしではなく自民支持になるという傾向が強くなっている」という指摘が興味深い。参照、米田幸弘「自民党支持層の趨勢的変化」石田淳編『2015年SSM調査報告書8　意識I』（2015年SSM調査研究会、二〇一八年）一七九頁。
(62) 参照、小林久高「政治イデオロギーは政治参加にどう影響するのか」海野道郎編『日本の階層システム2　公平感と政治意識』（東京大学出版会、二〇〇〇年）一七九～一八〇頁。
(63) 参照、松本創『誰が「橋下徹」をつくったか』（140B、二〇一五年）。ある在阪局のディレクターは、「テレビ局の社員というのは一般に、自分の能力で競争を勝ち抜いてきたという〝勝ち組〟意識が強いので、生活困窮者や社会的弱者に対して『自己責任だ』『努力が足りない』と切り捨て、大企業優遇・資本の論理重視の新自由主義的思想を持つ橋下氏的な考えと、もともと共振性が高いんです」と語っている（同書二三二頁）。

（64）参照、望月衣塑子『新聞記者』（KADOKAWA、二〇一七年）。さらに、本文では念のため「？」を付しておいた菅政権も、退陣した今（校正時）となっては、メディアによる「忖度」によって「下駄を履かされていた」ことが明らかである（参照、長谷部恭男ほか「総選挙 どう向き合うべきか」朝日新聞二〇二一年九月六日朝刊［加藤陽子発言］）。

（65）この論点に関する最近の注目すべき論考として、参照、西土彰一郎「取材・報道の自由を語る作法」法律時報九二巻二号（二〇二〇年）八六頁以下。

（66）木庭顕『笑うケースメソッドⅡ 現代日本公法の基礎を問う』（勁草書房、二〇一七年）一三九頁注（6）。

（67）参照、前掲注（12）。なお、前掲注（14）も参照。この点に関する近時の指摘として、参照、岡田順太「混沌化する政治」駒村圭吾＝吉見俊哉編『戦後日本憲政史講義』（法律文化社、二〇二〇年）二一三〜二一五頁。

（68）例えば、今関源成『法による国家制限の理論』（日本評論社、二〇一八年）七九頁以下。

（69）例えば、蟻川恒正『尊厳と身分』（岩波書店、二〇一六年）二三五頁以下。

（70）参照、宮沢俊義『憲法Ⅱ〔新版再版〕』（有斐閣、一九七四年）三三〇頁。

（71）参照、辻健太「生存権と勤労の義務をめぐって」尾形健編『福祉権保障の現代的展開』（日本評論社、二〇一八年）四四〜四五頁。

（72）参照、清水伸編『逐条日本国憲法審議録 第二巻〔増訂版〕』（原書房、一九七六年）六四五頁。

（73）参照、笹沼弘志『ホームレスと自立／排除』（大月書店、二〇〇八年）第2章、第3章、同『臨床憲法学』（日本評論社、二〇一四年）一三四頁以下。

（74）参照、樋口陽一「いま、憲法九条を選択することは、非現実的ではないか」憲法再生フォーラム編『改憲は必要か』（岩波書店、二〇〇四年）三頁。

（75）なぜなら、本文で論じた「通俗道徳」こそが日本社会における「見えない憲法」（参照、棟居快行『憲法学再論』〔信山社、二〇〇一年〕四八頁以下）の内実に相応しいと筆者には思われるところ、勤労の義務を定める憲法二七条一項の規定はかかる「見えない憲法」によって支えられていると考えられるからである。

宣言的判決の生理と病理

岡野誠樹

本稿では、アメリカ連邦最高裁における議論の積み重なり方を、一九三〇年前後と一九七〇年代という二つの層を取り出して観察する。その際、切り口として、宣言的判決（declaratory judgment）を選ぶこととしたい。

裁判所の行為の予測として法を描いたのはHolmesであるが[1]、しかし、予測が予測である限りで、現に予測通りに裁判所が行為することになるかを確認するツールがあることは、必然ではない。さしあたり日本の現在の法状況を基礎とすれば、確認訴訟が想起されるであろうが、そこで確認の利益という（実践上、及び理論上[2]の）難所が待つことも知られている。アメリカ法上の宣言的判決は、日本法からみれば「その実質は確認訴訟[3]」と評されるものであるところ、やはり単純ではない展開をみせる。そもそも、本稿が対象とする時代を通じて、様々な主体が様々な局面で宣言的判決を用い、その現れ方自体が不均質である。さらにその現象が解釈論体系上に占めるべき位置も振幅をみせ、ほとんど混乱していると言わざるを得ない。しかるに、正にその混迷から何かを学び取ることが、本稿の課題となる。もう一歩特定すれば、先行する時代αにおける論争の中心が、後の時代βには見失われる、そのような仕方での視座転換が具体的にどのように生じたかを、探求していくことになる。

一

㈠　宣言的判決を連邦レヴェルで導入する法律が連邦議会で成立したのは、一九三四年のことであり[4]、したがって、損害賠償やインジャンクションのような伝統的救済とは、歴史的に異なる層に属するものである。換言すれば、一九三〇年前後という時点で、伝統的救済によっては満足されない一定の需要が認識されるようになって、初めて宣言的判決が登場する。当時において需要がどのようなものとして説明されていたかは、本稿でも後に検討することになるが、ここでは近似的に、二一世紀初頭の時点で、宣言的判決が現にどのような需要に応えているのかを確認することから、議論を出発させたい。

この点、宣言的判決の利用が特に頻繁な領域は、ある程度まで類型化できる。連邦レヴェルにつき、ある論者の整理によりつつみると、①知的財産権の有効性を巡る紛争、②保険者の義務を巡る紛争、そして③制定法や公的規制に対して執行に先んじて提起される争い、の三類型が挙げられる[5]。

これら諸場面に共通する要素としては、当事者が、自らの行為の指針としての権利義務関係に関心をもち、その面での不確実性の除去を狙いとして宣言的判決を求めることを指摘できよう。そのこととも照応して、宣言的判決に関する限り、そこで裁判所により行為指針が示されさえすれば、当事者の遵守は確保できるのが通例で、サンクションはそもそもあまり必要とされないようである(6)。

(二) ここまでの一般論を承けて、次に、宣言的判決につきある程度具体的な像を結ばせるため、一九七四年のある最高裁判決について検討する。第一に注目されるのはその事案であるが、次章以降の展開も見据えて予示しておくと、併せて、最高裁のリーズニングにおける歴史の用いられ方にも目を向ける。そこで宣言的判決のアメリカ法史上の位置づけが一定のレレヴァンスを持たされるのであるが、提示される歴史像には一定の歪みがあり、その歪みが本稿の主たる関心対象となる。

その判決、Steffel v. Thompson(7)の事案は、以下のようなものであった。一九七〇年一〇月、Georgia州のショッピング・センター敷地内の屋外歩道で、上告人Xは、数名のグループで、ヴェトナム戦争への合衆国の関与に反対するビラを配っていた。センターの従業員は、Xらに対して、ビラ配りを止めて退去するように求めたが、彼らが応じなかったので、警察官が呼ばれた。警察官がビラ配りを止めなければ逮捕すると告げたので、Xらは逮捕を避けるために退去した。しかし、二日後、Xは、仲間のAと共にショッピング・センターに戻って、ビラ配りを再開した。センターの店長は、警察に連絡し、Xら二人は、再度、ビラ配りを止めなければ逮捕すると告げられた。Xは逮捕を避けるために退去したが、Aはビラ配りを続けたために逮捕され、州法上の不退去罪による訴訟手続が係属している。

以上の経緯の後で、Xは、ショッピング・センターに戻ってビラ配りをしたいという希望をもっているが、逮捕されることを懸念してそれを控えている。しかし、Xは、彼らのショッピング・センターでのビラ配りに対して不退去罪を適用するのは、第一修正に反して表現の自由を侵害するもので、違憲であると考えている。Xは、その旨を確認する宣言的判決、州法の執行を差し止めるインジャンクションを求めて連邦裁判所に出訴した。連邦地裁はいずれの救済も認めず、宣言的判決に係る部分のみ上訴されたが、控訴裁も地裁の判断を支持した。Xからの裁量上訴が認められて連邦最高裁が判断を示したのが、本判決である。Brennan が執筆し、全員の支持を集めた法廷意見は、「インジャンクションよりも峻厳でない（less harsh and abrasive）救済[8]」として宣言的判決を位置づけることを梃子に、原審までの判断を覆した。

ここでインジャンクションとの比較が関連性をもつのは、Steffel 判決以前に、次のような判例展開があったことによる[9]。一旦、一九六〇年代まで時代を遡り、背景として想起すべきは、人種平等と表現の自由とを中心とするウォーレン・コートの積極主義と、州レヴェルで燻るそれに対する反発である。そこで重要性を増したのが、州の刑事手続に対して、連邦裁判所で救済を求めるという事案類型であった。一つの画期を成した一九六五年の Dombrowski 判決[10]では、黒人の権利擁護団体に対しての、破壊活動団体や共産主義団体を規制する州法に基づく訴追手続につき、それを差し止めるインジャンクションが求められていた。やはり Brennan が執筆した法廷意見は、過度の広汎性法理なども活用しつつ、結論としてインジャンクションを認めるもので、その後、同種事案に対し連邦裁判所の門戸を開く基礎として大きな意味をもつことになる。

しかし、さほど時を置かずして揺り戻しが起こり、一九七一年のYounger判決[11]では、連邦裁判所へのアクセスが相当程度制限される。同判決で現れた規律を整序すれば、まず、連邦裁判所への提訴時に既に州の刑事手続が係属していれば、州権に対する尊重の意味での「敬譲（comity）」の要請から、特段の事情がない限りインジャンクションを求める訴えは不適法とされる。加えて、インジャンクションの要件として侵害の急迫性があるところ、Younger判決は訴追を受けるおそれが具体的に認められることまでを要求したため、連邦裁判所へのアクセスは、いわば時間的に挟撃されて限定される。

このYounger判決を駆動したのは、州権尊重型の連邦主義であり、それは、Brennanが抱懐する構想とは鋭い緊張関係に立つ。彼が構想する連邦主義は、「憲法上の権利の第一の守護者[12]」としての連邦裁判所の地位を重視するものであって、遡ってDombrowski判決法廷意見でも立論の基礎であったと解される[13]。にも拘らずBrennanは、Younger判決において、敢えて反対に回ることをしなかった。その動機が戦略的な妥協であったかは措くとして、結果論を言えば、Brennanはここで救済の差異を強調し、インジャンクションという従前の主戦場での後退を甘受しても、宣言的判決で権利保障の最低限を確保しようとしたと評価できる[14]。

(三) こうしてDombrowski判決以来の経過の中に位置づければ、Steffel判決法廷意見の宣言的判決に関する議論にとって、インジャンクションとの対比が帯びた重要性が、明確に理解されよう。最も抽象的なレヴェルでは、連邦主義の構想が対立軸を形成していたからこそ、宣言的判決がヨリ穏健であること、つまり州権に対する干渉の程度が小さいことが、強調されねばならなかった。それを主たる論拠として、本件で宣言的判決が許容され得るとの結論を法廷意見が導いたことは、既に述べたとおりである。

これが一定の成果であったことには、逆にインジャンクションと宣言的判決とを同視する見解も、十分に成り立ち得た。Younger 判決の基礎に州権尊重型の連邦主義をみるならば、そこからの素直な帰結でさえあっただろう。実際、Sraffel 判決の原審は、両救済について同じテストを適用していた。Sreffel 判決法廷意見が歴史を援用するのは、正にこの文脈においてである。つまり、同視説を覆して、インジャンクションと宣言的判決との差異こそを強調する、そのためという目的が所与であった。果たして、一九三四年宣言的判決法の立法史と、それが位置づけられるべき前史について、法廷意見が提示する一定の把握は、上記目的に全く適合的なものである。

法廷意見は、「弁証法的」[15]とも評される三段階の枠組みを設定し、次のような歴史把握を示す。第一段階は、南北戦争後における連邦下級裁判所の事物管轄拡大である。集権的なナショナリズムの高揚の所産として、今日の一九八三条訴訟の起源である一八七一年市民的権利に関する法律や、一般的な連邦問題管轄を連邦下級裁判所に付与した一八七五年裁判所法、さらに一九〇八年の Ex Parte Young 判決までが括られて、これらが、「憲法上の権利を、州による干渉から連邦として保護する、現在の枠組みを確立した」[16]とされる。第二段階には、Ex Parte Young 判決を受けて湧き上がった「論議の嵐」が来る。就中、単独裁判官が、一方的（ex parte）手続によって、州法の執行を仮に差し止めるインジャンクションに、反発が集中する。その類型のインジャンクションに三裁判官法廷を必要とし、さらに連邦最高裁への直接上訴を認めることで沈静化を図った立法も、十分には企図を果たせない。

ここまでの展開を承けて、第三段階に位置づけられるのが、一九三四年の宣言的判決法ということになる。第一段階で確立された権利保護の枠組みを堅持しつつ、第二段階に現れた反発に対処するため、劇薬であるインジャンクションの代替として案出されたのが、宣言的判決であるとされる。法廷意見によれば、「連邦宣言的判決法が明示的に目的としたのは、インジャンクションという救済に対して、ヨリ穏健な代替策を提供することであった。……当裁判所の当面の問題にとって特に重要であることには、〔一九三四年法を審議した〕上院報告書は、宣言的判決が、インジャンクションでは適当でない場合に州の刑事法を審査するために設計されたことを、なお一層明らかにしている。[17]」

(四) しかし、このような法廷意見による歴史把握には、疑問を提起することができる。比較的簡素な三段階の枠組みが、連邦主義の曲折を捉えるには肌理が粗過ぎるのではないかという点[18]を一先ず措くとしても、宣言的判決を連邦主義の展開の中に位置づける第三段階は、それ自体問題を孕む。即ち、第一に、宣言的判決の導入は、インジャンクションに限らず損害賠償も含む伝統的救済の総体について、それで不十分だと意識された一定の必要性を満たすための改革として進められた。第二に、一九三四年の連邦宣言的判決法よりも、州レヴェルでの採用が先行した点に、宣言的判決の制度化の一つの特徴があるが、この側面は連邦主義との関連づけでは捉えられない。そして第三に、本稿にとっては最も重要な点として、法廷意見は、宣言的判決導入時点でのそれに対する反対を、トータルに視野から外している。

総じて、Steffel 判決法廷意見における歴史把握は、従前の判例展開からの影響が強く、連邦主義をめぐる対立軸に負荷をかけ過ぎて歪みを生じさせているのではないか。

それでも、Steffel判決において、宣言的判決をめぐり歴史が参照されたことの意義は、決して軽視されるべきではない。一九三四年法の「主たる支持者であり立案者である」[19] Borchardの所説から、次の一節が抜き出されたことは、やはり決定的であったと思われる。

「裁判所が刑罰法規の執行を抑制するインジャンクションを認めることを渋る事態は、往々にして起こる。そうして、原告に対して、法律を犯し、その後犯罪が訴追される中で違憲性をテストする機会をつかませるか、そうでなければ、訴追への恐怖から、彼が権利と主張するところを放棄するか、いずれかの選択が委ねられることになる。憲法の下で機能する文明化された法システム（civilized legal system）は、このディレンマへと、いかなる人も追いやるべきではない。実際上、裁判所は、インジャンクションを拒否することによって、被害者たることが見込まれる者に、疑わしきがマッシュルームか将又毒キノコか、判断する唯一の方法はそれを食することであると、通告しているのである。異議を申し立てられた法規の執行について、原告が極めて重要な（vital）利益を有すると想定する限り、その違憲性を争うに先立つ条件として法律に反するよう強いる代わりに、宣言的判決を発するべきでないとする理由は、見当たらない。[20]」

しかし、それ自体が既に法廷意見の歪みを疑わせることとして、上記の「ディレンマ」のポイントは、目前の事案の解決にとって重要な意味をもち得る点だと解される一方で、なお、連邦主義を基軸とする大筋からは明らかに浮き上がっている。この点を当初の文脈の中へ位置づけ直すことも一つの狙いとして、本稿は次に、一九三四年宣言的判決法制定前夜の議論状況を訪ねてみることにしたい。

二

㈠　宣言的判決が、導入当時において新奇な救済として観念されていたことについては、前章冒頭で触れたとおりである。それだけに、制度化までの過程で、学説が果たした役割は極めて大きかった。従前はまったく知られていなかった制度が、学説の紹介によって認知され、比較的短期間のうちに立法過程にも上る。既に名前の挙がった Borchard も、そのような役割を、指導的立場で果たした人物であった。したがって、彼の見解は、その実践的企図と切り離しては理解し難い。驚嘆に値する広い比較法的視野から出る彼の学説は「未だ超えられていない[21]」という評価に本稿も賛成であるが、だからといって実践的課題を軽視することもできない所以である。

しかるに、そのような Borchard の学説と、それに基づく宣言的判決導入論とに対して、最も深刻な課題を突きつけたのは、一九二〇年代、三〇年代を通じて連邦最高裁裁判官の職に在った、Brandeis である。以下では、この両者の間の対抗関係を再現することを、主たる具体的課題として設定する。一九二八年の Willing 判決[22]で、Brandeis 執筆の法廷意見が展開した宣言的判決違憲論が、最重要の検討素材となる。しかし、まずは同判決が置かれるべき脈絡を丁寧に辿ることから始める必要があろう。以下、Borchard が宣言的判決を合衆国に紹介する、その地点から出発して、時系列に沿って検討を進めていく。

(二)　一九一八年、Yale Law Journal に掲載された論考(23)が、Borchard による宣言的判決導入論の嚆矢である。「宣言的判決――必要とされる手続面の改革」と題されたその論考は、ローマ法から始まり、ヨーロッパ大陸諸国にスコットランドやイングランド、さらにラテン・アメリカ、インドまで及ぶ比較法研究に基礎づけられ、また、行き届いた各論的論点の検討までを含む、導入論の初期にありながら既に高い水準を達成するものであった。以下、同論文を素材として Borchard の所説を検討するが、細部の点に立ち入る余裕はないので、彼がいかなる社会的現実を意識していたか、それと宣言的判決がどのように切り結ぶものと考えられていたかのみ、ごく簡単に確認するに止めたい。

Borchard 論文を読んで最初に目を射るのは、「社会的均衡」という観念を用いて、司法が論じられている点である。その維持が司法を通じて図られる、というのであるが、問題は均衡の内実である。当面、古い自力救済の観念が呼び起こされ、一方でそれと国家機関としての裁判所という「ヨリ文明化された代替物」とは断絶していることが確認されるものの、他方、論争的な点であるとしても、「復仇(vengeance)の観念」はやはり引き継がれ連続していると把握される。刑事司法、さらにその緩和された形での代替物たる民事の損害賠償に、後者の側面が現れている、というのである。その古層との再度の断絶こそが、肝腎の宣言的判決の必要性を浮上させる。つまり、「私的な権利、特権、権能や免除の侵害によってのみならず、個別の有利さを深刻な疑いと不確実性の中に置くことによっても、社会的均衡は損なわれる」という確信が、「近代の社会的、産業的な諸条件の研究」で強調されている。この不確実性を除去することが目的とされる場合、旧来の司法的救済には、余剰部分が多い。「法ないし事実に関する単純な争点に対する有権的決定」だけが求められているのに、精密な手続は、却って、遅延、不確実性、過大な費用を生じさせ、また、当事者間には本来なら不要な敵意が醸成されてしまう。従前のアメリカ法、とりわけエクイティ上の救済には、予防的性格をもち上記の需要に応えるものも若干含まれるが、その有効性は限定的であり、一般的な手続として宣言的判決を導入する必要がある。[24]

さらに宣言的判決は、旧来の救済に単に新たな層として上乗せされるというに止まらず、それが加わることによって法関係全般に変質をもたらし得ることまでが、展望される。「社会が高度に組織化されるほどに、その判決に対する服従を確保するために実力を誇示するように求められることは、少なくなっていく。」つまり、宣言的判決によって当事者間の法関係が公権的に確定されれば、それで用が足りるという領域は、社会の組織化とともに拡張し得るものである。[25]

もう少し技術的な部分では、Borchard の議論を特徴づける点として、「消極的宣言（negative declaration）」ないし「消極的宣言的判決」への着目を挙げるべきであろう。この英語表現自体が Borchard の造語であるが、[26] それは実質的にも重要であり、従前は原告に訴訟原因（cause of action）が認められなかった場面での出訴を可能にするという新規性が、消極的宣言の場面で顕著に現れる。彼によれば、「宣言的訴訟が、実際には、既存の権利、特権、権能又は免除を、保障し確保するための訴訟であるということは、宣言的判決の消極的形式の歴史と目的とを追跡することによって、明らかになる。」この指摘は、直接には、ローマ法、というよりはそれと中世ローマ法との対比によって導かれているが、おそらくは、その脈絡を超えた射程を有している[27]。

(三) ここまでの叙述によって、一九一八年のBorchard論文の特色は、ある程度まで明らかにできたと思う。以下では、宣言的判決が具体的にいかなる問題を解決し得ると考えられたのかを明らかにするため、Borchardに限らずにやや探索の範囲を広げながら、導入論者が想定していた事例をいくつか紹介しておきたい。

(a) Xは、ある特許につき実施権を有すると主張しており、Yは自らが特許権者であると主張している。Xとしては、問題の製品を使用できる権利を自らが有することを確認したい。しかし、そのためには、Xはまず当該製品を使ってみた上で、Yから損害賠償請求訴訟が提起されるのを待つほかない。Yの側では任意に提訴のタイミングを選択でき、YがXを破滅させることを望めば、それに十分な額に損害が膨らんでから訴えを提起するということも想定できる[28]。

(b) X会社は州際通商を業としているところ、自治体条例が、市内でのX社商品の販売につき免許手数料を課しており、違反に対しては刑罰によるサンクションが用意されている。X社は、この条例の合憲性を争いたいが、州裁判所は、刑罰法規の執行に対するインジャンクションを認めない。そのためX社には、刑事訴追を受けてから、防御として条例の違憲性を争う途しか残されていない[29]。

(c) 摩天楼事例。Xはビル建設業者であり、最上級の建材を用いた超高層ビルを建築することを目的とする巨額の契約を締結している。しかるに、建設工事前に、顧客Yとの間で、Xが提案した建材が最上級の品質を有するかにつき争いが生じた。コモン・ロー上、契約違反があるまでは、何らの救済も存しない。Xは、自らの選んだ建材を飽くまで使用することはできるが、後に裁判所で契約違反と判断されるリスクを冒すことになる。そうではなく、Yとの争いが解決するまで建設を拒否するとすれば、債務不履行として訴えられかねない。第三の選択肢は、顧客Yの契約解釈を受容して、自らの当初のプランを放棄すること、そうして、それに伴う経済的損失は甘受することである(30)。

三

(一) 上記の事例群のうち、前二者までは、一(一)で確認した近時の連邦レヴェルでの宣言的判決の活用例とも重なるところであり、その間の連続性を看取できる。一方で、(c)のみは、そのような連結による理解に頼れないが、しかし、当時において訴求力の強い、アクチュアルな問題であったようである。実際、以下に確認するように、Willing 判決の事案は(c)と近しいものであった。

その端緒となったのは、シカゴ公会堂の長期用地賃借人で管理者である被上告人会社が、Illinois 州裁判所に提起した、権原の瑕疵を争う訴え（suit to remove a cloud upon title）である。被上告人は、一八八九年完成の公会堂の建築の取り壊しを望んでいた。公会堂としては良好な条件が維持され、公衆や土地賃貸人、社債権者にも不満はもたれていなかったが、ただ株主にとっては、配当が少なく、古臭い建築を維持しては投資として割りに合わないと考えられたのである。被上告人は、ヨリ効率的な資産利用として、新たな大規模商業施設を建築する計画を準備して、必要な定款変更まで済ませていた。しかし、賃貸借契約は、現在建築物を取り壊して跡地に別建築を建設する権利を、被上告人に明示に付与するものではなかった。つまり、現在建築物は、建築時に賃貸人の財産となり、当時もそうであり続けている可能性があった。のみならず、契約には、上記の権利を否定する含意を引き出し得る条項さえが含まれる。それでも、被上告人側の弁護士は、被上告人が、賃貸人らの同意を得ることなく、取り壊し、新築をすることができる権利を有するとの見解であった。ただ、被上告人は、賃貸人らの同意を得られればそれが望ましいと考え、上告人 Willing を含む一部賃貸人らとの交渉がなされた。インフォーマルな私的会話の中で、Willing は、彼の弁護士から、賃貸人の同意がないまま建物を取り壊す権利は賃借人にない旨の助言を受けた、との発言をした。この会話の後、特に進展もなく一年が経過した後で、被上告人から訴えが提起されたのである。被上告人は、本件賃貸借契約についての不確実性を解消して、現在建築物を取り壊す権利を確認するよう、州裁判所に求めた。

被告には一部 Illinois 州民でない者が含まれており、彼らからの申立を受けて、事件は連邦地裁に移管される。さらに連邦裁判所では、上告人 Willing ほか数名の被告が、裁判所の管轄権が欠けることを主張して、訴え却下を申し立てた。証拠調べを経て、連邦地裁は訴えを却下したが、これを控訴裁判所が覆したので、Willing らの側から裁量上訴が申し立てられた。

連邦最高裁の結論は、原判決破棄である。Brandeis 執筆の法廷意見は、賃借人の権利利益に対する切迫した危険が認められないという点を重視する。というのも、法廷意見の評価では、賃貸借契約上認められた不動産の使用が被告によって何か妨げられたとは、認められない。被告Willingが法的見解について口頭で同意を示さなかったというだけで、「敵対的な行為や脅威」は何もない。相手方の単なる同意拒否は、コモン・ローでもエクイティでも、出訴可能な権利侵害ではない。本件で主張されている疑義は、「原告の権原が由来するところの契約書の文面につき生じたものである」ところ、エクイティ上の権原明確化訴状（bill to remove cloud）は、そうした疑義を瑕疵として除去するためには利用できない。「原告が求めているものは、端的に宣言的判決である」ということになり、「そうした救済を認めることは連邦司法に与えられた権限を越える」。のみならず、本件訴訟は「連邦憲法第三編の意味での事件又は争訟の枠内に収まらない[31]」。

　この事案の解決について、異論の余地は小さい。Borchardも、判決直後の論考で、それが「たしかに正しい」と一先ず認めている[32]。しかし、一見して看取されるように、上記の法廷意見のリーズニングには、決定的な飛躍が含まれる。その点は、Stoneが付した同意意見で、既に指摘されていた。要点に絞れば、本件の解決には、法律上裁判所に認められた管轄の埒外であることさえ示されれば十分で、進んで憲法判断までを示す必要性はなかったではないか、という批判である。通常は司法の自制を説いてやまないBrandeisを相手に、Stone同意意見の筆致は、次のようにやや皮肉な調子を帯びる。「われわれの眼前には、確かに、連邦司法に宣言的判決を組み込む連邦議会の権限について、意見を要請するような「事件又は争訟」はない。しかして、今なされた判決は、それ自体が宣言的判決に極めて似通っているように、私には思われる。つまり、当裁判所が憲法上そのような判決を下す権限をもち得ないという、当の意味での宣言的判決に。しかし、本日の判決は、さらにまた、予測的で、求められてもなく、かつ、いかなる法律によっても権限づけられていない。[33]」

このStoneからの批判は、いかにも説得的である。Borchardが、憲法判断の部分を傍論と位置づけ、宣言的判決の制度化への途を残そうと努めたことも[34]、なるほど理由があった。しかしながら、それだけ分かりやすい問題点を残し、しかも自らの司法哲学に一見したところ反する飛躍を、Brandeisが敢えてしたのは、いったい何故か。その意義を十全に理解しようとすれば、われわれは、判決テクストの外まで探求の範囲を広げなければならない。

(二) この点、最初に考慮に加えるべきは、同時期の立法過程である。宣言的判決導入を図る法案は、一九二〇年代には継続的に連邦議会で審議対象とされていたが、Willing判決が出された一九二八年五月当時は、一九二六年に続く二度目の下院通過を経て、上院での審議動向が注目されていたタイミングであった。Willing判決法廷意見の意味は、こうした政治的背景も視野に入れて、読み解かれる必要がある。[35]

ところで、一見すると中立的な手続上の改革に思われるかもしれない宣言的判決も、政治過程においては、賛否が分かれる論点であった。例えば、法案を支持した勢力として、ABA(アメリカ法律家協会)を挙げることができる。当時の政治的な配置ではABAは保守派であり、つまり、Progressiveに対立し、州・連邦両レヴェルの改革立法に抗して、labor injunctionに典型的に現れる仕方で連邦裁判所を活用してきた、そのような勢力である。他方、法案に反対の論陣を張った中で最も注目すべきは、Montana州選出の上院議員Walshであろう。予想される通り、彼はProgressiveの論客であった。

言うまでもなく、Brandeisも、Progressiveの代表的論者である。そして、彼の連邦最高裁裁判官への承認の際、Walshが強い支持に回った時以来、両者は公私に親しい仲であった[36]。Walshは、連邦民訴規則などの制定へとつながる議会制定法REA（規則授権法）の成立に対しても強い反対の立場を貫いたことで知られるが[37]、この問題について、BrandeisがWalshの立場を支持していたことが伝えられている[38]。

先述の一九二八年時点での上院審議では、宣言的判決法案は、Walshの反対にも拘らず着実に支持を増やしつつある状況にあった。Willing判決は、そうした情勢を文字通り一変させる、そのような政治的意義を現にもったのである[39]。そこでのBrandeisの動機までは知れないものの[40]、彼の踏み込んだ憲法判断が、盟友Walshへの援護射撃に結果としてなっていることは、注意されてよいであろう。

もっとも、ここで想定したWalshとBrandeisとの連携を、彼らが共にProgressiveであるということだけから説明しきるのも、実は難しい。むしろ、手続を簡素化し司法の効率性を高めるという、宣言的判決につき標榜された利点は、Progressiveにとても魅力的であり得た。実際、手続改革としての宣言的判決に対する支持は、Progressiveの中でも漸次広がっていく。逆に、Walsh（≠Brandeis）は、政治的には徐々に孤立していくことになる。一九二八年を乗り越えても、結局、六年後の一九三四年には宣言的判決法の成立に至る所以であるが、そうであれば、二人の共通性についても、単にProgressiveであることより更に踏み込んで探る必要性があろう。

この点、両Old Progressiveの共通項としては、Bignessへの警戒を逸するべきではない。この思想を最もよく例解するのは、Brandeisにおける、大企業に対する敵視であろう。(41) 例えば、法人に対して個人よりも重い租税を課すことが平等保護条項に反すると判断した判決に対して、彼は反対に回り、次のように述べている。「法人形態を通じて資本が急速に集積されることが、市民の自由に対する狡猾な脅威を成すと信じる、そのような理知的で、学識もあり、公正な精神をもつ文明的な人々は、なお存在する。(42)」その同じ思想が手続とも無関係でないことには、WalshがREA制定に反対したのも、当時における手続の多元的並立を所与として、New Yorkのような大都市で現れた複雑な手続に、西部諸州の簡明な手続が影響される事態が、改革から帰結することを警戒したからであった。Great BritainがMontana州のやっと半分の大きさしかないと、彼は好んで指摘したという。合衆国ほどに広大な国が統一的な手続を有するべき理由はないという主張を、Walshは力強く唱え続けたのである。(43)

(三) しかし、以上の説明に拘らず、Walshのそれと親和的なBrandeisの政治的主張は、Willing判決で端的には語られなかったことを、改めて強調したい。Brandeisの主張は、憲法論として構成され得た、その限りで展開された。たとえ構成が描く、それ故に政治性が疑われたとしても、端的な党派的言語に流されなかった点で、Brandeisはやはり裁判官であった。事柄のこの側面を汲み取らなければ、観察は、一応説得的であったとしても、表層的なものに止まらざるを得ないであろう。Brandeisの宣言的判決違憲論には、さらにもう一歩、踏み込んで検討されるべき意義が残っているのではないか。

このように問い直すことで、Willing 判決が政治過程にもたらした影響が、重要でなかったとまで言いたいわけでは、もちろんない。しかしながら、端的に政治過程で行動するという意味での政治性と、自律性を保ちつつ政治的文脈を視野からは落とさないという意味での政治性とは、別物であり得ることを確認したいのである。実際、Brandeis について政治性を語り得るとすれば、前者でなく後者であったと解される。以下、そのことを、Willing 判決法廷意見の、いわば司法的な基礎づけを探るという仕方で検証していく。

四

(一) そうした関心に立つ場合、州レヴェルも含めて合衆国で初めての宣言的判決に関する憲法判断であり、かつ違憲判決である、Anway 判決[44]を再出発点に設定するのが相応しい。一九二〇年、Michigan 州最高裁判所で出された同判決は、その後の宣言的判決をめぐる議論を少なからず規定した。その事案を、宣言的判決の最初のテスト・ケースとして「言語を絶するほど不幸な[45]」ものであったと評した Borchard の述懐は、同判決がもった影響力の大きさを、裏面から物語っていよう。では、Borchard をそのように慨嘆させた事案は、どのようなものであったのか。またそれは、Brandeis の側、八年後の Willing 判決法廷意見とは、どのように切り結ぶのか。

Anway 判決の事案[46]につき、最も注目すべきは当事者である。原告は、被告鉄道会社に雇用される車掌であるが、実は両当事者間には対立はない。訴えは、Michigan 州議会が定めた労働時間規制を背景に、その上限を超えて、具体的には週に六日を超えて、被告会社が原告を就労させることが違法となるかについて、裁判所の判断を求めるものであった。つまり標的は州の規制立法であるが、真に規制を擁護すべき立場にある労働組合は、訴訟参加しているに止まる。しかし、訴訟参加の実効性が疑われることには、被告は、答弁において、訴状の諸主張を認めてしまっている。(47)

訴訟がこのような形態をとったことには、次のような理由があった。被告会社は、労働組合と、紛争を仲裁に付すことを必要とする合意を締結していた。上記労働時間規制について意見の対立が生じた際も、やはり仲裁となり、仲裁委員会は州の規制をエンフォースしている。そして、労組との仲裁合意に拘束されて、鉄道会社は、もはや法的救済を求める余地が残されていなかった。(48) 裁判所に訴訟が係属するとすれば、会社が原告となる形態はとり得なかったということになる。

そこで原告として現れる Anway は、非組合員であり、(49) 繰り返せば、彼の訴状での主張を、被告会社は認めている。つまり、重要な事実につき争いはなく、真剣に主張され得る防御も放棄される。これが労働組合にとって打撃となることは、容易に想像できよう。働きたい労働者の側の自由を制約するものとして規制立法が現れるよう演出しつつ、組合の影響力は極小化して、それで実際上狙われたのは裁判所の是認を得て規制を骨抜きにすることであった、と考えられる。そのような企てにとって、具体的に権利利益を侵害された（あるいは、そのおそれがある）主体による提訴を制度的前提としない宣言的判決は、好適であったろう。

原審判決は、原告 Anway の週七日働く権利を認める宣言的判決であったから、上記の戦術は一旦奏功したことになる。しかし、訴訟参加人である組合からの上訴を受けた州最高裁は、そもそも本件のような訴えを可能にした州の宣言的判決法を州憲法に反すると判断して、訴えを斥けた。理由づけは、骨格のみを示せば単純である。すなわち、宣言的判決法は、本質的には争訟性を欠く（moot）事件につき裁判所の判断を求める点で、非司法的な性格の権限を裁判所に与えるものであって、それは議会が裁判所に付与できる権限の限界を越える。

これに対して、Anway 判決には反対意見も付されている。そこで示された整理によれば、一方に宣言的判決、他方に争訟性を欠く事件又は勧告的意見という両者は、区別されるべきだとされる。標識となるのは終局的な拘束力の有無であるが、その点で欠けるところのない本件は前者の問題であって、これは裁判所に合憲的に付与され得る権限である。多数意見の違憲説は、必要な区別を欠いた帰結であり、誤りだということになる。

この批判は的確であったと考えられる。実際、多数意見の側では、宣言的判決法を評して、州裁判所を「法的助言者」とするものと説示するなど、宣言的判決と勧告的意見との間の識別に粗雑な点があることを否定できない。しかし、反対意見の説得力にも拘らず、宣言的判決と勧告的意見との間の異同は、実のところ、もう一段繊細な扱いを要求する問題であるように思われる。

(二)　一方の勧告的意見については、「事件又は争訟」に該当しないものの典型として、裁判所が合憲的に行使し得ない権能であるという理解が、ほぼ異論なく確立している。それ故に、宣言的判決についいて合憲性を確保しようとすれば、それが勧告的意見と異なるという方向で論じる必要が生じるのであった。しかし、勧告的意見を裁判所が示すと違憲となる、その実質的根拠は、いったい何に求められるのか。

この点に関して、一九二四年、当時 Harvard Law School 教授の地位にあって、Brandeis との間に蜜月の関係を築いていた Frankfurter が公表した論文[50]は、注目に値する。そこで彼は、とりわけ憲法事件につき勧告的意見を活用しようとすれば、「極めて危険[51]」であるとの論陣を張るのであるが、その圧倒的な基礎を提供しているのは、事実の重要性に対する洞察であった。「自由」や「デュー・プロセス」のような曖昧な概念は、適切な事実の基礎があって初めて意味を獲得するのであって、事実こそが決定的である（"Facts and facts again are decisive."[52]）。そこから直ちに、勧告的意見の危険性が帰結する。というのは、立法府による事実に関する判断、立法プロセスを通じて新たな事実を積み上げる機会を、憲法解釈から奪うのが、勧告的意見であるから。さらに言えば、立法は、勧告的意見によって「創造的機能」も失うであろう。「提案された法案に関する勧告的意見を取り巻くミリューは、立法を争う訴訟のそれとは、不可避的に異なるものになる。適切な議論のために、紙の上での用意がどれだけ多くなされようと（経験上、これにもほとんど信頼が置けないが）、勧告的意見は、非現実的な雰囲気の中で作動するに違いない。現実性のインパクトと、切羽詰まった強烈さは、欠けてしまう。[53]」このように、Frankfurter の勧告的意見論は、事実の重要性を梃子として、司法消極主義と結び付いたものであった。

この Frankfurter 説が、そのまま Brandeis の見解でもあったのか、確認できるだけの材料を、本稿は提出できない。しかし、当面の目的にとっては、そこでの事実の重要性の強調が、宣言的判決まで及び得る射程をもち得ることの方が、重要である。つまり、「適切な事実の基礎」を欠いて憲法解釈がなされることに問題の核心をみるのであれば、Anway判決で疑われたような、「争いのない事実」に基づく馴れ合い訴訟も、同様に警戒されることになろう。[54] 要するに、このような事実の重要性への着眼は、Willing判決法廷意見における宣言的判決違憲論に含まれていた飛躍を、充填し得る一つの実質的論拠である。

㈢ そして、この連関は、Brandeis自身が明示しなかったとしても、学説上の議論では十分に意識されていた。以下、そのことを、Willing判決に対して賛成／反対それぞれの立場から書かれた論評を一つずつ取り上げる中で、確認する。

Willing判決が抱える弱点については、既に本稿でも指摘した。それが故に、同判決は、「実際上すべての批評者からの深刻な批判[55]」に曝されることになる。そのように旗色が悪い状況で、弱点にも拘らず敢えてWilling判決を支持すべく練られた興味深い指摘が、一九三一年、Harvard Law Reviewに掲載された匿名Note[56]にみられる。その出発点は、次のように、いわば弱点を強引に逆手に取るものである。つまり、最高裁もその弱点を考慮しなかったはずがないからこそ、「公正な解釈」は、連邦レヴェルで宣言的判決が望ましくないという考えを駆り立てる「何らかの強い理由の存在」を最高裁が感知していた、そのことを示すものである必要があろう。そのような理由が、連邦最高裁の職責（business）の特殊性に見出されるのではないか、というのである。[57]

では、最高裁の職責の特殊性とは何か。Note の説くところでは、連邦憲法の解釈者としての作用故に、統治機構上占める地位が、まず重要である。もっとも、議論の照準は、歴史的にみてもっと特定の層に定められている。憲法の一般的規定を、現代の統治の複雑性に適合するように拡張していく中で、最高裁は、「われわれの政治・経済システムの最終的裁定者」となっている。そのような同時代的状況の中で、いや増す最高裁の権威が、成功裡に機能し得てきた鍵を握るのが、課題へアプローチする方法である。つまり、立法府が定めたルールが時の経過の中でテストされた、その後にしか最高裁はそれを取り上げない。その上さらに、最高裁が取り上げる対象は、訴訟の中で提示される、経験の特定の一断面に限定される(58)。

ただし、Note の論旨をやや不鮮明にする点として、最高裁が判断する前に、経験が一方の有利に決定的な形で明らかになることへの要請が、絶対的なものであり得ないという譲歩がみられる。一方、事前にあらゆる法的帰結が判明することの望ましさと、他方、実際的結果が十全に知れた後で法的帰結を判断することの利点とが、両極として設定された上で、その間の「妥協」がなされる必要があるし、現になされている、と指摘されるのである。なおかつ、両極間のバランスは、伝統的なコモン・ローの領域と、制定法が関わる場面とでは、異なってくる。制定法解釈においては、個別の権利侵害との関係では事後の判断が、ヨリ広い法の社会的価値に対する事前の判断を、伴いがちである。だからこそ、具体的に争いの対象となっている争点に判断を限定する謙抑性が、一層求められる(59)。

しかるに、宣言的判決は、両極のうちの前者へとバランスを大きく傾かせるツールである。そうであれば、宣言的判決がよく機能すればするほど、最高裁が困難な問題を解決する上で必要なはずの経験からの助けを得られなくなることは、「明らか」である。「宣言的判決が完璧に機能すれば、あらゆる法律が制定後直ちに最高裁に持ち込まれる事態を、妨げるものは何もないであろう。」このように宣言的判決批判を展開した上で、Note は、それこそが Willing 判決の示唆していたところだったのではないかと、議論を着地させている(60)。

一九三二年という公表年に示唆されるように、連邦議会が宣言的判決法を成立させようとする、その機運が熟しつつある中で、一矢を報いようとする意図が、Note には込められていたであろう。実際、Note は、「連邦裁判所で用いられるものとして宣言的判決を遂に採用する、その前に、立ち止まるべき理由があるかもしれない」という提言で、結ばれていた(61)。Note がそのような位置を占めるとすれば、連邦レヴェルでの宣言的判決導入へ向け、最後の一押しを加えようとしていた Borchard が、それを看過することはないであろう。果たして彼は、Note を批判するために、ここでも筆を執っているので(62)、次にその内容を確認しよう。

(四) Borchard は、Note の主張に対して、Willing 判決の正当化という資格を認めている。それが最高裁自身によって語られなかったという想定が、仮に真実だとすれば「不幸」であるとしながらも、Note の強引な出発点にも付き合って、正面から応対してみせる。しかし、その内容に対する彼の批判は辛辣である。曰く、経験の重要性を強調した Note の議論は、逆説的にも、宣言的判決に関して「事実とほとんど関係のない」前提に基づくものである。むしろ経験は自説にこそ有利なところ、それを

「想像上の恐怖」でもって押し退けることはできない[63]。

ここで注記を要する点として、論争当時の一九三二年には、既に州レヴェルでは宣言的判決がかなり普及していた[64]。Borchardは、得意の外国法の参照ばかりでなく、今や州レヴェルの実務からも、「経験」を調達することができる。翻ってみれば、だからこそNoteは、自覚的に連邦最高裁に専らフォーカスしていたのであった。しかるに、改めてBorchardに正面から州レヴェルの蓄積を援用されると、宣言的判決消極論にとってはやはり苦しい。

そのように戦略的な意味を帯びていたNoteの側の力点に対して、Borchardは、連邦下級審はどうか、そこで現れる問題には州裁判所にむしろ近しい伝統的なものが多いのではないかと、重要なポイントを、しかし軽妙に突いて牽制をかける[65]。その上で展開される批判の本体は、既述のとおり州レヴェルの実践を援用しつつ、合憲性や制定法解釈が問題となる事案でも、宣言的判決は適切な事実の基礎づけを得て下されている、と指摘するものであった。そのような状況を担保する要因として、Borchardは、次の二点を挙げる。第一に、司法判断適合性の充足は宣言的判決の前提要件としても求められること。第二に、それら前提要件を充たす場合でも、裁判官には宣言的判決を拒む裁量が認められること。連邦レヴェルで、これら制度的担保がなくなるというわけでもないから、宣言的判決が懸念されるような弊害を生むことにはならないであろう[66]。

㈤　一九三二年の論争を大きく規定していたことからも窺われるように、州レヴェルでの宣言的判決の普及は、実際上、大きな意味をもった。それは、Borchardを代表とする積極論の説得力を増したというばかりではない。というのも、州レヴェルで宣言的判決が活用されていながら、連邦憲法上は、それが連邦司法の権限の範囲外であるとすると、連邦最高裁は、連邦問題に関する州の宣言的判決につき審査権を行使することができなくなってしまう。これは最高裁にとって痛手であるから、連邦レヴェルで宣言的判決違憲論に立つことの実践的ハードルは、一九二八年以降、上がっていたのである。結局、一九三三年には州レヴェルの宣言的判決に対して連邦最高裁の審査権が及ぶことが認められ（事件性の肯定）、一九三七年には遂に三年前に成立していた連邦宣言的判決法につき最高裁の合憲判断が示される(67)。共に全員一致の判決であり、つまり Brandeis も反対しなかったのであるが、この沈黙も、上記の事情だけから十分に説明できよう。

翻って、たしかに Willing 判決における Brandeis の違憲論には、過剰包摂の嫌いがあった。彼が敢えて振るった大鉈は、一連の論争を経て、Borchard の分析によって解体され尽くした、かのように思われる。しかしながら、改めて虚心に全体を見渡してみると、この論争には、なお噛み合い切っていないポイントが残ってはいないか。Borchard は、事実に基づかない宣言的判決への懸念も、対処し切れる範囲内だと言う。しかし、では Anway 判決はどう評価されたのか。われわれは、なお暫く、Willing 判決の周囲を旋回し続けることにしたい。

五

㈠　ここで一旦、目下の考察の出発点に立ち返れば、Willing 判決法廷意見に現れた飛躍の（政治的でない）司法的基礎づけが、探求されていたのであった。何段かの曲折を経て、本稿は、そのような基礎を一応同定することができたように思われる。

既にStone 同意意見が批判していたように、Willing 判決法廷意見の違憲判断は、目前の事案解決のためには余剰であった。それは、Brandeis 自身が説く司法の自制という哲学にも、確かに反している。しかし、そこで違憲とされた対象、つまり宣言的判決に、制度レヴェルで司法の自制を損なう、そのような危険性が潜在しているという判断があったとすれば、どうか。少なくとも、自制哲学が金科玉条であるかのようにして、そこからの逸脱を捉えて、Willing 判決における Brandeis の行動を糾弾する、それだけの平板な議論で済まないことだけは、確実であろう。そして、Brandeis の違憲説が、いわばマクロに、司法の自制を確保しようとするものであったとすれば、それも Progressive という彼の政治的立場と無関係ではなかったとしても、なおそこからは自律した、裁判官としての判断であったと言い得るのではなかろうか。

ただ、そうすると問題は、宣言的判決が、現に適切な事実の基礎づけを得て下される（と見込まれる）かという、かなりの程度まで経験的な問題へと、先送りされることになろう。Borchard が、州レヴェルの実践を参照して提出する反論が、効果的である所以である。また、他ならぬ憲法適合性審査の文脈に即してBorchardが的確に指摘する点であるが、「事前」という表現に伴う曖昧さが、宣言的判決反対説に若干の混乱を惹き起こしてもいる。つまり、事実に関する経験が蓄積する「事前」と、現状(status quo)が回復不能な仕方で侵害される「事前」との区別を、反対論者はどうして付けられないか、奇妙であるとBorchardは言う[68]。彼によれば、宣言的判決が「事前」の救済であるとすれば、それは後者の意味であって、したがって経験的基礎としての事実が得られないわけでは決してない。既にSteffel判決を検討した本稿は、ここでBorchardの所説の裡に「現状」という観点が浮かび上がるのをみて、同判決を想起せざるを得ないが、実際、そこで憲法判断の事実的基礎が欠けていたわけではなかったであろう。さらに、後知恵を用いたついでに、論争当時から九〇年近くを閲したわれわれの地点からの観察を大胆に付加することが許されれば、現在までのアメリカ連邦司法の実践において、宣言的判決は十分有効に機能して根付いたという評価で、動かないように思われる。

しかしながら、そうしてBorchardに多くを譲らざるを得ないとしても、Brandeisの違憲論の基礎にあったと想定される懸念が「想像上の恐怖」に過ぎなかったと一蹴し去ることには、なお躊躇を覚える。そこで払拭しきれず残る何かは、本稿で取り上げた中ではAnway判決で浮上した問題であり、当該事案では会社側の仕掛ける馴れ合い訴訟(の疑い)という形態をとって現れていた。直截に語られないが故の難しさがあり、そして語られていたら同時代の状況下で党派性が疑われかねなかったような紙一重の点でもあるにせよ、やはりBrandeisサイドの懸念にさらに踏み込む必要が残りそうである。つまりそれも、Borchard が戯画化したような空理空論では決してなく、十分に「経験」から裏打ちを受けた、もう一段具体的なものであったのではないか。

㈡　実際、例えば三四年宣言的判決法について合憲判断を示した Haworth 判決についても、その事案をみれば、宣言的判決という手続から裨益している主体が会社であることを、興味深く指摘できる。本件は、保険会社Xが原告となり、宣言的判決を求めて連邦裁判所に提起したものである。被告は、生命保険の被保険者Y_1、及びその受取人Y_2であった。一九一一年から一九二九年までの間、合計五通の保険証券が発行されたが、いずれも、被保険者が就業不能となった場合につき、一定の便宜を与える旨を定めていた。就業不能となった時点以後、保険料の支払いを要さずに保険が存続するという点が最重要であるが、その他、一部保険証券には、保険会社から毎月定額を払い込むという規定も用意されていた。Y_1は、一九三〇年に自身が就業不能となったと主張しているが、保険料の支払いはその後も暫く続けられており、最も遅くまで続いた保険証券分では一九三四年まで支払われている。Xが一貫して就業不能の主張を認めてこなかったからであるが、Y_1は、三四年に全く保険料の支払いを止めており、その後、保険証券上定められた就業不能の場合の利益を、書面でXに対して要求するに至る。対してXの方では、主として、就業不能が生じていないという認識を前提に、すべての保険証券が保険料の不払いを理由に失効していると、主張している。このような状況で、Xの側から、保険証券の無効を宣言する等の救済を求めて、連邦裁判所に訴えが提起されたわけである。

地裁、控訴裁は一致して、訴えを却下した。原告の訴状が、憲法上の意味での「争訟」を定立するものでないという理由による。この原判断を、最高裁で全員一致を得たHughes首席裁判官執筆の法廷意見が破棄している。既に述べたとおり、そこで宣言的判決の合憲性も支持されるのであるが、その一般論の理由づけはさほど目新しいものではない。宣言的判決法は、憲法上の要件である事件性が充たされることを前提に、その枠内での救済と手続を定めたに過ぎないから合憲であるとされる。その意味で、宣言的判決法は「専ら手続的（procedural only）」である(69)。

むしろ注目されるのは、本件の具体的事案において争訟性が充たされることが、どのように理由づけられたかである。本件で求められているのが、「仮想的な基礎に基づく勧告的意見」ではなくて、「確立した事実に基づく現在の権利の裁定」であるという判断を支えるために、法廷意見は次の二点を論じている。第一に、Yの側から出された、本件の争いは「可変的事実」、「被保険者の健康状態という変化し得る条件」に係るものであるとの主張に対して、Y_1が支払いを停止した時点で就業不能であったかという事実は、可変的でない確定的事実であると応えている。第二に、本件事案について、Y側が出訴していれば、訴額要件の故に連邦裁判所の管轄が認められない可能性は別論、司法判断適合性は問題なく認められたであろうことが指摘される。そして、「争訟及び判断されるべき争点の性格は、提起されるのが被保険者によってであろうが保険者によってであろうが、本質的に同一である」という命題を梃子にして、保険者が提起した本件のような訴えを連邦裁判所の権限に含ませるかは連邦議会が判断し得る事柄であるとの判断が示される(70)。

以上の二つのポイントから、何を読み取ることができるか。まず第一の点につき、たしかに法廷意見の立論に理由があることは、一先ず認めざるを得ない。Yが現時点での司法判断を望まなかったとしても、Xが提起した争点は、既に十分な具体性を備えていることを否定できないからである。もっとも、第二の点が更に一歩を進めていることを、見逃すべきではなかろう。そこで法廷意見は、訴えを提起したのがXかYかという差異の意義を、極小化ないし無化する。曰く、「決定的なのは、争訟の性格であって、その提起の方法や、それを提起した特定の当事者ではない」[71]。しかしながら、本件で宣言的判決を求めたのが、保険会社Xであって被保険者Yではない、そのことの意味は決して小さくないのである。まずYは、事実の可変性を主張した点に端的に表れているように、本件提訴時の事情を基礎として司法判断を得ることに特段の利益を有しているわけではない。現に本件で訴えが提起されたタイミングは、疑いもなくXの選択によるのであり、それは宣言的判決というツールによって可能になった戦術であった。さらに、法廷意見が簡略な言及で済ませている訴額要件も、実践上は重要な意味をもつ。本件提訴時点で、Y側から立てられる請求を想定すれば、そこには生命保険本体の金額は含まれない。辛うじて、定額の現金給付について具体的に請求することがあり得るばかりであって、これでは連邦裁判所の管轄を基礎づけることができなかったであろう。現実の本件で最低額要件がクリアーされたのは、Xが原告になって、保険金の支払いに備えて確保しておくべき準備金二万ドルを係争価額に据えたことによってであった[72]。

このように、法廷意見による原告／被告の平準化は、本件の具体的事実を二重に裏切るものである。宣言的判決がなければ、現になされたタイミングでの、Xによる提訴はあり得なかった。それを可能とすることで、本件における宣言的判決が実質的に仕えた利益は、不確実性を抱えたまま二万ドルの準備金確保を強いられないことへの、保険会社Xの利益であった。

こうした本件の事柄の性質を、Borchard も見落としてはいない。先刻承知の上で、宣言的判決手続のために、事態を積極的に是認するのである。彼は、上記Xの利益をも、具体的侵害どころかそのおそれも待たずに保護されるべき「現状」に含ましめるかの如くである。[73] しかしながら、仮に Steffel 判決と Haworth 判決とを並べて、双方に均質な保護されるべき「現状」が見出されるのだとすれば、それもまた、重要な識別力をどこかで欠いているのではないか。だが、おそらくは、それこそが正に Borchard の視座であったと解される。

(三) 翻ってみたとき、既にして問題の所在を察知させることには（"[r]evealingly"[74]）、Borchard による Anway 判決の事案把握にも、死角があった。前に述べたように、そこで原告と被告鉄道会社との間に、実質的争いがないことは確実であり、進んで結託の疑念もたれるという事案であったところ、Borchard は、次のように極めて淡白に原告 Anway を記述する。つまり、「会社に雇用されている非組合員の車掌であり、一週間に六日以上働くことを望んでいた」[75] 人物であって、それ以上でも以下でもない。それで死角に落ち込んだのは、会社が訴えを捻出して連邦裁判所で有利な判断を得ようとする、濫用的な訴訟戦術への警戒である。

これは、同時代のアメリカの現実において、適切な事実の基礎づけを欠く司法判断への懸念と実際上重なる部分が小さくなかったであろうが、なおそれと異なる警戒対象として観念し得るものであるように思われる。そのように区別をつけてみれば、濫用的訴訟戦術への警戒こそ、優れてBrandeis的と形容し得る関心である。彼は、法ルールが「実践において」系統的に生じさせる「差別」に直面する場面でこそ、執拗に「経験」に付く。[76]そうであってみれば、一見中立的な宣言的判決の手続ルールが「富裕で情報力のある訴訟当事者」に与えるであろう「不均衡なアドバンテージ」[77]も、Brandeisによって見逃されたはずがない。対するに、Borchardが提出した反駁は、事実に基礎づけられない宣言的判決への懸念までは、それが抽象的である限りで斥け得たかもしれないが、当事者の訴訟戦術の点までは及んでいない。彼は、単純にそれをみなかったのである。

このBorchardの死角は、しかし、独りBorchardのみの死角では止まらない。Haworth判決で、ヨリ微温的ながら事案に現れた会社の訴訟戦術の問題は、全員一致の法廷意見によって、殊更にレレヴァンスを奪われている。このように連邦最高裁までも覆ったことで、後の展開の基礎となったのは、「専ら手続的」なものとしての宣言的判決という像であったと思われる。たしかにそれは、宣言的判決が離陸するために、必要な階梯であった。だが、ある手続の導入から生じ得る実践的帰結に対し、少なからず盲目となることで演出される中立性は、脆弱性を抱え込まざるを得なかったのではないか。

結語

以上に述べてきたように、一九三〇年代前半において、宣言的判決を巡って形成されていた最重要と思われる対抗は、連邦レヴェルで制度として導入されるとともに速やかに見失われていった。というよりは、それが見失われることによってこそ、宣言的判決は制度として離陸したのだと評し得る。約四〇年後のSteffel判決が、連邦主義を巡る異なる対抗の構図の中に、自由に宣言的判決を位置づけて議論を構築できたのも、理由のないことではなかったと考えるべきなのであろう。

制度形成期の対抗構図を復元することは、日本法との比較の観点からも、宣言的判決を興味深いものにすると思われる。Steffel判決がしたように、連邦主義の脈絡に位置づけられる場合と比べると、当事者の属性や訴訟行動に着目する議論は、日本法にも同様の関心をもち込み易い。例えば近時、行訴法四条の「公法上の法律関係に関する確認の訴え」の活性化がみられるところ、その活用例には不思議と事業者ないし経営主体を原告とするものが目立つ[78]。個々の訴訟に対する評価を超えて、状況を総体として評価するための視座が、必要とされているように思われる。

しかし、アメリカ法上の問題として、本稿が扱った問題がどの程度の射程を有するかは、十分に論ずることができなかった。もはや論証を試みる余力もないが、見通しだけを述べることが許されれば、本稿が宣言的判決に即して観察した展開は、連邦民事手続全般とパラレルなのではないか。あるいは、一九三四年の連邦宣言的判決法は、一九三八年の連邦民訴規則と類比できる位置価を占めるのではないか。anecdotalではあるが、この両者を巡る支持・不支持の構図が重なることは、本論の中でも度々確認された。連邦民訴規則の主たる設計者と目されるClarkは、宣言的判決を支持してBorchardと共闘している。重要度において劣るが、ABAも双方を支持した主体である。他方、連邦宣言的判決法の最も強力な反対者であったWalshは、連邦レヴェルでの統一的な民事訴訟規則の構想にも最後まで反対し続けた政治家であった。

そのような広がりを展望すると言っても、現在アメリカの民事訴訟が抱える諸問題と、一九三〇年代の宣言的判決周辺の対抗とが、どのような連関をもち得るのか。この点、具体的な像を現時点で描き得ていないことは、率直に認めなければならない。しかし、両者が無関係だとは、筆者にはどうしても思われないのである。

(1) Oliver Wendell Holmes, *The Path of the Law*, 10 Harv. L. Rev. 457 (1897).

(2) 木庭顕「日本の民事法が抱える問題」同『現代日本法へのカタバシス』(みすず書房、二〇一八年)二一五頁以下、二九四〜九七頁。

(3) 喜田村洋一「宣言判決と差止命令」芦部信喜編『講座憲法訴訟 第三巻』(有斐閣、一九八七年)三七頁以下、六六頁。

(4) Federal Declaratory Judgment Act of 1934, Pub. L. No. 73-343, 48 Stat. 955 (codified as amended at 28 U.S.C. §§ 2201-02).

(5) Samuel L. Bray, *The Myth of the Mild Declaratory Judgment*, 63 Duke L.J. 1091, 1106 (2014).

(6) *Id.* at 1106-13. 最後のサンクションの点につき若干補足すると、固有のサンクションが用意されていないことが、(とりわけインジャンクションについて裁判所侮辱が利用できるのと比べた場合の)宣言的判決の特徴である。制度設計としては、宣言的判決における勝訴当事者が、必要な場合裁判所に改めて求めれば、「追加的に必要な救済」として、宣言的判決を基礎にインジャンクションをも得られることになっている(28 U.S.C. § 2202)。論者は、この§2202が「八〇年近く〔筆者注:二〇一四年時点〕の歴史を通じてほとんど使われていない」(id. at 1112-13) との観察に依拠して、本文に述べた評価を支持している。

(7) 415 U.S. 452 (1974).

(8) *Id.* at 463 (quoting Perez v. Ledesma, 401 U.S. 82, 104 (1971) (Brennan, J., concurring in part and dissenting in part)).

(9) 以下の三段落で触れる諸判決については、拙稿「憲法-訴訟-法(二)(三)」国家学会雑誌一二三巻五・六号三四〇頁以下、七・八号五五一頁以下(二〇一〇年)で詳細に扱ったので、併せて参看を乞う。

(10) Dombrowski v. Pfister, 380 U.S. 479 (1965).

(11) Younger v. Harris, 401 U.S. 37 (1971).

(12) Perez, 401 U.S. at 118 (Brennan, J., concurring in part and dissenting in part).

(13) Owen M. Fiss, *Dombrowski*, 86 Yale L.J. 1103, 1116 (1977).

(14) Perez, 401 U.S. at 116-30 (Brennan, J., concurring in part and dissenting in part).

(15) Bray, *supra* note 5, at 1099.

(16) Steffel, 415 U.S. at 465 (quoting Perez, 401 U.S. at 107 (Brennan, J., concurring in part and dissenting in part)).

(17) Steffel, 415 U.S. at 467 (quoting Perez, 401 U.S. at 111-12 (Brennan, J., concurring in part and dissenting in part)).

(18) Bray, *supra* note 5, at 1099-1101.

(19) Steffel, 415 U.S. at 468 n.18.

(20) Hearings on H.R. 5623 before a Subcommittee of the Senate Committee on the Judiciary, 70th Cong., 1st Sess., at 75-76 (1928) [hereinafter *1928 Senate Hearings*], *quoted in* Steffel, 415 U.S. at 468 n.18.

(21) Donald L. Doernberg & Michael B. Mushlin, *The Trojan Horse: How the Declaratory Judgment Act Created a Cause of Action and Expanded Federal Jurisdiction while the Supreme Court Wasn't Looking*, 36 UCLA L. Rev.

529, 550 n.93 (1989).

(22) Willing v. Chicago Auditorium Assoc., 277 U.S. 274 (1928).

(23) Edwin M. Borchard, *The Declaratory Judgment—A Needed Procedural Reform, Part I*, 28 Yale L.J. 1; Part II, 28 Yale L.J. 105 (1918).

(24) *Id.* Part I, at 1–3.

(25) *Id.* at 5–7.

(26) Doernberg & Mushlin, *supra* note 21, at 553.

(27) Borchard, *supra* note 23, Part I, at 12–14.

(28) 1928 Senate Hearings, *supra* note 20, at 35.

(29) *Id.* at 18–19.

(30) Doernberg & Mushlin, *supra* note 21, at 552 n.101.

(31) Willing, 277 U.S. at 288–90.

(32) Edwin M. Borchard, *The Supreme Court and the Declaratory Judgment*, 14 A.B.A. J. 633, 635 (1928).

(33) Willing, 277 U.S. at 290–91 (Stone, J., concurring).

(34) Borchard, *supra* note 32, at 635, 640.

(35) Edward A. Purcell, Jr., Brandeis and the Progressive Constitution 124–32 (2000).

(36) *Id.* at 143–45.

(37) John H. Langbein et al., History of the Common Law: The Development of Anglo-American Legal Institutions 391–92 (2009).

(38) Purcell, *supra* note 35, at 143.

(39) *Id.* at 129. *See also* Doernberg & Mushlin, *supra* note 21, at 559–61, 566–68.

(40) Doernberg & Mushlin, *supra* note 21, at 566 n.171.

（41） Purcell, *supra* note 35, at 142–43.
（42） Quaker City Cab Co. v. Pennsylvania, 277 U.S. 389, 410（1928）（Brandeis & Holmes, JJ., dissenting）.
（43） Stephen N. Subrin, *How Equity Conquered Common Law: The Federal Rules of Civil Procedure in Historical Perspective*, 135 U. PA. L. REV. 909, 996–98（1987）, *quoted in* Langbein et al., *supra* note 37, at 391–92.
（44） Anway v. Grand Rapids Ry., 211 Mich. 592, 179 N.W. 350（1920）.
（45） Edwin M. Borchard, *Declaratory Judgments*, *in* 5 Lectures on Legal Topics 241, 262（1928）.
（46） 以下の本文で紹介する個々の事情は判決テクストから確認できるものに限られるが、それに対する評価は、論者の採る認識枠組みによって異なる。本文の叙述は、Brandeisサイドに想定される把握を的確に再現するものと考えられる、Purcell, *supra* note 35, at 126–27のヴァージョンを下敷きとした。
（47） Anway, 179 N.W. at 351.
（48） *Id.* at 365–66（Sharpe, J., dissenting）.
（49） *Id.* at 366（Sharpe, J., dissenting）. なお、Purcell, *supra* note 35, at 127で紹介されているところでは、労組組織側には、本件訴訟が端的に「八百長（frame-up）」であるという受け止めもあったという。
（50） Felix Frankfurter, *A Note on Advisory Opinions*, 37 Harv. L. Rev. 1002（1924）.
（51） *Id.* at 1002.
（52） *Id.* at 1002–05.
（53） *Id.* at 1005–07.
（54） Purcell, *supra* note 35, at 128.
（55） Edwin M. Borchard, *Declaratory Judgments in Federal Courts*, 41 Yale L.J. 1195, 1195（1932）.
（56） Note, *Declaratory Relief in the Supreme Court*, 45 Harv. L. Rev. 1089（1932）.
（57） *Id.* at 1091.
（58） *Id.* at 1091–94.

(59) *Id.* at 1094-95.
(60) *Id.* at 1095-96.
(61) *Id.* at 1096.
(62) Borchard, *supra* note 55.
(63) *Id.* at 1195-97.
(64) 一九三二年に公表されているBorchard論文で、その時点までに一八の州において、州裁判所が宣言的判決立法を支持したと紹介されている。Id. at 1197 n.5.
(65) *Id.* at 1195, 97.
(66) *Id.* at 1198, 1201-12.
(67) Nashville, Chattanooga & St. Louis Railway v. Wallace, 288 U.S. 249 (1933); Aetna Life Ins. Co. v. Haworth, 300 U.S. 227 (1937). なお、前者の訴訟では、Borchardが、当時Yale Law SchoolのDeenであったClarkと共同で、宣言的判決を擁護するamicus briefを提出している。
(68) Borchard, *supra* note 55, at 1203.
(69) Haworth, 300 U.S. at 239-41.
(70) *Id.* at 242-44.
(71) *Id.* at 244.
(72) Purcell, *supra* note 35, at 154.
(73) Edwin M. Borchard, Declaratory Judgments, 201-02 (2d ed. 1941).
(74) Purcell, *supra* note 35, at 127.
(75) Borchard, *supra* note 73, at 153.
(76) Erie Railroad Co. v. Tompkins, 304 U.S. 64, 74 (1938). *See also* Purcell, *supra* note 35, at 141ff, esp. 155-64.
(77) Purcell, *supra* note 35, at 155.

(78) 最判平成二五年一月一一日民集六七巻一号一頁（医薬品ネット販売規制事件）、最判平成二八年一二月一五日集民二五四号八一頁（京都府風俗案内所規制条例事件）等。なお参照、曽我部真裕「付随的審査制の意義」法学教室四七五号（二〇二〇年）五四頁以下、五八〜六〇頁。

木庭顕、ある人文主義者の肖像

──「法律時報」誌上における蟻川・木庭・樋口三氏の鼎談に接して

足立治朗

我々の手許に、含蓄と刺激にあふれた鼎談「憲法の土壌を培養する」という形をとって、ローマ法学を主たる専門とする木庭顕氏の謂わば越境的──そもそも越境を観念しうるほどに憲法学がその他の学問領域から自立した領土を築いてきたものとしてだが──参画のもとで、憲法学の土壌を培養するという意欲的な理念が、届けられることとなった。無作法の段は重々承知しながらも、最初に筆者が一読者として抱いた率直な感想を述べさせていただくならば、そのような企図は直ちにとりやめて、木庭氏はローマ法学の地味豊かな土壌へと帰農なさるのが最上ではなかろうか。──勿論筆者がそのように感ずるのは、憲法学にとっての木庭氏が議論の有意義な対手となりえないからではなくて、まったく逆に、木庭氏にとっての憲法学がそうなりえないように思われるからなのだけれども。

木庭氏と憲法学との対話が、この語の本来的な意味での対話たりえていないことを典型的に予感させるくだりは例えば、氏が「私のように理解すると人権とデモクラシーの衝突という問題が見えにくくなるというのは痛いところを突かれました」〔木庭／二九頁〕とてらってみせる箇所であるが、実際には、これに先行する部分で木庭氏が「痛いところを突かれた」事実は存在しない。むしろ、その直前にあるのは「木庭さんと憲法学者の通念が外見上重なって見えるのに対し、議論の実質からすれば木庭さんと私が用語法の違いに拘わらず、認識を共有している、と私は理解しています」〔樋口／二九頁〕とする樋口氏発言であって、一般的「通念」しか持ちえない俗流の憲法学者であれば、「外見上」の重なりをもって満足をおぼえるであろうし、他方で逆に樋口氏自身ほどの憲法学の大家であれば常に「議論の実質」をもって「認識」を評価すべき基準軸としているであろうから、いずれにせよ、木庭氏となんらかの意味で対立している憲法学者はひとりとして存在しないと云うことにもなりそうである。実際、もうひとりの参加者である蟻川氏も「今日の木庭先生のお話は、この定式と驚くべく重なります」〔蟻川／三三頁〕とこれに追随して躊躇わない。さらに後続して「私的権力の解体が第一次的に政治の概念自体の中に取り込まれているか（木庭）、近代市民革命における中間団体の解体という事業によって遂行されるものとして観念されるか（樋口）の違いはあるにしても、基本構想は重なる」〔蟻川／三三頁〕と述べられることで、読者の驚きはひとつの頂点を迎える。所謂古典時代から市民革命期までに流れた年月は絶対数において短いものでも、人類の歴史的経緯の全体的把握のなかで存在感において少ないものでもないように思われ、そのそれぞれの時代に各々の政治的現実と対峙しながら生きていた数多の人々――なかでも特に、政治的と名指されるなんらかの信念のために血を流すことを厭わなかった人々――

は、彼らがみずからの身をもって生きぬいたところの歴史それ自体が、ひとつの基本構想のわずかな力点の相違という総括のはざまで捨象されてしまったことに少なくとも憤激を表明する権利を持つであろう。

右のごとき特徴は鼎談の全体にわたって断続的に発現しており、そこでの対話は和気藹々と進行しているようにみえて、実は、木庭氏と、氏以外の二者とのあいだでの基本的な論争態度の相違を絶えず、読者に思いださせている。木庭氏御自身がそもそもひとりの人間として——これは少しく典拠に外在的な事柄に属するけれども——くだけた表現で云えば、大変人好きのする、憎めない人柄の持ち主であって、一方では「どんなに退屈でも……基本を何度でも確認したい」〔木庭／一七頁〕と云いながらも、聴講に訪れた学生を飽きさせまいと、講義に種々の高度な刺激を散りばめることに全力を尽くし、他方では「私は私の近傍で蛇蝎の如く嫌われています」〔木庭／六七頁〕と嘯きながらも、自分に好意を寄せる後進諸氏には決して損をさせないだけの配慮を忘れないようなところがあるから、勿論木庭氏御自身が鼎談のなかで喧嘩腰の刺々しい対決姿勢をみせることはそもそもあるはずはないのであるが、それでもなお氏は、鼎談のなかでの氏の口振りのなかに、言論と言論との鮮烈な対抗関係への、そしてそこにこそ現われる知的創造性への期待を隠すことが出来ないでいる。曰く「鋭い指摘にたじろぎます」〔木庭／四六頁〕、「またしても、何と痛いところを突かれたものかと思います」〔木庭／五一頁〕、「直ちに反撃されてしまいました」〔木庭／五四頁〕云々。しかしこれらもやはり、本来的な意味で木庭氏のこれらの反応に値するだけの対抗命題の定立が憲法学の側からなされたのかと云えば、到底確信の持てないところがある。まだしも樋口氏は、さすがに大家の風格をもって、木庭歴史学と樋口憲法学との接続という大まかな文脈に鷹揚に身を委ねながら「木庭歴史学のインパクト……非常に強烈な問題提起」〔樋口／五八頁〕を主題化しているが、そうした限定的な局面をのぞけば、全体としてはむしろ、奇しくも木庭氏の側から「丸山真男に関しては、そのように単純な話ではないと思います」〔木庭／五五頁〕ときりかえしたのに対して、あわてて「私も、今の木庭先生の丸山理解を共有しています」〔蟻川／五六頁〕と言葉尻の弥縫を講ずるのが精一杯ではなかったか。

こうした体たらくは筆者の眼には、本来鼎談の根底に横たわっているはずの木庭式の政治理解を端的に裏切るもののように思えるが、他の読者諸氏はいかがであろうか。「本来ならば、対抗の要素は次には対抗の軸となり、それによってまた別の対抗の要素と関わる……という連関[2]」が政治の成立のために死活の根幹であったれば、憲法学者の言論にはそのような連関は内蔵されておらず、ましてや「そこに存する可能性を生かし、抑圧しないようにする[3]」ことなぞ、もはや到底望めまい。それどころか、最広義の言語の営みにおいて「本来そこに存在するのは対抗関係であるにすぎない[4]」のだとすれば、憲法学者はおよそ操觚の徒をもって自認すべきではないのかも知れない。そこでは「ヴァージョン対立は極小化される。解釈即ち paradigmatique な分節は排除される……首長の一族とそれ以外の者達の間に存するはずの枝分節上の区分はこのことによって踏みにじられることとなる[5]」、そこでは憲法学なる営為は畢竟「〈分節〉を解消し蹂躙するようなテリトリー上の無分節な人的集団の形成[6]」に他ならない。真の対話とは云えなくとも、ともかくもなんらかの対話をしようという善意の心構えがまず評価されるべきであるという抗弁はこのさいに問題にはなりえない。なんとなれば、装われた平和が真の平和を破壊し、装われた情愛が真の情愛を封殺するように、装われた対話は真の対話を窒息させてしまうから。

このような言説対抗への鈍感さは端無くも、次のような発言に凝縮された形で露呈しているように思われる、曰く「木庭先生は、既に決定的な『それから』論を書かれていますが……関連して何かコメントをいただけるでしょうか」〔蟻川／四五頁〕。しかしながら、木庭氏が著した『それから』論が真に決定的であるならば、そうであれば即ち、言葉の優れた意味における批評＝亀裂＝発作であるならば、それはひとつの超えがたき断絶を示すものであって、そのあとに漫然と言葉を上乗せすることはその決然性への冒瀆であり、逆に、現状我が国の社会科学における文献濫造が陥っているような、万事において常にさらに加えて「何か一言いただけ」〔蟻川／四五頁〕るような状態の慢性化は、そこに現われるあらゆる文献に、真に決定的なる形容句を冠することをそもそも許さないような時代精神を反映したものなのである。[7] それは古典的存在と、非―古典的存在との区別が失われた時代であって、そこでは知識人の外延に属する人数が増えれば、増えるほどに「政治に固有の質の高い言語行為を基礎付ける知的営為の核心」〔木庭／三五頁〕としての《批判》は失われていく。蟻川氏発言にみられる態度が致命的に欠落させているもの、それは対象「を批判的に検討してその背後に何があるかというように思考を進める、そのようにしてそれを突き放す、返す刀で自分達の現実の方をも鋭く批判する、という思考回路」[8]、これに他ならない。およそ神羅万象にあって「まさにそれがそうかどうかはκρίσιςを経ないとわからない」[9]のであるが、現代の憲法学はこのκρίσιςの存在を単に認知する能力をも持ちあわせていないものとみえ

る。(10)

かくして憲法学者の論争態度——と自称されるものは本質的に「もう一人いたらよかった……本当にそうなれば僕は助かった」〔蟻川／一一頁〕の域を出ないことにもなってくる。しかしこの「一人と二人では「全然」違う」〔蟻川／一一頁〕などという述懐ほど、個人の自立から遠いものはない。筆者自身はどちらかというと曖昧模糊たる日本的和合主義をついに嫌いにはなりきれなかった人間であるから、個人が自立していることばかりが知恵の果実がもたらすご利益であるかどうか、なんとも断じえないところであるが、しかしここで問題となっているのはあくまである理念との関係性においての評価であるからして、これらの発言が「自由で独立の主体相互間の特別な質を持った厳密な議論」〔木庭／一二頁〕とは厳しい緊張関係にたつ党派願望であることは指摘されておかなくてはならない。少なくとも現況の憲法学者の言説において「集団の権力から個人を自由に」〔木庭／一二頁〕することを拒否しているのは、「集団の前に個人が屈すること」〔木庭／一九頁〕がなによりも個人の側に与える甘美な誘惑を誰よりも断ちきれないでいるのは、そして「もっと厳密な意味で個人的な知性」〔木庭／三七頁〕から常に遠ざかろうという駆動を他のどこよりも強く秘めているのは、他でもない個人たち自身なのではなかろうか。そのような憲法学者のお墨付きを受けた学生たちが、政治運動をするにつけても、第一次的に「他の大学生たちとの関係で「浮いて」しまっていないかどうか」〔蟻川／五三頁〕を気にかけると云うのも事理の当然であろう〔筆者自身は学部学生時代、周囲の東大法科的優等生たちから「浮いて」しまうことに直接・間接に寄与しない行為はほとんど行わなかったような気がする——そんなことは当該行為の本来の目的でもなんでもなかったのに!)。そもそも憲法学者自身の非力ですらも、その要因は「政治学からの援軍を得られ」(蟻川/五五頁)ないことに転嫁されるのだから。「それは憲法学者の責任でもある」(蟻川/五七頁)——で「も」ある⁉ しかしながら「学問は政治的に自由であると同時にその政治的自由からも自由でなければならない」(木庭/三七頁)という木庭氏発言にこそ、値千鈞の真理があるのであって「内容のない迎合的な微笑みなど何の役にも立ちません」(木庭/六八頁)。党派的対抗者の言論[11]にとるにたらない没知性の標語的烙印をおして安穏としている憲法学者たちの「全称的な対抗の要素はパラデイクマのヴァージョン対抗を凍結してしまう」[12]。少なくとも現状において「最も取るに足らない個人をアプリオリに尊重する」(木庭/三〇頁)ことの覚悟を備えた人間が、氏が過分の親切心からその土壌を培養せんとしている憲法学の王国の領土内に、果たして五名といるかどうか。

以上、憲法学界における言説のありようは、木庭氏の呈示する政治の理念を正面から裏切るものなのではないかという合理的な疑いを超える程度の素描がなされたわけであるが、次に我々はむしろ本質的に重要な事柄に、即ち、政治と憲法——憲法「学」ではなくて——それ自体との関係に若干の検討を試みることにしよう。ここで我々はさきに予感的に指摘(前掲、脚注六)しておいたように、木庭氏による「憲法の実質が政治である」(木庭/一五頁)という命題に、最大限の明瞭さでもって、反旗を掲げねばならぬ。これはなにも浅薄な功名心から、畏れおおくも本件鼎談における木庭氏の対話者達になりかわって、木庭氏の「痛いところを突」いてやろう、「鋭い指摘にたじろ」がせてやろう、と云うのではない。相手がどれほどの知的権威を備えた人物であるとしても、いや、そうであればこそいっそう、

「迎合的な微笑み」とは対極の態度決定こそ、当該の相手に敬意の念を表明する唯一の道であると信ずるからである。「御自身もよく思案されるとともに、他の者のいうところもお採り上げ願いたい。これからわしが申し上げることは、無下に斥けてもらっては困る(13)」。

ここで筆者自身は、木庭氏が国家を「内容以前に一義的な外壁」〔木庭／一六頁〕として機能する装置であるとし、「実質的な政治を成熟させる余裕がなかった」〔木庭／一六頁〕ために「政治の骨格のみを機能的等価物として拵え」〔木庭／一六頁〕たものであると理解している点については異議をはさまないでおこう。筆者自身は少なくとも現状では、もっと大雑把にしか国家を定義していないので、そのような趣旨の国家も歴史的にはあっただろうし、そうでない国家もあっただろうと思うのであるが、そのような趣旨の国家だけを国家と呼び、或いは国家のなかでも特に古典的とか、正統派とかの勲章を与えたり、国家の文献学的語源をそこに求めたりする議論も或いは可能である、と云うくらいに把握しておく。むしろまずもって気になるのは、国家よりも法の位置付けである。成程これとても、結局のところ筆者自身に古典古代に連なる知的伝統についての素養がまったく欠落している結果だと云えばそれはその通りで、話もそれまでなのではあるが、そうはいってもやはり「立憲主義は、元来は政治のコロラリーであるが、……政治的決定……を制限するという機能のために大変適してい」〔木庭／二八頁〕ると云ったような説明はやはり幾許かは苦しまぎれのものではなかろうか。「立憲主義自体が危機に瀕している」〔木庭／一九頁〕ことが、「市民社会の側が……成熟しえなかった事実」〔木庭／一九頁〕の直接の結果では困るのではないだろうか。市民社会が真に成熟した場合には、立憲主義が本来防波堤となるべき種々の弊害は、その未成熟の場合に比べてはるかに少ないと思われるが、そういうときにだけ立憲主義が成立するのだとすれば、立憲主義は我々にとってさほど心強い味方とは云えないであろう（――尤も、それは実際にそうなのかも知れないが）。

或いは木庭氏はここに「法とは異質なものと法とが通約され、かつ通約されたものが直ちに機能する」[14]力動的な歴史学的作業の画期性を自ら再現してみせたものであるかも知れない。けれども筆者は――筆者が自身を憲法学者と呼べるかどうか、また呼びたいかどうかはさておくとして――「憲法ともなると、政治システムそのものが懸かっていますから、分厚い文化によってしか歯止めは掛からない」〔木庭／六二頁〕という命題を容認しないために最善を尽くしたいと思う。それは往々にして「分厚い文化」を自らの手柄として僭称する所謂教養人の専有のもとに憲法が奪取されないためでもあるが、しかしなによりその根底にあるものは、神々ならざる死すべき我々は常に宿命的に愚かでありうるという不可避の認識であり、そしてその愚かさがもたらす帰結を幾許かでも破滅的なものでなくするための、ささやかながら真摯な立憲主義の祈りである。

勿論、ここで国家や法に関するなんらかの命題を積極的に論証するだけの余裕はないけれども、或いは読者諸氏はさしあたり、筆者が、基本的に民主政治もまた政治の系列に連なるものと安易にとらえることで満足しているかぎりにおいて、木庭氏のいう「憲法学で支配的な考え方であると思われる、デモクラシーと人権をアンチノミーで捉えるというの」〔木庭／二七頁〕の一派と考えていただければよいかも知れない。筆者自身は憲法学の世界で多数派に数えられることが極端に少ないので、このような評価は実に嬉しい（これに対して、樋口氏が「外観上はむしろ憲法学者の普通の考え方と重なっているように見え」〔樋口／一二九頁〕るという、この評価はあまり嬉しくないし、そもそも誤っているように思われる）。いずれにせよ「憲法の基礎に政治をみる」〔木庭／一八頁〕のはあまり薦められない針路ではないのではないか。むしろ憲法とは、政治の浸潤を遮断するひとつの機能であり、そうであればこそ、憲法のなかに我々は「遮断」という名の「絶対効」〔木庭／三一頁〕の唯一の可能性をみることができよう。憲法は政治の補助輪ではなくて、その足枷なのである。

我々が目指すべきは「憲法を実質化する」〔木庭／一九頁〕ことではなく、むしろ憲法をその形式化によって純化することではないか。憲法は議論の質は担保しない。ただ議論の様式を拘束するだけである——し、そうであればこそ憲法には比類なき固有の価値があるように思われる。「ディアレクティカを先行させたがためにそのパラデイクマ自体が特定の内容を持つ、などということはもちろんない[15]」ことを真に保障することこそ、法が出現した最大の目的ではなかったか。しかしこの問題を木庭氏は、平素の氏の態度から比すれば驚くほど安易な日常的言葉遣いで処理してしまう、曰く「すべてのパラデイクマにディアレクティカが適用されねばならない、という要請は存在し、これにより若干ディアレクティカの発生は条件づけられる。例えば、素材は豊かである方がよい。陳腐な素材をしかし多種多様に、ということである。[16]」——しかしこれはまったく逆転した説明方法なのだし、それだけでなくて、本当に政治と法との関係を語るとき、我々はこの点にこそ紙幅の大部分を裂いて論証に努めなければならない。即ち、あらゆる素材、いかなる聖域の留保をも認めないあらゆる質料に対して、それらに法という、言語的弁証法のある特権的な形式の経路を通じて登場することのみを認めること、これが神々ならざる愚かなる人間が、それでもそれなりに乏しい知恵を絞ってかろうじてひねりだした、社会統治のための最低限の賢慮ではなかったか。法は多かれ、少なかれ「確定したパラデイクマにどうしても特権を付与することになる[17]」以上、それは「聖典とその権威的解釈、書面主義、証書主義、等々を排除する思考にはやはり馴染まない[18]」。「政治的パラデイクマ自身といえどもそれを聖化してしまえば政治を損なう[19]」。しかしこの聖化にこそ、従って究極的には政治を損なうことにこそ法の面目があり、さもなくば最高裁判所の判決などは誰も読もうとはしないだろう。

このような政治と法との関係性は、大学における講義と書物との関係性にどこかで類縁性をもっている。木庭氏が観客に対する奉仕精神にあふれた愛すべき人柄であることはさきにも触れたが、近年ではややその奉仕精神が、大学人としてのそれの輪郭を失って——まるで昨今の憲法学者のように——芸能人としてのそれを纏いつつあるように感じられるのを、個人的には若干残念に感じないでもない。勿論筆者自身は、そもそもの初めから「公法を理解するためには今日支配的な俗流の政治概念はまったく役に立たず、その古典概念に立ち返る以外にありません[20]。」、或いは「デモクラシー理解、つまり素朴な民衆支配でなく高度な文化としてそれを捉える仕方……そうでなければおかしい、またそのように捉ええないとするとわれわれの知性の矮小さのみが残ることになります[21]」という姿勢で行われた講義自体への参加資格を欠いているので、その講義の存在論的形態についてここで喋々するのももとより空しいことかも知れない。しかし、木庭氏のように厳密に演習室の内部にその場をもった——それがどのような言説であれ、大学の外部になんらの権力ももたず、或いは逆に外部に与えるかも知れない損害の一切の責任を負わないのであればこそ、真に自由になされうる言説対抗の価値を熟知し、またこれと「聖典とその権威的解釈、書面主義、証書主義、等々を排除する思考」との本質的連絡とに無自覚ではありえない論者が、演習室での出来事をあたかもその活々とした対話の再現的代替物であるかのごとき印象を読者に与えるような体裁で書物に綴じてしまうのをみるとき、その行為自体を咎めるとか云うことでなしに、それが、木庭氏の内部でその行為がどのようにとらえられ、受けとめられたうえでのことなのか、その思いの丈を尋ねてみたい心持ちがする（尤も、繰返しになるが、筆者自身はこういうともすれば過剰な奉仕精神を発揮してしまう木庭氏に対して、人間的には極めて好感をおぼえるのではあるが――）。結果的にはその企図はあまり成功したようには思われず、その文面は学生の自由な討論という装いのもとで、実際には『政治の成立』以下の著作の部分集合のような老教授の補助線と、それらの著作をあらかじめ予習してきたことが露骨に明らかな一部の優等生による権威の引用とが、議論の実質的構成分を占拠してしまっている（それはあたかも、対話篇のように装いつつも実際には対話篇ではない『法律』第一〇巻において、アテナイからの客人自らが初めに河を渡ってみせる姿を彷彿とさせる）。だから読者諸氏にもくれぐれも知っておいていただきたい、実際大学の敷地内に出現していた演習の風景は、それも老教授の話にとりわけまとまりがつかず、過度にとりとめのなくなった時にこそ学生が受けていた刺激の豊かさは、これらの書物が伝えうるような範囲や程度をはるかに超えたものであったことを。筆者自身も実を云えば、木庭氏の演習の末席にあずかったことがないでもないのであるが、そのときに筆者自身に実感された場の力学、その醍醐味の記憶は、右のような書物が濫造されることで、かえって希釈化されてしまうように感じられる。——大学という理念の法化！

そして、我々には最後に政治の概念が残った。

ここからさきはあまりにも木庭氏の基礎理論に対して挑戦的に過ぎるから、或いはこれは一女中の放談（『タルチュフ』第一幕二場）だとか、不満分子の戯言（『赤と黒』第二部四十二章）だとかいった註釈をつけておくべきか。しかし本来であれば、歴史学者と憲法学者との言説対抗は時としてここまで鮮明になりうるということを、本件鼎談にかわって実演してみるのも無駄ではないかも知れない。それに、ここで筆者が述べることは必ずしも木庭氏の観念枠組みを躍起になって否定しようという類いのものではなくて、むしろ木庭氏と同様の思想的素養を共有しない我々田夫野人が、木庭歴史学をどのように我々の生活世界のなかに整合的に受容しうるかに関わる一試論であることを、党派的願望の権化のごとき憲法学者たちはともかくとして——彼らはその実一度として、破壊し、かつ創造する言論のちからを本当の意味で信じたことなどはないのだから——木庭氏御自身はご理解くださるだろう。以下は、無教養な読者が木庭歴史学に接するときに自然と抱かれる幾つかの疑問であって、そのあたりの事柄について、今後木庭氏がより丁寧にかみくだいて応答し、補足してくださる機会がもしあるとすれば、一般における木庭歴史学のよりひろい受容と消化のためにあずかって寄与することであろう。

さてここに、政治の概念が本来的な言説対抗にその根源をもつとして、それが例えば特殊にホメロスにおいて歴史的に成立しているとか、それがその他の幾種類もありうる政治概念との関係で特権的な地位をもつ一種であるとか、或いは近現代においてもおよそ政治の概念を体得するなり、実際に政治を営為するためには、右のような政治の歴史的原初形態と、それに連なるようにして、その後の各時代の知識階層が織りなしてきた蓄積を前提にしなければならないとか云ったこと、これらは本当にそうなのだろうか。

筆者が本稿をおこしたころ、丁度放送の始まった『半沢直樹』なるテレビドラマが大変な人気を博していたが、例えばこの作品などに依拠しても、木庭氏が展開したのと丁度同様に壮大な考察をめぐらすことは不可能でないように思える。東京中央銀行の取締役会の混迷に「枝分節体内部に常に存在する不透明な緊張関係[22]」を指摘し、主人公である半沢の倍返しの倫理に「言語によって原理と原理の対決を詰めていく人々の高潔さ[23]」を見出す。合併前の形態である産業中央銀行の出身者と、東京第一銀行のそれとの対立を「大掛かりなジェネアロジーの端に位置する様々な傍系の神々の記述と位置づけ[24]」、現銀行頭取である中野渡の介入は「ゼロ＝パラデイクマの actant がジェネアロジーに関わり、そのジェネアロジーによって人々が自らのテリトリーの占拠を基礎づけようとするとき、しばしば神域は本来のテリトリーのただ中に置かれる[25]」ことの例証となる。それにもかかわらず、合併前二行の出身者同士での行内融和を果たせなかったとすれば、それは「王が自分自身の儀礼をパラデイクマとして独立させえない場合、したがって強い内婚によってジェネアロジクに超越ないし孤立せざるをえない場合[26]」であり、この行内融和を願うあまり、一方派閥の懲戒的人事を温和なものにすることも、時として「訴追者が自らパラデイクマについての判定を行い・そしてそのまま自分の実力組織の中に被告人を収めて処分してしまう……それがそれ自身〈分節〉ということの破壊、政治システムの転覆を意味する[27]」ことになる、等々――これは木庭氏による権威ある古典文献の分析を、卑近な通俗的流行小説の次元にまで貶めようとしているのではなくて、むしろその分析の積極的獲得物を、その一読者にしか過ぎない我々が真に自分のものとする試みなのである。無論粗雑な思考回路しか持たない大多数の憲法学者は、引用された典拠が通俗小説であるのと、西洋古典語で記された太古の叙事詩であるのとを比べれば、後者を学問であると断言するのに幾秒たりとも要すまい。けれども、事物そのものに対峙し、誠実に思索を遂行せんとする真の理性的主体にとって、右のことはいかに解さるべきなのか。『半沢直樹』という作品が、木庭氏の定式化した古典的な政治概念を踏まえた高尚大儀な著作であることを示唆するであろうか？　或いは逆に、現在ホメロスの名で語りつたえられている人類の遺産が、所詮は各時代の通俗小説と同じ土俵にある裸の王様に過ぎないことを露呈するであろうか？　筆者にはそのどちらも決して正しいとらえかたとは思われない。ここで問題になっているのは、歴史的になんらかの時点で確立され、素養豊かな知識人であれば踏まえているが、粗野で無学なその対立党派であれば関知しないところの聖別された政治概念なのではなくて、むしろ文芸作品が真に人間に迫ってくるときの、即ち、端的にそれが我々にとって面白いものであるときの、その面白さなるものの神髄――我々の人間的言語が、語の優れた意味において真剣に、その言語の営みに端的に没頭するような仕方で献身するところの言説の営為のなかに、当該言説の遂行のさなかに意識されているか、いないかにかかわらず、少なくとも事後からそれをふりかえれば、常に既に発現しておらずにはいないような事物の弁証法(28)！　筆者自身は端的にこれを言語活動に内在する弁証法と理解しているが、かといって特に政治概念について、言語とは別個の積極的な定義を与えるほどの知見は有していないので、ここでは言語一般と特殊政治的言論との関係にまつわる詳細な検討には踏みこまないことにしよう――かかる弁証法の軌跡が、ホメロスにおいてはホメロスに固有の仕方で、『半沢直樹』においては『半沢直樹』に固有の仕方で、まごうかたなく印付けられているという事態なのである。

そして我々はこの必然性の弁証法をそれ自体としては――もはや云うまでもない、近代の獲得物とみなさなくてはならない。古典はそれがそれ自体として、そこに伏在している真理を近代人たる我々が見出し、学習すべきものであるから、古典であるのではなくて、近代人たる我々が、そこに伏在するような仕方で真理を見出すというまさにその行為によって、初めて現に古典となるのである。歴史的には近代的個人の「出発点はペトラルカである」〔木庭／一四頁〕かも知れないが、論理的にはあらゆる個人の始源はデカルトである。それは真に自由でもあり、厳密でもあるような言説を歴史的に最初に残したのがデカルトなる個人であったという意味でそうなのではなくて、そのような言説をなそうとするものは誰でもひとたびは自らがデカルトなる理念にならなくてはならないという意味においてそうなのである（「デカルトが誤っている箇所ですら、我々にものを教えるのはデカルトである」――ファイロ・ヴァンス）。

かくして我々における政治の理念と、木庭氏におけるそれとの相違がもたらす実践的に最重要の帰結が明らかとなる。木庭氏の政治の概念は歴史的なものであって、時として意図してか、せずしてか、氏御自身の筆がともすればそうした示唆に流れてしまうように、そこに所謂正統的な政治概念――それは

「聖典とその権威的解釈」の一様態であることは疑いえない——を知識として有する党派と、そうでない党派とを大上段にきりわけて、断罪してしまうものであるのに対して、我々の政治の概念は理念的なものであって、たとえ当該局面で現に政治に参画している主体が、それらの基礎教養を意識的に体得しているか、していないかにかかわらず、彼らが誠実かつ真剣に他者との言語の弁証法のなかに我が身を投じるかぎり、常に既にそこに出現せずにはいないものなのである。無論、この弁証法の軌跡を概念的に正確に跡付けるようなミネルヴァの梟の囀りは、極めて少数なる真に優れた思想家の内庭にしか奏でられはすまい。政治の概念は或いは大学にふんぞりかえった知識の肥満児たちの専有に帰するものであってても構わないのかも知れない。しかしながら政治それ自体はすべての国民のものでなくてはならない。そうでなければ結局、そこにある「鼻持ちならないエリーティズム」〔木庭／六八頁〕がゆくゆくは、しかも最も深刻な局面において「最も取るに足らない個人をアプリオリに尊重する」という究極の目的を自ら率先して裏切らずにはいないだろう。木庭氏が自らと相容れない党派に対して「彼らは政治をしていない」と云うとき、それは「彼らは我々ならば知っている政治の概念を知らないで、全然別の政治をしている」と云うのに等しい。しかし我々が「彼らは政治をしていない」と云うときには、その彼らは文字通り、政治をするつもりがないのである。木庭氏の糾弾する訴因は無知であるが、我々のそれは不実であり、無知はごく稀に遺法性阻却事由となりうるに過ぎない。

あえて極端に対立を定式化すれば、前者の政治概念は、知識階層によって構成された歴史を紐解けば、成程正統な理解なのかも知れず、またそれを踏まえることで間違いなく知識人として誇らしげな顔はできるものの、究極の知的権威を自らのうちにはもちえないお仕着せの理性＝学問＝言語であるのに対して、事物の弁証法は、それが時として発揮する破壊力によって、多くの知識人にこそ嫌われ、眉をひそめられることがあるとしても、なおその最終的な根拠を自らの言論たる資格にもつような、絶対的自己責任の理性＝学問＝言語であり、それは言葉のまったき意味における「翼ある言葉」なのである。そしてこのように解するのでなければ「凡そ現実の全体を反省的批判の下に置くこと、しかもそのことに責任感を持つという……もちろんホメーロス以来のメンタリティー」〔木庭／五五頁〕はまったく画餅に帰すこと、それを筆者は確信している。

筆者がかつて、木庭氏御自身に親しくお言葉をいただく機会があった折り、筆者が自身の法理学構想を「着眼においては構造主義とほとんど正反対(29)」である現象学的方法によって基礎付けようとしていることについて、木庭氏は「僕自身は勿論、現象学は自身の方法としてはとらないわけだ。フッサールの問題提起の一部は非常に重要なものとして受けとめたけれども、ハイデガーにいたっては完全な詐欺師だと思っている」とのこと、その場では筆者自身は「それはまた実に残念ですね！」程度の応答しかしなかったのだけれども、しかしその残念さは、単に党派的に意見が合致するだけの他者からは決して感ぜられることのできない、特殊な愉快さでもあった。木庭氏御自身は当然、そのことを充分に御承知であったに違いないが、以下のように言葉を補うことで、読者諸氏にもその愉快さを共有してもらえるかも知れない、即ち――それはまた実に残念であるとともに、実に愉快ですね！　なぜと云って、木庭先生と私は着眼においてほとんど正反対を向いていて、現状、どちらが歩みよろうという気配すらないにもかかわらず、先生はなおこの若輩の無法者に興味を示しつづけることを中絶しようとはしないし、逆に私自身も、なおこの人文主義における「異形の正統派」に対して、敬愛の意を抱きつづけることになんらの撞着も感じないということ、それこそが大学という場の、そして言語が織りなす力動的な言説対抗の、ひいては人間的自由の本質なのですから。そして憲法学者が、党派的宣伝活動の幼稚な陶酔から醒めて、この大学という場に戻ってくることがあるとすれば、そのときにこそ憲法学者はただしく――東京大学名誉教授の肩書きをではなくて――木庭顕そのひとを尊敬することを学ぶであろうし、その暁にこそ初めて、憲法学の土壌を先生とともに培養するための覚悟が出来ていることでしょう、と。

(1) 法律時報九〇巻五号(二〇一八年)五六頁以下に所収の鼎談については日本評論社の上村真勝氏よりの資料提供の便宜を受けたことを記して、ここに謝する。以下引用は発言者(敬称略)と本書鼎談の頁数のみを付記する。
(2) 木庭顕『政治の成立』(東京大学出版会、一九九七年)四四頁。
(3) 政治の成立、一三九頁。
(4) 政治の成立、五〇頁。
(5) 政治の成立、一一六頁。
(6) 政治の成立、一三四頁。ここでの《枝分節》概念と《分節》概念との敢えてする並列は、既に木庭思想に通じておられる読者諸氏ならばとうにお察しのように、筆者が分節の概念を「端的に〝articulation〟と呼び、〝segmentation〟とこれを区別し、前者が後者の上位概念であると考え」(政治の成立、一三〇頁)る立場――ひいては筆者自身が、最終的には木庭氏の政治史観に対する対抗姿勢に依拠していることを予告的に示唆するために行われている。その帰結の要点をあらかじめ定式化しておくならば、以下本論にて展開されるごとく、木庭氏が法を、政治（＝枝分節と対立するものとしての分節）から連続的に芽生えてくるものととらえるのに対して、筆者は法を、政治（＝枝分節を含めた各種の分節）からの断絶を実現するものととらえることになる。

（7）なお、本件鼎談は一八年三月収録のものであり、自然、同蟻川氏発言では『それから』論の旧版（木庭顕『現代日本法へのカタバシス』〔みすず書房、二〇一一年〕二二〇頁以下）が引用されているが、ほどなくして木庭氏御自身が、新版（木庭顕『憲法9条へのカタバシス』〔みすず書房、二〇一八年〕八五頁以下）でもってこれを上書きするという形で、旧版の『それから』論がその著者自身にとっても決して充分に「決定的」なものでなかったことを明瞭に宣言している。

（8）政治の成立、六頁。

（9）政治の成立、三八〇頁。

（10）ところで筆者自身は、木庭氏による『それから』論が「決定的」であるという評価については残念ながらやや距離をとらざるを得ない。あらゆる文芸作品のなかでの登場人物のやりとりは、まさにそれが遣り―取りであるからして、なんらかの価値の相互遷移を印付けているのはある意味であたりまえのことであるところ、木庭氏はやや都合よくそれらを（大雑把に云えば）悪しき曖昧な交換／信用と、善き透明な交換／信用とに結論ありきでふりわけることで満足してしまって、最初から木庭氏の枠組みに賛同するつもりでいる読者以外の読者に対する訴求力に乏しい恨みがある。あまりにも一切合財をひとつの図式に呑みこんだ議論においては、時として言説対抗が逆に漠然としてしまうこともありはすまいか。しかもその漠然性は、分析のために費やされた言葉が増えれば、増えるほどにその傾向が強くなる種類のものである。例えば主人公代助の経済的自立についての箇所で、旧版では「主人公自身が独自の経済的基盤を有し」（旧版、二二五頁）うる少なくとも可能性が是認されていたのであるが、新版になるとさらに踏みこんで、代助の高等遊民たる資格を否定するための論拠において、高等遊民の社会的位置付けと、西洋的古典における「息子は定義上放蕩息子であ」（旧版、二二二頁＝新版、八七頁）るという文脈とが融合して、そもそも「「高等遊民」が定義上息子である」（新版、九〇頁）

ことが明言される。しかし他方で「代助は par excellence に息子 filius である」（旧版、二二二頁＝新版、八七頁）ことも維持される。無論、これらの議論は木庭氏のなかで破綻なしに構築されつくしている複雑な理論装置のなかで、各々その射程を峻別された各部分なのであって、筆者がそれを充全に咀嚼しえないのは『それから』という作品（及びその他一切の西洋的古典）に対する無理解によると云うことなのではあろうが、同様の定式化がある場面では主人公にある属性を肯定するために使われ、また別の場面ではある属性を否定するために使われると云うことになると、畢竟、この『それから』論を文芸批評として有意義に受容するということは、要するに木庭思想そのものを信奉するかどうかの問題となってしまいかねない。文芸と云うものはもう少し闊達で、剰余とか、差延とかを含んだものではなかろうか。ある意味では『それから』が木庭氏によってあまりにも説明されすぎる結果、この作品自体が木庭氏のなかで認められた定冠詞つきの西洋式古典の縮小版複製のようになってしまって、逆説的ではあるが、かえって他でもない漱石を読むことの固有の愉しみが貧しくされているような感もないではない。これらの議論の最終的な立脚点が「社会と人間のあり方の質がお金によって表現できるのである」（旧版、一三四頁）のであって、『それから』が「要するに人間と社会をトータルに扱っている」（旧版、一三四頁）のだということにあるのだとすれば、これらの命題がそれ自体として偽であるとは云えないかもしれないが、あまりにもすべての要素を融通無碍に呑みこみすぎて、有意味的に反論することが不可能なほどに、それどころか、漱石を漱石ならざる作家たちと本来的に区別することも不可能なほどに（なぜならそこには実質的にはこの枠組みを共有している優れた作家と、そうしていない凡庸な作家との二種の区別しかないから）、大風呂敷な枠組みではなかろうか。そしてなにより、作品から大量の引用がなされているにもかかわらず、ある意味最も「決定的」と云ってもいい三千代の台詞「だつて毒ぢやないでせう」がとりあげられていないのは非常に寂しい。

(11) 党派的対抗ということと関連して、本件鼎談のなかで憲法九条論が折に触れてとりあげられているので、我々も簡単な言及をしておこう。木庭氏によると「憲法は少なくとも政治システムを樹立するものであり、また、政治システムの存立を否定する規律へと変更することは如何に改正手続を遵守したとしてもできない」（木庭顕「日本国憲法9条2項前段に関するロマニストの小さな問題提起」法律時報八七巻一二号〔二〇一五年〕五三頁以下、六三頁）のであり、従って憲法九条両項「は憲法に不可欠であり、削除することは政治システムの破壊に等しいから、改正は」（同六四頁）不可能であるとされる。筆者自身が九条改正論に賛成であるとか、反対であるとか云うことは別として（というのも、筆者自身は彼等とは全然異なる論拠から改正反対の立場をとっているから）、木庭氏に対する純然たる疑問なのであるが、およそ法制史上「完全な hapax とされ、引くべき豊富な脈絡というものが見当たらない」（同五三頁）同二項がそのような性質のものであってみれば、およそ人類史上に本来的意味における政治の体制を実現した国家は戦後の我が国のみと云うことになるのかどうか、してみると「政治の成立は珍しい事柄には属さないが、しかしそれが何か珍しい素材を要求する」（政治の成立、四〇三頁を一部改変）ことになってしまわないかどうか――？

(12) 政治の成立、四四頁。

(13) これは云うまでもない『イリアス』第二歌のネストルの台詞からの引用であるが、より重要なことには対話篇『パイドロス』（260A）が、聴衆の耳に心地よいうわべだけ美しい言葉を語ることよりも、事柄の真理をこそ語ることの価値を訴える文脈で、これを援用している。邦訳は松平千秋訳、岩波文庫版、一九九二年、上巻六〇頁に拠った。

(14) 木庭顕「Savigny による占有概念の構造転換とその射程」海老原明夫編『法の近代とポストモダン』（東京大学出版会、一九九三年）一六七頁以下、一七五頁。

(15) 政治の成立、一四三頁。

(16) 政治の成立、一四九頁。

(17) 政治の成立、三九八頁。

(18) 政治の成立、三九八頁。

(19) 政治の成立、三九八頁。

(20) 木庭顕『笑うケースメソッドII　現代公法の基礎を問う』（勁草書房、二〇一七年）二二頁。

(21) 現代公法の基礎、二一六頁。
(22) 政治の成立、二八六頁。
(23) 政治の成立、二八六頁。
(24) 政治の成立、二九七頁。そこでは例えば、原作小説では旧産業中央銀行の系譜に属する半沢と旧東京第一銀行の系譜に属する大和田元専務が対置せしめられていたのに対して、その異なる様式による語りなおしとも云うべき劇化では、ともに旧産業中央銀行の系譜に服する両者が、さらに旧東京第一銀行の系譜に属する中野渡頭取や紀本常務と対峙する構図に書換えられたことにつき、その改変が物語の構造上果たしている機能が、具体的典拠に基づいて厳密に分析されねばならないだろう。
(25) 政治の成立、三三一頁。
(26) 政治の成立、三三三頁。
(27) 政治の成立、三七三頁。
(28) 筆者自身はこのような事物の本性に即した概念の必然的運動につき、その国家学における軌跡の実演を試みた(参照、自治研究九四巻八号〔二〇一八年〕)。
(29) 政治の成立、六四頁。筆者は、逆に現象学と「ほとんど正反対」である構造主義的方法論に大いに親近感を表明する木庭氏が、なぜゼロ=パラデイクマなる概念を導入しうるのか、理解できない。構造主義には特権的な構成要素はないのであって、諸々の構成要素間の相互依存があるだけである。「パラデイクマ連鎖をそこでストップする役割を持つパラデイクマ……そこからいきなり出てくる」(政治の成立、一〇四頁)それを語ることと、「ゼロ=パラデイクマ相互の関係を」(政治の成立、二八二頁)語ることとは端的に矛盾する——ここには存外、木庭氏の全理論のアキレス腱がありはすまいか。

簡単な応答

木庭　顕

鼎談に寄せられた五本の論考について簡単に応答しておきたいと思う。

毛利氏は鼎談の基幹部分を取り上げて論じた。つまり鼎談においては個人を中心に置いて考えるということがあらためて確認されたのであったが、それが基本であるということと、その基本が社会において定着するということ、は別のことであり、定着の条件を考えなければ基本を言っても無駄である、ということも論じられたのである。だからこそ「土壌を培養する」がテーマとなった。この論点に関して、毛利氏は、ハーバーマスとホネットの間の論争を引照することで、重要な整理と示唆をもたらした。一言で言えば、議論の空間か、経済社会の基礎単位ないし労働の場における「道徳」か、である。私は不勉強故にこの論争について知見を有しないが、（ヘーゲルの引照が的確かどうかわからないながら、いずれにせよ）後者はモラル・フィロソフィーの一局面を言うものと思われる。つまり理性ではなく情念のレヴェルの精神を言う。そして毛利氏は、ホネットに一理あるとしつつ、ハーバーマスが掲げる要素の基底性はやはり否定できないとするようである。私は、モラル・フィロソフィーは市民社会の鍵を握ると考えるが、その内容はホネットが示唆するものとは反対のものであるとも思う。文学を通じて批判的な意識を獲得した層が非政治的なディスコースの空間を構築することが土台となると考える。むしろ最初のハーバーマスに近い。

しかるに、われわれは今回少々回り道を心懸けた。国家の存在を大前提とした上で、個人の自由の一層具体的な保障を市民社会が担うのであるが、ところがそれ以前に、個人にとって最初の防壁たる国家が成り立たない、という事態が少なくとも日本において浮上した。これが鼎談のきっかけであり、樋口教授が最後に「私は国家主義者である」と述べた所以である。

もっとも、ではその国家崩壊状態に対する処方箋をどこに求めるかと言えば、循環であるが、結局市民社会に求めざるをえないのが近代の歴史的宿命である。非論理ではあっても、実際には、市民社会が先に個人の自由を保障しているのでなければ国家が成り立たないのである。何とか凌いで仮の国家を立ち上げ、そしてその傘の下で本格的な市民社会と個人の自由を追求する、この市民社会を基礎としていよいよ本当の国家＝政治システムをあらためて立ち上げる、ということになる。ここでようやくデモクラシーに対応する本格的な市民社会構築が求められる。この最後の場面に、ハーバーマスとホネットの論争は関わるはずである。つまりデモクラシー下の市民社会の構成原理をどこに置くかである。ここで、言わば前提問題と発展問題は、先行ランナーと周回遅れランナーが競るかに見えるように、重なる。つまり毛利論文の設定と鼎談の設定は重なる。もちろん、今具体的に一個の個人の自由を守ろうとするとき、二つの意味は重なっているであろう。そして、ハーバーマスも長年経済構造を問題としてきたことに鑑みれば、これに立ち向かう刃として、どこまで政治システムの延長部分を重視するか、それとも（モンテスキューやヘーゲル譲りの）習俗に棹さすか、が彼らのイッシューなのではないか。この点、私はむしろ毛利氏と同様に、ハーバーマスに与する。情念や想像力の部分を掘り下げる必要を彼の立論に対して常に感ずるが、しかしモラル・フィロソフィーは自生的な社会組織原理からは決して導かれない。それらを解体するのでなければならない。現実（特に労働の場面）を経済の面から微細に分析しなければならないということは、この解体を意味する。

私は、個人が完璧に孤立し切り離されなければ決して真の連帯に至らない、と考える。少なくともこれがギリシャ的な解答である。これは決して「強い個人」論ではない。孤立した「弱い個人」にとってこそ、中間団体は危険な存在である。支えるのはむしろ古典的な政治システムであり、市民社会が助けるとすると（むしろ古典的な政治システムの流れを汲む）真のヴォランティア団体が不可欠である。それは政治システム類似に（自由な個人によって）組織されていなければならない。

このように市民社会の側でも政治システムが基礎資源となるとすると、国家ないし政治が成立していないということは二重の欠如となる。前提のみならず部品も欠ける。その場合どうするか。これが鼎談のテーマであった。少なくとも私は、ギリシャ・モデルの受け売りを承知で、文学を中心とする文化と知的階層の主導以外の鍵を見いだせないのである。ただし、このことはいわゆる経済の問題、とりわけ信用の問題、を深く掘り下げる意識を有することと同義である。毛利氏には、到底望めない夢物語として一笑に付されたが、個人の存立を掘り崩すメカニズムの徹底的な解明という知的作業以外に脱出口はないと考えている。もちろん、そのような時間がないという意味であれば、そのとおりである。むしろ緊急の対処こそが基本である。私が占有に拘泥してきた理由の一端はここに存する。しかし根底の見通しがなければその占有原理さえ機能させえないのである。

毛利氏の論考が鼎談と同じ足場に立った上でのこれに対する優れた批評であるとすると、林氏のそれは、オーソドックスに対抗的なパースペクティヴを、しかも新鮮な筆致で、記すものである。具体的には、ドイツの近代、主として戦後ドイツの憲法実践、を林氏ならではの精度で参照する。林氏も「土壌培養」の観点を共有するが、鼎談が最も予想する対抗的な土壌は、言うまでもなく、（私の知る限り既に一九三〇年代にはドイツにおいてのみならず）G・イェリネックをメトニミックな符号とする、一九世紀に発する新種の自由の観念ないし市民社会の伝統であり、政治システムないし国家を（敢えて空胴の国家概念に押しこめて）信頼せず、民事法（パンデクテン法学）に立て籠もる立場である。「公法学」自体この立場のコロラリーであり、方法的には実証主義がそのトゥールである。この資産がドイツで形成されたことは周知のことである。林氏は、鼎談でも論じられた「憲法（学）の法（学）化」（国家概念を介した脱政治化）の時代に、やや皮肉に、この資産が普遍性を持った、ということをまずは押さえる。鼎談が提供するパースペクティヴは直ちに対抗を受けたことになる。しかも林氏は、言わばシュミット前シュミット後でこの系譜上で大きなシフトが起こったということを見逃さない。つまり、シュミットと彼の背後の経験は、イェリネックの船底の下に隠れているものを明るみに出し、ここを永遠に凍結することにより成立っていた体系を掘り崩してしまった。実は戦後ドイツにおいてもこの対抗的水脈が一定程度有力であることは周知のとおりである。林氏は、しかし、戦後ドイツの憲法実践の中で、反対側、つまり一九世紀以来のものを受け継ぐ方、に棹さす。ただし、これは大きく変容したという。つまりよく区切られた限定的な役割を自らに与え（「全体社会を統御する能力には限界がある」には、憲法は統御などしないから、よく知られたルーマンのバイアスが先取りされている）、他と協働するのである。林氏は「分化の思想」という語を用いる。ケルゼン（私は個人的にここには異論がある）からルーマンへと繋ぐ。そして、日本の憲法的リアリティにおいて最も欠けているのはこの分化ないし自己限定である、というように議論を運ぶ。見事に別の土壌（の日本における欠落）を言い当てたのである。

私はもとより、林氏によって批判された、あまり解釈論にとって役に立たない、古典古代や初期近代を重視する見通しを採るのであるが、しかし林氏の立論が支持しうるものであることを承認せざるをえない。この資産はわれわれにとって極めて重要である。私とて手放すつもりはない。一応（正体を隠して）「ローマ法学者」たるをディスガイズしてきた手前、当たり前である。まして、林氏がその違いを指摘した戦後ドイツの憲法実践（新しいヴァージョン）は貴重である。林氏が引用するとおり、鼎談においてて私はそのように自白している。

それでもなお、林氏にむしろ質問したいのは以下の点である。戦後、人権保障に典型的に見られるように、法的枠組が積極的に憲法実践に関わる理由は何であろうか。この問いは二つに言い換えることができる。そもそも何故フランスのような国でも憲法と民事訴訟が密接に関わるようになったのか。ドイツにおいて何故（もちろん社会全体の中では一個のシステムとして自己限定しながら）民事訴訟が公的領分に関わるようになったのか（憲法訴訟、憲法裁判所の目覚ましい役割）。後者に関する限り、行政手続の発達が私の目には焼き付いている。シュミット＝アスマンの流れを汲む（その当時）若い行政法学者たちから個人的に影響を受けているバイアスを告白しなければならないが、何と言ってもデモクラシーが鍵なのではないか。ドイツの実践が普遍性を持った側面と、これがアメリカのそれと対話し始めたという面、の両方がありはしまいか。

すると、われわれは多元主義の問題に逢着する。コーポラティズムを含む多元主義はもとよりデモクラシーの病理である。林氏は「利益」の語を取り去った上で相対的に多元主義を（国家が頼りにならないところでの）セカンドベストとするが、実際には「利益」の一文字は取り去りがたく（ルーマンのシステム分化は諸力諸利益の横紙破りに対する免疫システムを備えているように見えない）、デモクラシー到来によって実証主義的保障が機能的限定に置き換わったとは言っても、実際にはそうした「分化」は利益調整をするための制度変容にすぎないのではないのか。少なくとも、林氏の立論において、戦後の新しい局面へと渡るときに飛躍がある（一見するほどの系譜性はない）。法実証主義が自己限定するのは、これまた一応明確な国家の機能に対して自由を守るためであった（法＝実定法＝国家）。しかし新しい「分化」の段階で自己限定の相手方として指名されるのは、シュミットの亡霊にたたられて少々曖昧な「秩序像」（「思想史上の秩序モデルを引照基準とする方法」は正しくも斥けられているが、今日誰もそのような方法には依拠しない）や「国制」である（「全体秩序」の意味で「国家」を言うことは公法学ではありえない）。そこからの自己限定。オーケー！　正当にも、国家は見限られている（林氏のテクストにおいて「国家」が実質行政もしくは官僚機構を指しているのに気付くが、普通「国家」はまず司法制度や立法府を指す）。オーケー！　しかし、（国家がないから）仕方なくいきなり多元主義の海に乗り出す。調整する。[1] まさに今これが暗礁に乗り上げているのではないか？　デモクラシーとともに。

そうであれば、林氏も認めるとおり、われわれのトータルな認識水準（「社会構造の総体を把握する」）を一段根底的なものにしえなければ、この捻れた問題状況は解析しえない。林氏が批判するとおり、われわれもそれが唯一のものとは到底思わないが、しかし少なくとも林氏の批評がクローズ・アップするこのわれわれの知的資産を反省するためにも、やはり少なくとも初期近代を避けては通れないのである。何故こちら側もまた多元主義構造に落ち込んだか？

何よりも、われわれが深く共感する林氏の（最後に現れる）知的状況把握を掘り下げていくときに、その現状がデモクラシーの破綻ないし離陸失敗（利益多元主義とその腐食）に由来している、という種類の分析が不可欠になる。本書別稿で論じたので繰り返さないが、学問的環境の破壊自体、少なくとも大学という意味におけるわれわれの側が主導したのであり、決してわれわれが被害を被ったわけではなかった。それどころか、この主導は社会全体に及んだ。戦前との大きな違いである。経済ないし利益追求が学問的環境を破壊する要因であるというのはそのとおりであるが、その前に、学問の内容の変質と

（学問的環境を襲う）経済構造の変化は不可分であった。法律学も政治学も真先駆けて利益多元主義へと突進した。これらのことを分析するためのトゥールをまずは組み立てなければならない。私は、林氏の感慨に深い共感を禁じえないが、同時に、そのような気分に浸ることは到底できないのである（どうしてそうなったか、必死に分析しなければならない）。林氏の摘示した伝統の根っこのところにロマン主義があるから、林氏は見事にその立場を一貫させたのではあるが。ロマン主義は自分の側の遙けき彼方に何か純なものを措定するが、今回は自分の（ただし林氏のあずかり知らぬ林氏から見て古い「われわれ」の、とはいえもう浸りきっていて疑いさえ抱かない若い世代を含む）側こそが腐食したのである。林氏は、ロマン主義に忠実ならば、ルーマン的分化に背を向けて、せめて「十九世紀的実証主義へ帰れ」と叫ぶべきではなかったか。ルーマン的分化＝「崩壊しない多元主義」に憧れてみても、かつてこれこそが林氏の嘆く知的状況を生み出したのである。少くともそれは知の土壌に無頓着であった。

西村氏の論考は、まさに多元主義が、否、その偽物が、仮普請の日本の戦後国家を「私物化」する過程を展望するものであり、鼎談におけるわれわれの現状認識の別ファージョンをなす。既存の研究に基づく展望にすぎないということであるが、教えられることが多い。

まず、いわゆる「臨調」が鍵を握る転換点であるという指摘である。もちろん、このこと自体意外ではないが、こうしてあらためて追跡してみると、一方、一九三〇年代からの系譜、他方、一九九〇年以降の絶望的な突進、の間で、重要な媒介をなしたのではないか、と思えてくる。内容的には、いわゆる「新自由主義」のトリックである。引かれているように多くの論者によって問題視されてきたのであるが、やはりこれは全くのダミーで、これを論破することに気を取られている内に砦をやられてしまった、感が否めない。少なくとも日本では空気の表層であり、初めから腐敗でしかなかったと思われる。『それから』の代助の父親が体現するロジック、みみっちい経済道徳と勤労の精神、が果たした役割への注目も興味深い。ただし、一九八〇年代にはこれが日本経済の一種の triumphalism と結び付き、バブル経済を呼び、他方一九九〇年代以降は、壁や柱までてんでに火にくべるしかない絶望的な状況のコロラリーである、という変化はあると思う。しかし少なくとも私は一九三〇年代からやや一直線に事柄を捉える傾向を有した、ということにこうして気付かされた。

さらに、西村氏の展望からは、「私物化」の結果個人が犠牲になるというより、何が何でも個人を犠牲にするために「私物化」がなされる、という筋道が見える。つまり、基点に最下層の労働の状況が存在する。憲法問題にとってここが分水嶺となるという点は動かないと思われる。だとすると、一方で、同じ状況に全ての労働者が置かれている、という意識をどこまで持ちうるか、とりわけ専門職層がどこまでリーディングな役割を果たしうるか、他方で、そうした下層の問題を生む信用システムが如何に経済全体の致命的阻害要因であるか、これを認識することによって如何に大きなコンセンサスを創り出すか、が問題となる。もちろん、個別の救済を目指す法律家たちの努力は基底的であるが、これらの認識が援護しなければ力尽きてしまうであろう。

岡野氏の論考は、同じく多元主義の問題を鋭く突くものである。西村氏と反対に、国家が崩壊した状態における言わば擬似多元主義の問題ではなく、アメリカの発達した多元主義デモクラシーが多元主義の故にこそデモクラシーを掘り崩す過程を緻密に分析する。

そもそも、トライアル前とトライアルという民事訴訟の二元構造は、一種の先決判断を設定するものであり、この先決性は、法律ないし政治的決定をアプリオリな人権保障により遮断するための基幹的手段である。先決性は、インジャンクションというリメディーの形態、そして政治的決定の審級を体現する州に対する連邦の介入、と密接に結び付いていた。ところが、一九三〇年代に新たな先決性を帯びる「宣言的判決」制度が若干の発展の結果として立法されるに至る。これは一種の両義性を帯びていた。権利ないし権原の前に何か事実レヴェルのアプリオリを保障する、これが人権保障の役割を担う、のに対して、「宣言的判決」は権原レヴェルに先決性の審級を設定する、からである。先決的保障を厚くする可能性もあるが、保障に値しない集団的利益がアンブロックに暗渠化する危険をも孕むのである。前者をねらった、或いはこの区別をせずに曖昧なままの、立法者や判例法理推進者は、綺麗に裏切られていく。岡野氏は、一九七〇年代の判例を分析し、個人を犠牲にする集団の側ないしその傀儡たる個人が制度を利用し、保障を得る、というパターンを描き出す。初めから、実は連邦制という一個の多元主義の両義性の問題が抱えられていた。つまり、この二重構造が先決的保障にとって有利に働くはずなのであるが、逆転して、二重構造を尊重する限りは、州の自律性を認めなければならない、という論理的な罠を連邦裁判所は避けえなかったのである。「宣言的判決」は権原レヴェルに拡大されたものであるから、この点でも、州の決定ないし立法・解釈からカウンター・アタックを浴びる。連邦裁判所はこれを先決的に認めざるをえないところに追い込まれる。否、そのことに気付いてさえいないのではないか、と岡野氏は辛辣である。

以上のような論証が成功しているとすれば、国家に対して法的枠組で人権を保障するという構想自体が弱点を抱えていることになる。個人が犠牲になる状況において、州と団体が結託し、「宣言的判決」はこれとさらに連邦が結託することを余儀なくさせる。法的保障を厚くすればするほど、保障対象がその傘の下を抑圧することに手を貸すこととなる。われわれは団体の自律に個人の保障を委ねた場合と同じ奈落の底に落ちる。少なくとも、単に先決性原理に依拠すればよいというのではなく、何が先決に値するのかという明確なメルクマールが不可欠である。そこでまさに、厳密な意味において「追い詰められた個人」という概念が不可欠となるのではないか。これを法学的に把握することが必要ではないか。反対に、デモクラシーが多元主義的構造に依存している場合、曖昧な保障は却って事態を悪化させる。歴史的に見れば、アメリカのデモクラシーが多元主義を一層硬直化させていく傾向がいずれにせよ顕著であり、世界を危惧させている。逆に言えば、この硬直化と、日本における国家の「私物化」のイデオロギー・プロパガンダ部門、は後者から一方的に一体化を希求するという関係にあるが、まるで異なる代物である、と同時に、何故不思議な一方的結託が発生するのか、理解できないわけではないこととなる。

足立氏の寄稿にかかる文章は、鼎談を離れ、私に対して主として人格面の批判をする。私自身は爆笑しながら読んだ（「ともすれば過剰なサーヴィス精神」とはまたあまりにも的確である）が、しかしそれは私のみであろう。つまり多くの読者には意味不明の文章である。それでも、明示的に私からの応答が求められてもいるし、以下に述べるように今でも時折見かける日本初期近代以来の問題が露呈しているとも見うるから、やはり簡単に触れておくこととする。氏の批判は大別三つである。

第一は、鼎談および私の若干のペダゴジックな書物の知的姿勢が（私が掲げる）「政治的な」議論の大原則にもとる（だから自己矛盾である）というものである。しかし、これらはいずれも「政治的」議論を旨とするジャンルに属さない。足立氏は、対話篇たる以上「政治的」議論の原則に則るべきであると言うが、これら二つのものは対話篇でない上に、対話篇自体定義上「政治的」議論と一線を画するものである。対話篇のモデルを成してきたのはキケローのそれであるが、これは「政治的」空間から意図的に退くという動機を有する。キケローの対話篇のモデルとなったのはプラトーンのそれである（キケローは基本的にアカデメイア派に自分を同定する）が、これはさらに異なり、「政治」から退いたうえになお、糾問型の追究を生命とする。鼎談はこれらともさらに異なり、「政治的」空間はおろかそれ以前の言語空間さえ存在しないところに何とかせめて小さな芽を育む出発点を作ろうと、三人で敢えて当たり前の基本を確認しただけものである。私のペダゴジックな作品も基本の確認を主内容とする。足立氏には私の言説が何か挑発的に見えるらしいが、おおはずれである。私は研究者としてさえ独創性に乏しく、専門からしても（そして必ず注意を喚起しているように）西ヨーロッパの伝統を何とか伝達する伝導管的役割を目指してきた（かつそれに失敗してきた）にすぎない(2)。万が一独創的に見えたとすれば、足立氏がそのような伝統を全く理解していないからである。私の授業を聴いて留学した或る研究者は当地で「木庭先生って存外普通じゃないですか」と洩らしたと言われる（ただし伝聞）。そして私の授業はそうした平凡な常識へ学生を誘導するものであった。さらに言えば、一連の学生向け著作はペダゴジックなものでさえなく、そのパロディーである。法学教育の場から出たものではあるが、何かを習得するという回路をとことん攪乱することを目的としている。遠回りをさせようとしている。もちろん、これが基本かつ真の伝統なのであり、そして日本の法学教育がこれを忘れているという問題提起こそが、如何に拙くとも、これらの書物を貫いている。

第二は、政治と法の関係に関わる。憲法の基礎に（私の意味の）「政治」を見ることが批判されるが、その理由はそもそも法（憲法は法ではないから、もうズレている）が（普通の意味の――またズレた！――）政治をブロックするところにその中心的な役割を持つという点に求められる。しかし、憲法についても法についても、概念の吟味を欠いており、卒然と思い込んだところの上に議論を載せている。鼎談では、憲法の基幹が「政治」システムであり、しかし「政治」システムがデモクラシーの一定の様相のために法を組み込むとき、憲法上の問題をイッシューとする民事訴訟いわゆる憲法訴訟が現われる、ということが押さえられている。この脈絡で法が（それ自身既に自由を保障する）「政治」からさらに人権を保障するようになる、ということも当然の前提とされている[3]。だから足立氏の批判は批判の対象を捉えずになされたものである。「幾許かは苦し紛れ」だとか、（市民社会の成熟が基礎となるのでは）「困るのではないか」というように情緒に流れるのは、読めないのか、読まないのか、わからないが、そもそも内容を最低限にさえ押さえないうちにそれを批判するのであるから、この第二の批判も却下されざるをえない。

批判として本案に進みうるのは第三のもののみである。突き詰めると、その批判は、知的伝統と知的階層の評価に関わる。これらが権威主義と結び付くことがあるというのはそのとおりである。しかし権威主義を根底から批判する営為がこの特定の知的伝統に由来するというのも疑いない。この特定の伝統に憲法も基礎付けられている。われわれが念頭に置く伝統はもっぱらこの伝統である。このことは例えば鼎談の文章上明白であるから、またしてもすり替えて読んだとすれば基本的な読解力の欠如を示す。また、重要な知的営為が一切の知的伝統や知的階層を放擲するところに成立する、というのもそのとおりである。しかし、第一にそのような放擲自体分厚い知的蓄積の最後にしか概念されえない。デカルトやフッサールをそのように解さなければ一行も読めない。空のバケツを引っ繰り返してどうする？　第二に、分厚い伝統を引っ繰り返すということ自体伝統に基づく。それはまずもってホメーロスがしたことである。以後延々とその系譜が続く。憲法もそれ自身高度の営みであるから、そうした系譜に繋がるのは当然である。

足立氏の批判は悪ふざけを装ってはいるが、真剣な部分、つまり彼自身が真剣に物事を問うという部分、が全くない、とは私は思わない。しかし、テクストを正確に把握するという基礎訓練の欠如（だから個々のフレーズを切り取ってはそれを繋いでいき、脈絡、まして他で何が言われているか、などを考慮しえない）故に、空転し混乱していく。畢竟、基本を構成している知的伝統を押さえていないからである。足立氏は身を以て自らの立論に対する最も的確な反証としたのである。

それにしても、足立氏は何故知的伝統に反発するのであろうか。否、この文章全体がすねるような屈折した反発と突然現われる強勢によって特徴付けられる。(「知的権威」とか意味不明な語を発するところに現われる)私に対する反発(これと結び付いた同輩に対するやっかみ)ないし憲法学界に対する呪詛は明らかにこの反発に連動している。如何なる意味でも批判とか反証とかではなく、全て情緒的なレヴェルの表出である。鬱屈した不満が充満している(4)。考えてみると、これは少なくとも初期近代以降の日本に特徴的に現われる波長である。基礎を欠いた知的その日暮らしの挙げ句、破滅的で無頼で一貫性を欠く知的態度をとり、満たされずに当たり散らしたり自暴自棄になり、結局流されて付和雷同し、権力にへつらう。社会全体として、基本を押さえる暇もなく消化不良のまま知識を追いかけ、中では互いに競争し、選別し脱落させ、外では世界の中で競争する(列強に伍する)しかない、そして疲れ果てて時に恍惚として暴発する、そのような言わば基本生態がそうしたメンタリティーを養ってきた(5)。私は足立氏がこのサイクルの中に埋もれている人物であるとは思わない。むしろ、このサイクルを批判しうる知性の持ち主であるに違いない。にもかかわらず、少なくとも私を、ひょっとすると鼎談自体をも、このサイクルを増幅するものと誤読した可能性がある。その理由は、足立氏が折角このサイクルに疑問を持つ意識を潜在させながら、まさにそのサイクルに毒されてそのサイクルと「どちらが上か、どちらの勝ちか」ゲームをしてしまうからである。結果、何が飛んできてもそのように反応する。それが何であるかを冷静に読み取れないのである。私もわれわれも「目の上のたんこぶ」としか映らなかったか?何故そうなるか? 誰がどうだということにお構いなしに自分が発見した問題を自分で追究する、という姿勢に徹しえないからである。この場合で言えば、そうした観点からそのサイクルが何故どのように何を害するのかということを独自に自分の仕方で分析するという意識が欠如している。[6] ここはどうしても全く個々人が一人一人独自にしなければならない、つまり誰かの尻馬に乗ったり、まして誰かをけなして喝采を浴びたり、凡そ集団としてする、のであってはならない。現実というものは凡そ厳密に個人的な知的営為を拠にしてしか精密には見ることができないものである。しかるに、この基本、「一人一人……」という基本、こそは、知的伝統の上に訓練を重ねなければ装備することができない。ところが日本の初期近代以降の知的形成はこの語を使うのも憚られるほどに表層ばかり追い、そもそもどのような切実な問題に対峙すべく諸々の知が蓄積されていったのか、考えることさえしないものであり続けているのである（基本的姿勢を欠く訓練が有害であるのは足立氏の言うとおりであり、知的階層の形成が阻害される主たる要因でさえある）。かつ、足立氏は反対にこの「一人一人……」を要請するというその理由でおそらく基本ないし知的伝統に反発しているのである。反発の理由は畢竟この「一人一人……」の拒否である。そうしたければそうすればよいが、心配なのは日本の初期近代以降のパターンに従ってひたすら混乱しキリモミ状態に陥っていくということである。折角かのサイクルに批判的であるのに、「一人一人……」でなくして一体どうしようというのか？

(1) 国家が完全に現代の問題に立ち向かう能力を失った、というのが林氏の基本認識の一つであり、われわれが、その能力を問う以前に完全に崩壊した、と認識することとパラレルであるが、林氏はその文脈でさらに「国家概念を歴史の原点へと投影し、いわば「遠くにありて思うもの」とすること、現代批判の尺度として利用しつつその現実上の危険を免れるという戦略は巧妙ではあるが、これによってどこまでこの文脈で……具体的な解釈論レベルまで一貫性を持って議論し切ることができるか、筆者は疑いの念を抱いている」と述べる（ただし校正前）。これは主として私に対する批判であるが、私はむしろ「一貫性を持って議論し切」らないことの重要性を主張してきた。少くともデモクラシーと法がそれぞれ逆説的に介在する。「この文脈」の文理上の意味が私には少々難解であったが、註で林氏自身の政治資金規制に関する優れた論文が引かれていることから推せば、多元主義を要する状況ということであろう。その上で多少の反論を試みれば、私は、戦後諸国で一定の役割を果たした多元主義モデルに基づく調整がここ二、三十年の間にほとんど完璧に破綻してしまったという状況認識が今や広く共有されていると考えている。そうした調整への疑問は、日本でも古くは東北学派によって提出された。他方（所引論文を含めて）林氏の実作はむしろ基本を問う姿勢を有している。基本を問うならば当然国家や政治システムについても問い直すことが不可欠である。もちろんそれだけでは（解釈論の観点を採らなくとも）足りない。現代において、政治のレヴェルで問題が決着することはありえない。必ず（人権を含む意味での）デモクラシーの問題を考えなければならない。林氏が感ずる不足はむしろここに起因するだろう。そして、デモクラシーについても、解釈論の前に基礎を問い直す作業が不可欠である。それを欠くから、解釈論はただの利益調整になる。

（2）このことは、少しでもモミッリャーノやヴィダル＝ナケの書物を覗いてみたことのある者には自明であるはずである。イタリアとフランス以外では知られていないところではレーポレを加えうる。私の書く全ては彼らを一歩も出るものではない。他方、ヨーロッパの大学のアジア学系学生の間でさえモミッリャーノを誰でも知っていたという証言があるし、関西の私立大学の学部1年次における講読演習のレポートで、インドネシアからの留学生が（モミッリャーノに近い）ガッバに依拠していたので、驚いて尋ねると、（英語による教育を施す）高校の先生と共に読んだということだった、という報告も受けている（担当の若い先生はたまたま私の授業をくぐっていたのでガッバの何たるかを知っていた）。また、世界的にソシュールやグレマスやエーコ等々の記号論は、言葉使いの中で血肉化されるほど常識になっている。足立氏は、ヨーロッパの高校の教科書を読むとよい。分厚い哲学の教科書は、ギリシャ以来の基礎を踏まえて近代の哲学を専門的レヴェルで教えるし、「国語」の教科書は重厚な（歴史学や哲学を含む各国の）「文学」の歴史であり、歴史学の成果を背景に社会構造をしっかり押さえさせるし、記号論的テクスト理論やプラグマティクスは随所に織り込まれている。足立氏の文章は、どうにも視野の狭さを感じさせる。そもそもギリシャ語を知らずにホメーロスやプラトーンを引用すると何が起きるか、について無神経すぎる。（彼が専攻する）フッサールを読むためには高度のギリシャ語読解力（加えてもちろんスコラ哲学の知識）を必要とするであろうから、不思議である。ギリシャ哲学についてしっかり勉強すれば、戦後のハイデッガーのあのギリシャ哲学シリーズにも大きな疑問を感じたことであろうに。

(3) しかし足立氏は、このように言われれば、追いついてみると人違いだったかのように、自分の批判はその点には存しない、と言うであろう。明らかに彼は別の反発を持っていながら、十分な概念整理を欠いて表現できずにいる。だから、われわれも政治をブロックするところに法の基本的作用を求めていますよ、と慰めても、鳩が豆鉄砲をくらったような顔しかしないであろう。あらゆる徴候から判断して、実は彼の反発は、法が政治をブロックして守る、その対象の内容に関わる。しかしその内容につき彼自身明確な認識を持っていない（ただしおそらくそれを認識するために苦闘している）がゆえに、われわれの、ないしは伝統的な、政治＝デモクラシー＝法がそれを侵害するのではないか、と思ってしまった。そこで、こちらも「政治をブロックするのだ」と言っているのに、「政治」とは何かについて考える間もなく「断固、政治はブロックしなければならない」と叫んでしまった、と見られる。

(4) 足立氏の文章が飛躍を示す部分にしばしば極めて情緒的な反応が現われる。若干例を挙げてみよう（校正前の表現を評することになるが、スタイルは変わらないものと考える）。まず、樋口教授と私の歴史理解について、おそらく「古典古代」と「近代」の間やその外を無視しているという解釈から、いきなり「捨象されてしまったことに憤激を表明する権利を持つ」と述べる下り。「捨象」などしていないが、「捨象」の対象が何故足立氏個人のルサンチマンと結び付くのか、全然理解できない。ルサンチマンはこの問題と無関係に抱えられた足立氏独自のものなのではないか。次に、われわれの議論がわれわれの標榜する「個人の自立」の対極にあり自己矛盾しているということを言うに際して、「曖昧模糊たる日本的和合主義をついに嫌いにはなり切れなかった」と告白する部分。「日本的何某」等の語自体意味不明であるが、告白自体唐突で、ここでこの告白が登場する論理的連関も支離滅裂であり、文章自体極めて表面的なクリシェに流れている。われわれの「個人」概念の絞りが甘いと言いたいならば、そのように論証すべきであった。第三に、本文でも触れた文脈において、私の政治概念と思い込んだもの、ないし政治そのもの、法をその延長線上に捉えること、に端的に反発して「最大限の明瞭さでもって、反旗を掲げねばならぬ」と書く部分。二〇世紀前半の社会運動の言辞の影響を時代錯誤的に受けていると思わせる煽情的な文章である。第四に、知的伝統に対抗して真の憲法の基礎となる、「ささやかながら立憲主義の真摯な祈り」。これも何のことか不明である。第五に、「この聖化にこそ……法の面目がありの部分。儀礼化による法の抗政治機能は常識であるが、この儀礼化を本当にブラインドにすることであると勝手に信じ切っている。儀礼の使用は事柄を神秘化することとは正反対なくらい異なる。手続的な一義性の獲得が使用の理由であるからである。

以上のような特徴的な表現から、反発の震源、つまり「それ」が侵害されはしまいかと一方的に脅威を感じているその「それ」、われわれのことをいつものあのトウゾクカモメではないかと思い込んでしまった、そのペンギンの卵に該当するもの、は、足立氏にとって大事な、何か全体から圧迫される、小さな片隅のものなのではないか、と推測される（ここまではわれわれも足立氏に共感しうる）。問題は、しかし、以上の引用箇所において明瞭なように、それが明確に捉えられていない、点に存する。明確に捉えられないと、多分に実体不明な情緒的な何かになってしまい、われわれの言説に脅威を覚えるのはよいとしても、怪しげな言説に惑わされることが生じてしまう。私はこの点を危惧する。

(5) 足立氏が斜に構えて不満をぶちまけるように道ばたのゴミ箱を引っ繰り返すのを見て、どうしても私は、まさに鼎談の中で引照した、夏目漱石『三四郎』の与次郎や『それから』の寺尾を思い起こしてしまう。近代日本では何か大きな磁力が働き、知的蓄積が基礎からきちんと積み上がっていかない。あるべき知識層が現代においても累々と無惨な姿をさらしている所以である。「ポスト・コロニアリズム」や「グローバル・ヒストリー」に至るまで、負のスパイラルが再生産されていく。
(6) ちなみに、長い授業経験の中で私は、極めて少数であるが毎年のように現われる或る特徴的な反発の形態に遭遇してきた（足立氏がそこに含まれるという趣旨ではない）。初めむしろ積極的に授業内容に興味を持ってくれるのだが、何かのバネが働いたかのように反転・逆走し、根に持って反発するに至る。
その理由は個人個人によって様々であったことであろうが、大きな公約数は、「イソップの狐」ではないが、根深い競争マインドから、自己の知的優位のために使えると思ったところ理解できず、しかも理解する同輩を前にし、逆転のためには「どうせあれは酸っぱい」と言うほかなかった、というものである。

だからこそ私は、まさに一人一人独自に問題を発見し探究するということの重要性を説く以外になかった。「何が問題か」「何を問題としているのか」ということを判例を読んでも古典を読んでも、徹底的に考えさせることとした。私自身、誰のものでもない私の問題を追求しているのである、ということを強調した。残念ながら、最も通じにくいことであった、ということも告白せざるをえない。何を言っても自己の優位を誇るための材料としか考えない。そう思っている間はわけもわからず振り回し、挽回不可能となると、その競技自体を否定してかかる。もちろん、むしろ多数はこの限りでなかった。しかし振り回すタイプにも手を焼いた。

私の教育実践の失敗とは無関係に、しかし、どこまで鋭く個人の立場に立ちうるかに、集団のメカニズムがもたらす悲惨を緻密に解剖しうるかどうかが懸かる、という点は全く動かない。現実を見るということはそのようなことを意味する。そして、現実が見えないからこそ、初期近代以来の日本の知性は恐るべきほど幼稚な情緒的反発やその暴発を特徴としてきたのである。要するに、自分の問題とするところを端的に見つめるのではなく、誰か他人を意識する。明治以降の日本のとりわけ挫折した知識層に非常に多く見られる現象である。彼らは周囲の誰や彼や（ひいては全世界や世界史）を相手に「勝った負けた」をする夜郎自大の妄想を生きている（「西欧」や「近代」への反発はここから生じる）。余計な葛藤を抱えるより何故地道に勉強しないのだろうか。自分が発見した問題を見つめ掘り下げないのか。

私の長い、しかし狭い、研究生活の中でも時にそのようなタイプに遭遇して悩まされた（ただし概して若い研究者たちには本当に恵まれてきた――これが足立氏のやっかみの一つの理由ではあるが――)。思い出すのは、研究者の卵であった頃、懇親会の席上、後輩に向かってどのようにデビュー論文を書くかということをシタリ顔で説く者があった、ということである。要するに学界において流行のテーマを選ばなければ駄目だ、というのである。私は、自分が心底問題だと思うことを追究するのでなければそもそも論文など書けない、と主張し、ほとんど口論に近いようなことになった。この信念は研究指導において変わることがなかった。論文作成中の破綻は多くの場合、自分が見出した自分のテーマを掘り下げるという前提の欠如に基づいていた。しかし、学問世界における(特に国際的な)arrivismの例は今でも事欠かない。学問はオリンピックではないとあれほど言うのに、世界に発信してヘゲモニーをとらなければいけない、と妄想を抱く。

足立氏に戻れば、確かにゴミ箱を引っ繰り返せば面白いし、面白がられるであろうが、しかしそれに甘んじてはいけない。才能の全くの浪費である。多くの若い研究者に言ってきたことであるが、才能はその人が勝手に処分してよいというものではない。言わば預かり物であり、善管注意義務を負う。才能を無駄にする自由というものは存在しない。基本をしっかり押さえて自身積み上げていくことが義務づけられる。今回も足立氏は、折角私が同氏の批判を浴びるという栄誉に浴するのならば、基本を押さえてしっかりと批判の議論を構築すべきであった。基本の中に、テクストを厳密に読むということと、諸々の基礎概念をしっかり把握しているということ、がある。私が尊敬する行政法学者は、窮した個人の救済に生涯をかけながら、同僚の法学者に対してはもちろん、(ロースクールで当該判例の他に関連判例を自分で調べて読んでくるということをしなかったというだけの)「落伍した」学生に対してさえ大変に厳しく、容赦ない(「被害者友の会」を自称する学生たちからの苦情に基づく)。矛盾しているではないか、ときいてみたら、後者のカテゴリーの人々は窮した個人の側には全くない、という反論の余地のない答が返ってきた。

裁判における事実の解像度

——民事訴訟法三二一条一項と自衛官合祀拒否訴訟最高裁判決

蟻川恒正

序

「原判決において適法に確定した事実は、上告裁判所を拘束する」。民事訴訟法三二一条一項のこの定めは、現行の審級制度の下で、上告裁判所が法律審であることを宣明したものである。

法律問題の審理を任務とする上告審は、事実問題に関しては事実審である原審の判断に従わなければならない。しかし、法律問題と事実問題の境界は、場合によっては不分明である。事実の法的評価は、法律問題とされるが、事実認定と簡単には切り分けられない場合もあることから、上告審は、これを梃子として事実問題に介入し、事実問題に関する事実審の権限を実質的に縮減するような審理を行うことも可能となっている。

本稿では、事実問題に深入りしたとして難ぜられることが少なくない一つの最高裁判決を素材として、上告審に課せられる「拘束」とはどのようなものであるのかに関するささやかな考察を試みたいと思う。(1)

素材とするのは、自衛官合祀拒否訴訟最高裁判決(2)である。自衛官合祀拒否訴訟とは、自衛隊員としての公務遂行中に事故で死亡した夫が自衛隊地方連絡部（以下「地連」と略記する）の力添えにより護国神社に合祀されたことが自らの人格的利益を侵害するとして、同自衛隊員の未亡人が国に対し不法行為にもとづく損害賠償等を求めた訴訟である。

以下では、特に、同最高裁判決が地連の行為の憲法二〇条三項適合性に関して行った審理を取り上げることとする。(3)

一　弥縫

1　テクストの裁断

自衛官合祀拒否訴訟最高裁判決に対する本稿の関心は、山口県護国神社が殉職自衛隊員の合祀を基本的に決定するに至るまでに自衛隊山口地連がした行為の、憲法二〇条三項適合性判断における事実の取扱いに向けられる。そこで、本稿一では、同訴訟最高裁判決のうち、主たる分析対象を、「原審の確定した事実関係」を示した判決理由一のなかの、自衛隊山口地連が自衛隊員を山口県護国神社に合祀してもらうためにした様々な行為のうち、同護国神社が自衛隊員の合祀を認める基本的な決定をするまでに山口地連がした行為を記述した、2の㈠ないし㈤[4]とする。

2の㈠ないし㈤が記すところは、概ね以下の通りである。

2の㈠は、「昭和三九年一一月」に、自衛隊発足以来の山口県出身殉職自衛隊員の慰霊祭が県護国神社で行われた際、遺族のなかから殉職者を同神社に祀ってもらいたいとの希望が出たため、慰霊祭を主催した（自衛隊退職者を中心として活動する組織である）山口県隊友会の当時の会長・F副会長が「折にふれ同神社の宮司に対し合祀を要望したが、その賛同を得られないまま年月が経過した。」と記す。

2の㈡は、同年二月に県隊友会の副会長から会長になったFは、「昭和四五年秋に至り」「［県護国］神社のN宮司から合祀実現が可能であるとの感触を得た」ので、合祀を申請することについて県隊友会の役員会の了承を得たと記す。

2の㈢は、「昭和四六年三月」、陸上自衛隊第一三師団の師団長が開催した中国四国外郭団体懇談会において、Fが合祀問題の進捗状況を報告し、山口地連において遺族援護業務の一環として県隊友会による合祀申請を積極的に推進する態勢がとられるに至ったと記す。

2の㈣は、その後、山口地連のA総務課長と県隊友会のF会長が合祀実現の方策を検討し、「同年五月二二日」、Aが長崎県を除く九州各県の自衛隊地連の総務課長に宛てて、各地の護国神社における殉職自衛隊員の合祀状況、右合祀に対する賛否両論の主要論旨、右合祀に対する各地の護国神社や戦没者遺族等の意向、殉職自衛隊員を合祀済みであればその経緯などを照会する文書を発し、「同年六月末ころまでに」これに対する詳細な回答があり、AはこれをFに閲覧させたと記す。

2の㈤は、Fが、「同年七月以降」右回答結果をもとに県護国神社のN宮司と折衝し、「同年秋に至って」同宮司から自衛隊員の合祀について「基本的に了解を得［た］」と記す。(5)

2の㈠から㈤までを読み進めていくと、そこにその語があることの必然性が即座には腑に落ちない、一つの語に行き当たる。2の㈣の、山口地連の総務課長が「各地の護国神社における殉職自衛隊員の合祀状況、右合祀に対する賛否両論の主要論旨、右合祀に対する各地の護国神社や戦没者遺族等の意向、殉職自衛隊員を合祀済みであればその経緯などを照会する文書を発し」たという記述のなかに見える「戦没者遺族等の意向」である。(6)

「戦没者遺族等の意向」の語がここに記されていることの意味は、一見して明瞭というわけではない。「各地の護国神社における殉職自衛隊員の合祀状況」、「右合祀に対する賛否両論の主要論旨、右合祀に対する各地の護国神社の意向」、「殉職自衛隊員を合祀済みであればその経緯」の各項目が、なかなか実現に至らない山口県出身自衛隊員の合祀を前に進めるために企図された照会の目的と関連することは明らかである。だが、問い合わせた照会項目の一つとして、なぜ「戦没者遺族等の意向」があるのかは、すぐには合点が行かない。よくよく考えれば、当たりをつけることはできる。だが、そうだとしても、2の㈣において「戦没者遺族等の意向」の語は浮き上がっていて、他との連絡を欠いている。しかも、この項目についての説明に当たるような記述は、判決理由中のどこにもない。(7)

そこで、第一審判決の該当個所を読むこととする。(8)

「原審の確定した事実関係」を示す本最高裁判決の判決理由一に対応するのは、第一審判決の判決理由第二の「一　基本となる事実[9]」である。

結論を先取りしていえば、自衛官合祀拒否訴訟最高裁判決の判決理由一は、第一審判決の判決理由第二の一のなかの一定の部分を削除している。

本稿の関心に即して、まず二点の削除を見る。

第一点。最高裁判決の前記2の㈠は、山口県隊友会の当時の会長・副会長が「折にふれ同神社の宮司に対し合祀を要望したが、その賛同を得られないまま年月が経過した。」と記しているが、これに対応する第一審判決の判決理由第二の一の記述は、「県護国神社が催す春秋二回の大祭に招待された際などに同神社の宮司に殉職自衛隊員を祭神として合祀するよう要望してきたが、同神社が戦死者を祀る施設であり、殉職者は戦死者とは異なることを理由に同宮司の賛同を得られないまま年月が経過した。[10]」（圏点引用者）である。

第二点。最高裁判決の前記2の㈣は、「その後、地連のA総務課長とF会長は合祀実現の方策を検討し、同年五月二二日A総務課長は、既に殉職自衛隊員が護国神社に合祀されていると聞いていた九州各県（長崎県を除く。）の自衛隊地連の総務課長にあてて、各地の護国神社における殉職自衛隊員の合祀状況、右合祀に対する賛否両論の主要論旨、右合祀に対する各地の護国神社や戦没者遺族等の意向、殉職自衛隊員を合祀済みであればその経緯などを照会する文書を発し、」と記しているが、これに対応する第一審判決の判決理由第二の一の記述は、「その後、右援護業務の責任者であるA課長とFは合祀実現の方策を検討したが、当時山口県における合祀については、護国神社においては戦死者ではない殉職者を合祀することに疑問を有しており、また殉職者の遺族の一部有力者の中には合祀よりも遺族に対する補償制度の強化を望む者がいる等の障害があつたので、これに対処するため、A課長は同四六年五月二二日、既に殉職自衛隊員を護国神社に合祀していると聞知していた九州各県（長崎県を除く）の地連の総務課長にあてて、合祀実施の状況についての照会文書を発送した。右照会文書の内容は山口県における合祀実現のために地連としての方策決定に資することを目的とし、(1)合祀に対する賛否両論の主要論旨及び合祀を阻む問題点、(2)合祀に対する神社庁なり護国神社等の意向、(3)合祀に対する自衛隊遺族会等の関心度、(4)戦没者遺族（団体）の意向、(5)合祀済みであれば合祀に至る経緯、問題点及び今後の問題点についての各地連としての意見等を照会事項とするものであった。」[11]（圏点引用者）である。

第一点では、第一審判決には記述されていた、県隊友会長が自衛隊員の合祀を「要望」しながら県護国神社の宮司から「賛同を得られないまま年月が経過した」理由が、最高裁判決からは削除されていることが分かる。

第二点では、第一審判決には記述されていた、山口地連総務課長による九州各県への自衛隊員の合祀状況等の照会がいかなる事情からなされたものであったかについての説明が、最高裁判決からは削除されていることが分かる。

二つの削除は、いずれも、護国神社が戦没者を祀る施設であること、それゆえに、戦没者ではない者を祀ることに対しては、護国神社においても戦没者遺族においても相応の抵抗があったと認められることにかかわる。

最高裁判決は、ではなぜ、このような削除を行ったのであろうか。

二つの可能性を想定することができる。

一つは、護国神社が戦没者を祀る施設であることは、本件の法的構成にとって特段の重要性を持つものではなく、ゆえに、残さなければならない記述ではないと考えたから、削除したという可能性である。

もう一つは、護国神社が戦没者を祀る施設であることは、本件の法的構成にとって特段の重要性を持つものであり、ゆえに、残してはならない記述であると考えたから、削除したという可能性である。

いずれの可能性がより蓋然性の高い可能性であるかについては、保留としておく。

自衛官合祀拒否訴訟最高裁判決の判決理由一のなかで、第一審判決の判決理由第二の一の挙示する事実を削除した個所は、以上の二点にとどまらない。

第三点。最高裁判決の前記2の㈣は、「〔昭和四六年五月二一日A総務課長により発せられた照会に対しては、〕同年六月末ころまでにこれに対する詳細な回答があり、A総務課長はこれをF会長に閲覧させた。」と記しているが、これに対応する第一審判決の判決理由第二の一の記述は、「右照会に対しては各地連の職員（部長、総務課長、援護室長等）から同年六月末頃までに詳細な回答が為された。右回答の結果、福岡県を除く各県ではすでに合祀乃至併祀、配祀がなされていること、とくに宮崎県においては、当初同県護国神社の一部の責任役員は祭神を戦死者に限っていることを理由に反対していたが、戦死者祭神に合祀するのではなく、神殿内に新たに神体を配祀（併祀）して同時に祭祀するのは自衛隊員の士気を高揚するためにも実現させるべきであるとの意見が大勢を占め、配祀が決定されたことが明らかとなった。そこでA課長は右照会書の控えと回答書を編綴してNm部長とF会長に閲覧せしめ［た］(12)（圏点引用者）である。

この第三点では、第一審判決には記述されていた、山口地連総務課長による照会に対し九州各県の自衛隊地連総務課長が送付した「詳細な回答」の内容が、最高裁判決からは丸々削除されていることが分かる。

この削除は、九州各県の自衛隊地連による「詳細な回答」の内容が、殉職自衛隊員の合祀の方法として、戦没者の合祀とは区別して祀る「配祀（併祀）」等の方法がある旨を示すものであったことにかかわる。

ここに、「配祀」とは、神社神道において、主たる祭神のほかに、同じ神社内で他の神を祀ることをいう。「併祀」および「相殿奉斎」も、ほぼ同義とされる。本件で県護国神社がとった自衛隊員の合祀の方法は、自衛隊員の祭神を主祭神たる戦没者とは座を別にしつらえて祀る相殿奉斎であった(13)。

第三点の削除は、第一点および第二点の削除とつながっている。護国神社が戦没者を祀る施設である以上、その主祭神はあくまでも戦没者であり、殉職自衛隊員は、かりに祀られることになるとしても主祭神と合祀することまでは認められないと考えるのが自然だからである。

したがって、最高裁が第三点の削除を行ったことについても、次の二つの可能性を想定することができる。

一つは、殉職自衛隊員の合祀の方法として「配祀（併祀）」等の方法があることとは、本件の法的構成にとって特段の重要性を持つものではなく、ゆえに、残さなければならない記述ではないと考えたから、削除したという可能性であり、もう一つは、殉職自衛隊員の合祀の方法として「配祀（併祀）」等の方法があることは、本件の法的構成にとって特段の重要性を持つものであり、ゆえに、残してはならない記述であると考えたから、削除したという可能性である。

ここでも、いずれの可能性がより蓋然性の高い可能性であるかについては、保留とする。

2　テクストの縫合

自衛官合祀拒否訴訟最高裁判決が第一審判決の判決理由第二の一に挙示された事実に対してしたことは、同最高裁判決の判決理由一における第一審判決の判決理由第二の一に挙示された一定の事実についての記述の削除だけではない。同最高裁判決は、判決理由一において「原審の確定した事実関係」を示したあと、判決理由二において同「事実関係の下」で原審がした判断の「大要」を示し、続けて判決理由三において「しかしながら、原審の右判断は是認することができない」として、その「理由」を説示している。同判決は、この判決理由三の1において、先に見た判決理由一の2の㈠ないし㈤とはまた別に、「昭和三九年一一月」から「昭和四六年秋」に至るまでの、自衛隊員の遺族により合祀の希望が出されてから県護国神社に合祀をしてもらうことが基本的に決定されるまでの時日の経過を再記述している。

それは、以下の如くである。

「本件合祀申請に至る経緯をみると、県護国神社による殉職自衛隊員の合祀問題は、昭和三九年一一月に行われた慰霊祭の際における殉職自衛隊員の遺族からの県隊友会への要望に端を発し、その実現に向けて県隊友会が働き掛けた結果、県護国神社は当初難色を示したものの、既に昭和四五年秋には県隊友会のF会長は同神社のN宮司から合祀実現が可能であるとの感触を得ていたというのである。その後、F会長が合祀申請を行うことについて県隊友会の役員会の了承を得て同宮司と折衝した結果、昭和四六年秋には同神社は殉職自衛隊員を合祀する方針をとるに至ったのであ［る。……］／昭和四六年三月中国四国外郭団体懇談会の席上において、F会長がした合祀問題の進捗状況の報告に対し陸上自衛隊第一三師団長の賛意の表明と推進の要望があり、その後地連において合祀申請を積極的に推進する態勢がとられるに至ったというのが原審の確定するところであるが、本件合祀申請に至る過程において地連職員のした具体的行為は、A総務課長において長崎県を除く九州各県の自衛隊地方連絡部の総務課長にあてて各地の護国神社における殉職自衛隊員の合祀状況等を照会して、その回答をF会長に閲覧させ［たこと等］にとどまる」（／は改行）[14]。

「昭和三九年一一月」から「昭和四六年秋」までという時系列を共有する判決理由一の2の(一)ないし(五)の記述と判決理由三の1の上記引用部分の記述との間には、だが、目立たないけれども逸することのできない、ある違いが看取される。

それは、「昭和四五年秋には県隊友会のF会長は同神社のN宮司から合祀実現が可能であるとの感触を得」たのち、「昭和四六年秋には同神社は殉職自衛隊員を合祀する方針をとるに至」るまでの経過の理解にかかわる違いである。

判決理由一の2の㈠ないし㈤においては、2の㈡に記された「N宮司から合祀実現が可能であるとの感触を得た」時点から、2の㈤に記された「[昭和四六]年秋に至って[N]宮司から基本的に了解を得」る時点までの間に、2の㈣において、山口地連による九州各県での自衛隊員の合祀状況の照会がされ、その「詳細な回答」「をF会長に閲覧させた」という事実が言及されていた。これに対し、判決理由三の1においては、「N宮司から合祀実現が可能であるとの感触を得」てから「昭和四六年秋には同神社は殉職自衛隊員を合祀する方針をとるに至」るまでの間においては、山口地連による九州各県の自衛隊地連への照会の事実や、その回答をFに閲覧させた事実への言及はなく、それらの事実は、「本件合祀申請に至る過程において」「地連ないしその職員が直接県護国神社に対し合祀を働き掛けた事実はない」とする説明⑮のなかで言及されるにすぎない。

同じ判決の判決理由中の記述でありながら認められる、判決理由一の2の㈠ないし㈤での記述と判決理由三の1での記述との間のこうした違いは、何に起因するものなのであろうか。

このことを考えるためには、判決理由一の2の㈠ないし㈤での記述が「原審の確定した事実関係」についての記述であるのに対し、判決理由三の1での記述は、そうした「事実関係の下」で原審が下した判断を「是認することができない」とする文脈での記述であるという違いに留意する必要がある。

第一審判決における事実に関する記述のうち本稿が取り上げた部分は、原審においても、そのまま採用されている。[16] 第一審判決の判決理由第二の二には、「証人Y及び同Aの各証言並びに弁論の全趣旨によれば、従来地連が被告国の主張するような物的、事務的な援助を業務として隊友会に与えてきたことが認められる。しかし、関係係官の行為をつぶさにみてみると、A課長は、本件合祀が一定の困難に逢着していた当時、F会長の具体的な依頼もないままに、自らの知見にもとづいて、問題点を的確に剔出した照会書を作成、発送し、回答書を得てこれを同人に交付した。この回答書がその後県護国神社の関係者に合祀受諾を決意せしめる有力な資料となった」[17]（圏点引用者）とする記述があるが、この記述も、原審においてそのまま採用されている。

この記述については、二点が重要である。

第一は、九州各県での自衛隊員の合祀状況についての照会が、山口地連総務課長において「F会長の具体的な依頼もないままに、自らの知見にもとづいて」なされたという点である。これは、原審が、合祀を進めようとする県隊友会に対する山口地連の力添えを単なる「物的、事務的な援助」にとどまるものではないと考えていることをあらわす。最高裁判決が、その判決理由三の1の、先に引用した個所よりもあとの記述で、地連職員の関与を県隊友会にとっての「事務的な協力」[18]にすぎないと述べているのは、原審のそうした評価を覆そうとしたものと解するのが合理的である。

第二は、照会に対して九州各県の自衛隊地連から送付された「回答書がその後県護国神社の関係者に合祀受諾を決意せしめる有力な資料となった」という点である。これは、原審が、同じく第一審判決の判決理由第二の「一　基本となる事実」にいう、自衛隊員の合祀に関する「［昭和四六］年秋に至って」

の「［N］宮司から［得られた］基本的」「了解」が、山口地連が九州各県の自衛隊地連に対し照会し、その回答をFに閲覧させた事実に負うところが大きいと考えていることをあらわす。最高裁判決が、その判決理由三の1の、先に引用した「昭和四六年秋には同神社は殉職自衛隊員を合祀する方針をとるに至」るまでの経過の記述で、山口地連が九州各県の自衛隊地連に対し照会し、その回答をFに閲覧させた事実に言及していないのは、原審のそうした評価を覆そうとしたものと解するのが合理的である。

最高裁判決が判決理由一においてよりも判決理由三において、山口地連が九州各県の自衛隊地連に対し照会し、その回答をFに閲覧させた事実の意義を低く見積もる書きぶりを示すのは、当該事実の存在それ自体は原審の適法に確定した事実として原審と共有しつつも、当該事実が「県護国神社の関係者に合祀受諾を決意せしめる有力な資料となった」とする原審の法的評価を共有することができないと考えたためであると解される。

そうであるとすれば、最高裁判決は、何が「県護国神社の関係者に合祀受諾を決意せしめ」たと考えたのであろうか。判決理由三の1は、「県護国神社による殉職自衛隊員の合祀問題は、……遺族からの県隊友会への要望に端を発し、その実現に向けて県隊友会が働き掛けた結果、県護国神社は当初難色を示したものの、既に昭和四五年秋には県隊友会のF会長は同神社のN宮司から合祀実現が可能であるとの感触を得ていたというのである。」と述べている。この書きぶりによるならば、最高裁判決は、県護国神社において殉職自衛隊員の合祀を認める転機となったのは、Fが「N宮司から合祀実現が可能であるとの感触を得た」「昭和四五年秋」であるとの理解を示しているように読める。判決理由一において、

「〔昭和四六〕年秋に至って〔N〕宮司から」自衛隊員の合祀につき「基本的に了解を得〔た〕」と述べていた同判決は、判決理由三において、県護国神社が殉職自衛隊員の合祀を認めるに至る実質的な転機を、「〔昭和四六〕年秋」から「昭和四五年秋」へと前倒しした恰好となる。

　転機を前倒しした理由としては、最高裁判決が、山口地連が九州各県の自衛隊地連に対し照会し（「〔昭和四六〕年五月二二日」）、その回答（「同年六月末ころまで」）をFに閲覧させた（「同年七月」前後と推測される）事実（以下「照会、回答、閲覧の事実」と略記する）の意義を低く見積もろうとしたためではないかと推測される。照会、回答、閲覧の事実は、「昭和四五年秋」以後、「〔昭和四六〕年秋」以前の事実である。転機が「〔昭和四六〕年秋」であれば、照会、回答、閲覧の事実が自衛隊員の合祀を認める護国神社の「基本的」な「了解」に影響を与えた可能性があることになるのに対し、転機を「昭和四五年秋」とすれば、その可能性をないことにできる。(19)

　それでは、「県隊友会のF会長〔が〕同神社のN宮司から合祀実現が可能であるとの感触を得」たという「昭和四五年秋」は、実際に殉職自衛隊員の合祀にとっての転機といえるようなものだったのであろうか。

　Nが県護国神社の宮司となったのは、控訴審の第四回公判証人調書によれば、「昭和四四年五月から」であり、県隊友会会長Fから自衛隊員の合祀の話をはじめて切り出されたときは、「それは結構なことですが、神社にとりましては大変大事な問題ですから考えさしてください」と応じたのみであったという。(20)第一審判決が「昭和四五年秋の県護国神社の例祭に出席したF会長が同神社のN宮司から合祀実現が可能であるとの感触を得た」と書いたのは、第一審の第一二回口頭弁論証人調書に見える、Fによる「[昭和]四五年の……秋の大祭でN宮司さんから、お宮のほうの関係では合祀ができるかもしれんと、というようなお話を、伺ったわけです」との証言[21]を捉えてのものと思われる（それ以外に証拠となりうるものは見当たらない）。そうであるとすれば、「昭和四五年秋」にN宮司からFが得たという「感触」は、県護国神社が殉職自衛隊員の合祀を認める転機と見るだけの実体に乏しいといわざるをえない。

それにもかかわらず最高裁判決が「昭和四五年秋」を自衛隊員の合祀実現過程における転機と捉える書きぶりになっていることは、それだけ、「昭和四六年秋」を転機と捉えることに対する最高裁の抵抗が強かったことを推測させるが、転機が前倒しされることにより、最高裁判決の判決理由の文面から、ある重要な認識が脱落することになった点は、本件事案を事案の解決に必要で過不足ない法的構成にもたらす上で、致命的な傷を本最高裁判決の深部に刻印することになったように、筆者には思われる。その傷とは、第一審判決の判決理由第二の一にいう、「当時県護国神社が自衛隊の殉職者を合祀するについては、戦死者ではないことを理由に一定の困難に逢着していたことは明らかである」[22]（圏点引用者）という認識の脱落である。この「困難」が解消されずにいた、ここにいう「当時」こそ、九州各県の自衛隊地連への照会が計画され、実施され、返送された「詳細な回答」内容がFを通じて県護国神社にもたらされるまでの期間である。照会は、この「困難」に対処するために講じられた策である。転機の前倒しの結果、この「困難」そのものが、なかったことにされたのである。

本件自衛官合祀拒否訴訟の事案は、単に、第一審原告の亡夫を含む当該年度に合祀申請された計二七名の殉職自衛隊員の合祀を実現するために自衛隊山口地連が積極的な力添えをしたという事案ではない。護国神社の創建の建前からいえば本来祀ることのできない者を、神社の当局者自身の反対考慮をも抑えて祭神に据えることを認めさせ、そうすることで、当該年度のみならずそれ以降の全ての年度の自衛隊殉職者が当該神社に合祀されることまでを可能とするような活動(23)を自衛隊山口地連がしたという事案である。

二　批判

1　命題Ⅰ

ここまでの考察において、筆者は、原審が認定した二つの事実、すなわち、護国神社の主祭神が戦没者であるという事実と、主祭神になりえない者を神社で祀る方法として「配祀」「併祀」「相殿奉斎」があるという事実を、本最高裁判決が本件事実に関する判決理由中の記述から削除したことについて、二つの可能性を想定できるとし、これらの事実が本件の法的構成にとって特段の重要性を持つものではないと考え、削除した可能性と、反対に、それらの事実が本件の法的構成にとって特段の重要性を持つものであると考えたがゆえに、削除した可能性の二つを挙げ、いずれの可能性がより高い蓋然性を有するかについては、預かりにしておいた。

筆者の臆度によれば、最高裁(24)は、前記の事実が本件の法的構成にとって特段の重要性を持つものであると本当は考えており、しかし、その事実を明記して本件の法的構成に臨めば、自らが妥当と考える結論を導くのが困難になると考え、あえて前記の事実が本件の法的構成にとって特段の重要性を持つものではないかのようにして法的構成を企てたものと解される。すなわち、先の二つの可能性のうち、後者の可能性が最高裁判決の選択であったと推測する。けれども、前記事実に関する記述を削除した上でなされた最高裁判決の法的構成が、前記事実の最高裁による法的評価にもとづくものであるならば、それを以て、原審が適法に確定した事実への拘束を免れたものと目するのは相当でない。原審が適法に確定した事実に対する法的評価が原審のそれと異なったと目すべきである。事実の法的評価は法律問題に属するから、護国神社の主祭神が戦没者であるという事実や、主祭神になりえない者を神社で祀る方法として「配祀」「併祀」「相殿奉斎」があるという事実を、本件の法的構成にとって特段の重要性を持つものではないと評価することも、また、先述した、照会、回答、閲覧の事実の意義を低く見積もり、それらの事実が「〔昭和四六〕年秋」に県護国神社が自衛隊員の合祀につき「基本的に了解」した際の「有力な資料となった」(第一審判決の判決理由第二の二)とする原審の法的評価は是認できないと考えることも、法律審である上告裁判所は自由になしうる。

ところで、照会、回答、閲覧の事実が「〔昭和四六〕年秋」に県護国神社が自衛隊員の合祀につき「基本的に了解」した際の「有力な資料となった」わけではないとする法的評価を、最高裁判決は、照会、回答、閲覧の事実に対する法的評価として摘示したわけではない。そうする代わりに、最高裁判決は、ひとつの法命題を定立し、本件をかたちづくる諸事実はこの法命題に包摂されると暗黙に主張することによって、先の法的評価を表現したと解される。

その法命題とは、本最高裁判決の判決理由三の1にある、「合祀は、神社にとって最も根幹をなすところの奉斎する祭神にかかわるものであり、当該神社の自主的な判断に基づいて決められる事柄である」という法命題（以下「命題I」と記す）である。

命題Iは、本最高裁判決の判決理由三のなかに、都合三回現われている。二回目・三回目は、表現が簡略化されている。一回目は、判決理由三の1で、「昭和三九年一一月」から「昭和四六年秋」にかけての時系列を再記述した既に言及した個所に先立って言明したものである。上記引用部分がこれである。二回目は、判決理由三の2で、「何人かが神社に対し合祀を求めることは、合祀のための必要な前提をなすものではな［い］」旨を述べるのに先立って、「合祀は神社の自主的な判断に基づいて決められる事柄で［ある］」と言明したものである。三回目は、判決理由三の3で、「本件合祀申請は合祀の前提としての法的意味をもつものではない」旨を繰り返すのに先立って、あらためて「合祀は神社の自主的な判断に基づいて決められる事柄である」と言明したものである。

命題Iは、分解していえば、三つの意味を包蔵していると見ることができる。

第一は、合祀の決定は「神社にとって最も根幹をなす」「奉斎する祭神」の決定であるから、当該神社による合祀の宗教性の核心は、「奉斎する祭神」の決定にあるという意味である。

第二は、合祀の決定は、「当該神社の自主的な判断に基づ」くものであり、その決定に当該神社以外の主体が介入する余地はないという意味である。

第三は、合祀は、「当該神社の自主的な判断に基づいて決められる事柄である」から、その決定は、当該神社の信教の自由によって保障されるという意味である。[25][26]

先に挙げた二回目・三回目の例は、いずれも第二の意味で用いられている。また、命題Ⅰへの直截の引照はないが、「県護国神社による［第一審原告の亡夫］の合祀は、まさしく信教の自由により保障されているところとして同神社が自由になし得るところであり、それ自体は何人の法的利益をも侵害するものではない」と言明したくだりは、第三の意味の例といってよい。本最高裁判決中に第一の意味を反映した言明は見当たらない。[27]

これらの三つの意味は、相互に関連し合っている。具体的には、合祀の決定は、単に信教の自由によって保障されるべき行為であるというだけでなく、その内容が当該神社の宗教性の核心をなすものであるがゆえに、当該神社以外の主体が介入する余地がないという関係にもある。

上記三つの意味のうち、当該神社以外の主体には合祀の決定に介入する余地がないとする第二の意味は、包摂性が高度であり、先に見たように、そこから「本件合祀申請は合祀の前提としての法的意味をもつものではない」との言明を導出し（上記三回目の例）、これに県隊友会を形式上の名義人とする本件合祀申請と合祀それ自体との牽連性を遮断する言説上の役割を担わせただけでなく、「何人かが神社に対し合祀を求めることは、合祀のための必要な前提をなすものではな［い］」との言明をも導出して（上記二回目の例）、自衛隊員の合祀を実現するためにするあらゆる主体の行為を合祀それ自体の決定とは無関連と解することまでを可能とした。前述の、照会、回答、閲覧の事実は、県護国神社が自衛隊員の合祀につき「基本的に了解」した際の「有力な資料」とはなっていないとする先の法的評価に本最高裁判決を水路づけたのは、この命題Iの第二の意味である。

2　命題II

ここより、県護国神社が自衛隊員の合祀を基本的に決定するに至るまでに山口地連がした行為の憲法二〇条三項適合性判断について考察する。主として扱うのは、「本件合祀申請に至る過程において県隊友会に協力してした地連職員の行為が、憲法二〇条三項において宗教的活動に当たるか否かを検討」する本最高裁判決の判決理由三の2(28)である。

国およびその機関の行為の憲法二〇条三項適合性についての、本件自衛官合祀拒否訴訟最高裁判決が下された一九八八年六月一日当時の最高裁の判断枠組みは、いわゆる目的効果基準である。目的効果基準を、本最高裁判決の理解に必要な限度で表現すれば、以下の如くとなる。

憲法二〇条三項によって禁止される「宗教的活動」は、「当該行為の目的が宗教的意義をもち」(目的要件)、かつ、「その効果が宗教に対する援助、助長、促進又は圧迫、干渉等になる」(効果要件)行為である。ある行為がこの意味での「宗教的活動」に該当するか否かは、①「当該行為の行われる場所」、②「当該行為に対する一般人の宗教的評価」、③「当該行為者が当該行為を行うについての意図、目的及び宗教的意識の有無、程度」、④「当該行為の一般人に与える効果、影響」等を考慮して客観的に判断しなければならない。

その判断過程の実際は、上記①ないし④の重要な考慮要素を中核とする総合的考慮と、その総合的考慮から導かれた判断内容を上記目的効果の要件要素の雛型に当てはめる作業との組み合わせである。

この判断枠組みの通常の適用においては、③と④の考慮は①と②、とりわけ②の考慮によって、よかれあしかれ補完され、目的要件に関しては、「当該行為者」の主観的要素としての行為者の「意図、目的及び宗教的意識」（③）が目的要件にいう「目的」それ自体となるわけではなく、目的要件にいう「目的」は、行為の客観的要素としての宗教的意義の有無として判定されるとともに[29]、効果要件に関しては、「当該行為の一般人に与える効果、影響」（④）が効果要件にいう「援助、助長、促進」、または、「圧迫、干渉」に当たるか否かの判定は、「国家と［特定宗教］との間に特別に密接な関係が生じ[30]」るかどうかという観点を媒介としてなされるのが一般的である。

この通常の目的効果基準の適用によるならば、本件事案についても、目的要件の審査においては、単に行為者にとっての「意図、目的」や「宗教的意識」を捉えるだけに終わらせず、行為の客観的意義の把握が重要となるはずであるし、効果要件の審査においては、「国家と神社神道との間に特別に密接な関係が生じ」るかどうかを、その中軸に据えるべきことになるはずである。

けれども、現実の自衛官合祀拒否訴訟最高裁判決は、そのような判断をしていない。目的要件の審査についていえば、本最高裁判決は、「その意図、目的も、合祀実現により自衛隊員の社会的地位の向上と士気の高揚を図ることにあったと推認される」と述べ、さらに、「どちらかといえばその宗教的意識も希薄であった」と述べるのみで（圏点引用者）、「当該行為の目的が宗教的意義をも

「つ」か否かについて明示することすらなく、効果要件の適用と併せて、合憲であるとの結論を下している。そこで取り上げられた「その意図、目的」も、「その宗教的意識」も、ともに、行為者の主観的要素であり、行為の客観的要素としての「行為の目的」についての検討がない。

効果要件の審査についていえば、本最高裁判決は、愛媛玉串料訴訟最高裁判決で「それらの宗教団体が他の宗教団体とは異なる特別のものであるとの印象を与え」るかどうかという観点に関連づけて挙げられていた「特定の宗教への関心を呼び起こ」すかどうかという観点を挙示してはいるが、効果要件の審査において鍵となる特定宗教との間の「特別」に密接な関係性の有無を検討した形跡はない(31)。

本最高裁判決の目的効果基準の適用は、このように、総じて、最高裁による同基準の通常の適用と比べ、あっさりした適用になっている。目的効果基準自体、国家と宗教とのかかわり合いを原則として容認する基準(「国家が宗教とのかかわり合いをもつことを全く許さないとするものではなく、宗教とのかかわり合いをもたらす行為の目的及び効果にかんがみ、そのかかわり合いが……相当とされる限度を超えるものと認められる場合にこれを許さないとするもの」)であり、また、裁判体によって適用のしかたが分かれ易いといわれることも多い基準である。だが、そうであるだけに、最高裁は、目的要件の審査においては、行為者の主観のみに依拠せず行為の客観面を重視する適用を目指していたし、効果要件の審査においては、特定宗教との間の「特別」に密接な関係性の有無を判断の鍵とすることによって、国家と宗教との過度のかかわり合いが目的効果両要件の形式的な適用で容認されることがないようにするための最低限の関門を設けていた。

自祀拒否訴訟最高裁判決は、目的効果基準の通常の適用において最高裁が（曲がりなりにも）作動させてきたこの二つの安全装置を同時に解除する恰好となったのであるが、そうした事態は、どのような機序でもたらされたのであろうか。

筆者の理解によれば、それは、本最高裁判決が、第一に、目的効果基準の通常の適用がされるべき事案類型[32]を、国およびその機関の行為と宗教とのかかわり合いが「直接的」である場合に限定し、行為と宗教とのかかわり合いが「間接的」である場合は、目的効果基準を通常よりも簡易に適用することができるとする法命題を定立し、第二に、本件事案は、この二つの事案類型のうちの後者の類型に属すると判定したことによるものと考えられる。

ここに、簡易な適用とは、目的要件の審査においては、「行為者」の主観的目的として世俗的目体の認定ができれば、「行為」の客観的目的を認定しなくとも宗教的意義の有無につきそれ以上検討しなくてよいとするものであり、効果要件の審査においては、「援助、助長」、または、「圧迫」、「干渉」の該当性を判断するに当たって、特定宗教との間の「特別」に密接な関係性の有無を判断しなくとも非該当と判断してよいとするものである。

上記法命題の存在は、本最高裁判決の判決理由三の2に見える次の一節、すなわち、「本件合祀申請に至る過程において県隊友会に協力してした地連職員の具体的行為は前記のとおりであるところ、その宗教とのかかわり合いは間接的であ[る][33]」（圏点引用者）という一節のなかに、論理的に前提されている。

この法命題から、「その意図、目的も、合祀実現により自衛隊員の社会的地位の向上と士気の高揚を図ることにあったと推認されることは前記のとおりであるから、どちらかといえばその宗教的意識も希薄であったといわなければならないのみならず、その行為の態様からして、国又はその機関として特定の宗教への関心を呼び起こし、あるいはこれを援助、助長、促進し、又は他の宗教に圧迫、干渉を加えるような効果をもつものと一般人から評価される行為とは認め難い。(34)」という目的効果基準の簡易な適用が導出されることとなったのである。

上記法命題は、国およびその機関の行為と宗教とのかかわり合いが「直接的」である場合には、目的効果基準をそこに内蔵された先述の安全装置と一体の規範として適用することが求めるが、国およびその機関の行為と宗教とのかかわり合いが「間接的」である場合には、目的効果基準を当該安全装置を解除して適用することを許すという内容の法命題（以下「命題Ⅱ」と記す）である。

命題Ⅱは、国およびその機関の行為と宗教とのかかわり合いが「直接的」であるか「間接的」であるかによって、目的効果基準の通常の適用を求めるか、簡易なものとすることを許すか、を振り分ける転轍手の役を果たす。行為と宗教とのかかわり合いが「直接的」であるとは、当該行為がその働きかけの対象とするものの宗教性の核心に結びついていることを指し、行為と宗教とのかかわり合いが「間接的」であるとは、当該行為がその働きかけの対象とするものの宗教性の核心に結びついていないことを指すと解される。但し、具体的な説示を欠くため、ここでの「直接的」と「間接的」が、違憲審査基準の適用を振り分ける法命題に必要な一義的な明確さの要件を充たすといえるかは疑わしい。

それにもかかわらず、本最高裁判決が命題Ⅱを定立したのは、少なくとも本件訴訟での山口地連の行為に適用される限りでは、「直接的」と「間接的」の区別は可能であり、同行為と宗教とのかかわり合いが「間接的」であることに疑問の余地はないと考えたためであろう。

たしかに、最高裁判決の立論に従って本件の事実経過を辿るならば、そこに異論を差し挟む余地は少ないように見える。先の一節がいう「前記の」個所によれば、「本件合祀申請に至る過程において地連職員のした具体的行為は、A総務課長において長崎県を除く九州各県の自衛隊地方連絡部の総務課長にあてて各地の護国神社における殉職自衛隊員の合祀状況等を照会して、その回答をF会長に閲覧させ、F会長の依頼によりY事務官において奉斎準則と県隊友会の募金趣意書とを起案し、右趣意書を配布し、寄せられた募金を管理し、殉職者の遺族から合祀に必要な殉職者の除籍謄本及び殉職証明書を取り寄せたにとどまる」[35]。こうして記述されたこれらの行為は、概ね事務的なものであって、働きかけの対象である県護国神社の宗教性の核心に結びついているようには見えないから、「本件合祀申請に至る過程において県隊友会に協力してした地連職員の具体的行為」の「宗教とのかかわり合いは間接的であ［る］」とする最高裁判決の判定はもっともなものであるようにも思える。

3　矛盾

だが、そうだろうか。

以下、最高裁判決が「本件合祀申請に至る過程において県隊友会に協力してした地連職員の具体的行為」の「宗教とのかかわり合いは間接的であ〔る〕」と判定するのを可能にした契機を、積極的な契機と消極的な契機とに分けて考察する。

第一に、積極的な契機に関して。

筆者は、この、地連職員の行為の「宗教とのかかわり合いは間接的であ〔る〕」とする判定は、積極的には、最高裁が、「本件合祀申請に至る過程において県隊友会に協力してした地連職員の具体的行為」を、先の一節にいう「前記のとおり」に把捉することによって獲得したものと考える。

照会、回答、閲覧の事実に限定して、具体的に見れば、「地連職員の具体的行為」は、「A総務課長において長崎県を除く九州各県の自衛隊地方連絡部の総務課長にあてて各地の護国神社における殉職自衛隊員の合祀状況等を照会して、その回答をF会長に閲覧させ」ることにとどまるから、当該行為の「宗教とのかかわり合いは間接的であ〔る〕」と判定したと推測される。先にも述べたように、こうして記述されたこれらの行為は、概ね事務的なものであって、働きかけの対象である県護国神社の宗教性の核心に結びついているようには見えないからである。

第二に、消極的な契機に関して。

筆者は、この、地連職員の行為の「宗教とのかかわり合いは間接的であ〔る〕」とする判定は、消極的には、最高裁が、ここでの地連職員の行為を、その実質的内容に立ち入ることなく把捉することによって獲得したものと考える。

これを、照会、回答、閲覧の事実に限定して、具体的に見る。第一審判決によれば、山口地連総務課長の発した照会に対して、各自衛隊地連から「詳細な回答」が寄せられた。多くの県で「併祀、配祀がなされている」だけでなく、「宮崎県においては、当初同県護国神社の一部の責任役員は祭神を戦死者に限っていることを理由に反対していたが、戦死者祭神に合祀するのではなく、神殿内に新たに神体を配祀（併祀）して同時に祭祀するの」であれば「実現させるべきである」ということになり、「配祀が決定されたことが明らかとなった」[36]（圏点引用者）。「そこで」（圏点引用者）、同総務課長は、当該回答を「F会長に閲覧せしめ［た］」[37]のである。この事実経過を命題Ⅱに当てはめれば、照会、回答、閲覧の事実に示された山口地連の行為は、宗教とのかかわり合いが「直接的」であると判定されるべきこととなる。なぜなら、そこに示された山口地連の行為は、護国神社の創建の建前に照らして主祭神とすることのできない殉職自衛隊員を県護国神社の宮司に祭神として決定させるためにした具体的行為であり、その働きかけの対象である県護国神社の宗教性の核心に結びつく行為と捉えることができるからである。[38]

したがって、最高裁が地連職員の行為の「宗教とのかかわり合いは間接的であ［る］」とする判定をすることができたのは、消極的にいえば、照会、回答、閲覧の事実に示された山口地連の行為を、県護国神社の主祭神は戦没者であるという事情や、配祀・併祀といった神社神道における祀り方の種類など、県護国神社の宗教性にかかわる実質的内容に立ち入ることなく把捉したからであると理解することができる。

それでは、このように、第一審判決が認定し、原審が適法に確定した事実を、そこから県護国神社の宗教性にかかわる実質的内容を抜き取って把捉し、そうすることによって自らの立論を進めることは、最高裁判決に許されるのであろうか。

この問題を考察するに当たっては、事実の解像度という観点を提起しておくことが肝要であると思われる。

一般に、解像度とは、画像を構成する格子である画素の密度（解像の度合い）をあらわす言葉である。本稿は、これを、裁判において解明されるべき事実をどこまで詳しく描き出すか、その精粗を表現する言葉として転用することを提案する。

解像度の概念を裁判における事実の把捉の問題に転用した場合の語用を、本件自衛官合祀拒否訴訟における照会、回答、閲覧の事実を例に示せば、第一審および原審は、この事実を高い解像度をもって把捉したのに対し、最高裁判決は、同じ事実を低い解像度をもって把捉したといえる(39)。

照会、回答、閲覧の事実に対する最高裁の解像度が低いのは、最高裁が、照会、回答、閲覧の事実を、その内容に立ち入ることなく把捉しているからである。これに対して、同事実に対する第一審および原審の解像度が高いのは、第一審および原審が、同事実を、その内容に立ち入って把捉しているからである。

ここで注目されるのは、照会、回答、閲覧の事実に示された山口地連の行為の「宗教とのかかわり合い［が］間接的」であるか否かの判定は、同事実の解像度に応じて異なる結果を示すということである。上告審が事実の解像度を操作することで、原審の判断とは異なる結果の裁判を行うことが可能になる(40)とすれば、本件訴訟において、上記事実の解像度を下げた最高裁判決は旧民事訴訟法四〇三条に違反した違法な裁判になるのではないかとの問題が生ずるようにも見える。

けれども、ある事実に対する解像度の設定は、事実認定の一部を構成するといえなくもないものの、基本的には、事実の法的評価に属する事柄であると見るのが相当である。したがって、上告審が原審の適法に確定した事実の解像度を下げたからといって、その裁判が民事訴訟法三二一条一項違反の裁判となるわけではないと解される。本最高裁判決についても、照会、回答、閲覧の事実を第一審および原審の設定した解像度よりも低い解像度で把捉したことをもって、違法な裁判ということはできない。

それならば、上記事実に対する本最高裁判決による解像度の引き下げには、法的に非難されるべき問題点は存しないのであろうか。

照会、回答、閲覧の事実に示された山口地連の行為が「奉斎する祭神」の決定に結びついているか否かを判定するためには、当該事実を一定以上の解像度をもって把捉することが必要である。照会、回答、閲覧の事実の内容に立ち入らない把捉では、必要な解像度に満たないことはいうまでもない。

だが、自衛官合祀拒否訴訟において最高裁がしたのは、まさにそうした把捉であった。本最高裁判決が、上記事実に限らず、本件における山口地連の行為を県隊友会に対する「事務的な協力」と性格づけていることは先にも触れた通りであるが、このような性格づけは、少なくとも照会、回答、閲覧の事実に示された山口地連の行為に関する限りは、解像度不足によるものというべきである。

筆者は、最高裁が当該行為を自身の設定した前記の解像度で把捉するのを許容することは、本件訴訟においては、本件に特有の事情に鑑みて深刻な問題性を孕むものと考える。

それは、最高裁判決が、照会、回答、閲覧の事実に示された山口地連の行為の「宗教とのかかわり合い」が「直接的」か「間接的」かを判定する必要を、命題Ⅱによって自ら生じさせていることにかかわる。一般論としていえば、行為の「宗教とのかかわり合い」が「直接的」か「間接的」かを振り分けることは、憲法の文理上も、公理上も、また判例法理上も、国およびその機関の行為が政教分離規定違反に当たるかどうかの判断にとって必要なものではない。その必要を作出したのは、本最高裁判決自身である。

本最高裁判決の命題Ⅱは、憲法二〇条三項適合性判断に当たり、目的効果基準を、通常の適用を要求される場合と、簡易な適用が許容される場合との、二つの事案類型に振り分ける規範である。最高裁が、照会、回答、閲覧の事実に示された山口地連の行為の「宗教とのかかわり合い［が］間接的」であるか否かを判定することになったのは、同行為がこの二つの場合のいずれに属する事案であるかの振り分けを、命題Ⅱが必要としたためである。

そうであるとすれば、「合祀は、神社にとって最も根幹をなすところの奉斎する祭神にかかわるものであ［る］」とした命題Ⅰにより、神社の宗教性の核心を「奉斎する祭神」（圏点引用者）の決定に同定していた本最高裁判決（命題Ⅰの第一の意味）において、照会、回答、閲覧の事実に示された山口地連の行為が「奉斎する祭神」の決定に結びついているか否かを判定することは、命題Ⅱを定立した最高裁判決自らが定めた理路となる。

本最高裁判決は、命題Ⅱを定立することで、問題とされる行為の「宗教とのかかわり合い」が「直接的」か「間接的」かによって憲法適合性判断の帰趨が左右される憲法適用上の準則を自ら導入した。そうしておきながら、行為の「宗教とのかかわり合い」が「直接的」か「間接的」かを判定するために必要な解像度を設定しなかったのである。

このことは何を意味するであろうか。

第一に、照会、回答、閲覧の事実に示された山口地連の行為の「宗教とのかかわり合い」を「間接的」であるとした最高裁判決の判定は、上記行為の「宗教とのかかわり合い」が「間接的」ではなく「直接的」であると判定しなかったがゆえに不適正であるという以前に、最高裁判決の設定した解像度では「直接的」か「間接的」かを判定するために必要な解像度を満たしていないがゆえに、当該「かかわり合い」が「直接的」であると判定することもできなかったという意味で、根底的に不適正であるということを意味する。(41)

第二に、問題とされる行為の「宗教とのかかわり合い」が「直接的」か「間接的」かを判定しなければ憲法適合性判断の過程を次の段階に進めることができない形で命題Ⅱを自ら定立しておきながら、最高裁判決がその行為に係る事実が同命題に包摂されるか否かを判定するのに必要な解像度を設定しなかったということは、最高裁が、判決テクストの文面とは裏腹に、その判定を適正に行うことを、したがって、その判定をもとに憲法適合性判断を適正に行うことを、実は断念しているということを意味する。それは、最高裁が自ら定立した法命題を自ら投げ出したことを意味するというほかない。(42)

跋

民事訴訟法三二一条一項は、現行の審級制度の下で上告裁判所が法律審であることを宣明したものであり、事実問題と法律問題の区別にかかわる全てがこの一つの条文で担われている。事実の解像度が事実の法的評価に属すると解するのは、裁判において事実をどこまで詳しく描き出すのかの決定は、事案の法的構成に従うべきであると考えるからである。上告審について民事訴訟法三二一条一項がいうのは、事実問題に関しては事実審たる原審に拘束されるが、法律問題に関しては法律審たる上告審の自由であるということではない。法律問題に関しては、上告審には、自ら妥当と考える事案の法的構成を貫徹することが職責上義務づけられているのであり、自ら定立した法命題に対して、関係する事実が当該法命題に包摂されるか否かを、その判定が可能となる解像度を設定して判定するのでなければ、この義務を履行したことにはならない。これは、法律問題に関しては、上告審は自らが定立した法命題に「拘束」されるということにほかならない。民事訴訟法三二一条一項の文言は、事実問題に関する「拘束」を語るのみであるが、同条項が事実問題と法律問題の区別にかかわる全てを担っているとすれば、明記されていないもう一つの「拘束」をも、上告審は銘記するのでなければいけない。

（1） 民事訴訟法三二一条一項は一九九六年六月の法改正による条文である。本稿が素材とする一九八八年六月一日の自衛官合祀拒否訴訟最高裁判決の言渡し時点での法は、旧法四〇三条（「原判決ニ於テ適法ニ確定シタル事実ハ上告裁判所ヲ羈束ス」）である。

（2）民集四二巻五号二七七頁。

（3）本件における合祀の過程を、筆者は一九九六年の日本公法学会・第四分科会（「精神的自由権」）での報告のなかで、「除籍謄本と殉職証明書が、まず、遺族から地連へ、次に、いつの間にか地連から隊友会へ、そして最後には、隊友会から護国神社へと、順次、受け渡されていく、そのプロセス」として捉え、「祀るという行為を、二つの文書を遺族の許から取り寄せることによって、つまり、遺族の手を借りて、行うこと」が合祀であると述べた。その上で、筆者は、本件訴訟の構造を、「原告たる殉職自衛官の妻も、再三にわたり、地連の事務官から、使用目的を明かされぬまま、除籍謄本と殉職証明書の提出を求められ」、「自衛官合祀訴訟の原告は、決して、合祀のプロセスの外に立っていたのでは」なく、「彼女自身が、合祀プロセスの中に、巧妙に、組み込まれていた」と性格づけた。このような性格づけを行ったのは、本件の問題構造における原告の位置を、亡夫の合祀を拒否しているにもかかわらず「合祀という言論に」「加担させられ」る「窮境」と見ることにより、個人が、知らぬ間に、他者の言論の「道具（medium）」にされているという、本件訴訟に限られない「戦後日本に普遍的な」「窮境」を本件のうちにあぶり出すためであった。蟻川恒正「日本・国・憲法――自衛官合祀訴訟に鑑みて」公法研究五九号（一九九七年）二三四頁。なお、本件訴訟に筆者が言及したものとして、ほかに、蟻川恒正「〈プロト・ディシプリン〉としての読むこと　憲法　第1回　序」法学セミナー六六四号（二〇一〇年）八二頁、八五頁、蟻川恒正「政教分離と信教の自由」樋口陽一ほか『新版　憲法判例を読みなおす――下級審判例からのアプローチ』（日本評論社、二〇一一年）九六頁、一〇六頁がある。

（4）民集四二巻五号二八〇～二八一頁。

（5）同二八一頁。

（6）同二八一頁。

（7）山口地連による照会が本件合祀実現に果たした重要性について、本件訴訟の原告弁護団の一人であった河野敬弁護士は、「この照会書は、当時合祀実現にあたって、山口地連が直面していた問題点について、すでに合祀を行ったと伝えられていた九州各地連に照会したものであり、総務課長が起案して地連職員がこれをタイプして発送し、地連部長もこれを承認していた」と説明した上で、第一審・第二審での証人調べでの証人は多くが山口地連の職員をはじめとする「敵性証人」であったにもかかわらず「合祀実現にいたる山口地連の主導的役割」を「明らかにすることができたのは」、この照会書と回答書という「重要な足がかりがあったからである」と述べ、「この照会に対し、各地連から詳細な回答が寄せられ、問題点解決の実例が示されているのであった。これはいわば山口地連が、地連ぐるみで合祀実現をはかった動かぬ証拠であった」と総括している。河野敬「動かぬ証拠［自衛官合祀違憲事件］」法学セミナー増刊『憲法訴訟』（日本評論社、一九八三年）二七〇頁、二七〇～二七一頁。最高裁判決は、この照会と回答にかかわる経緯の一切を記載しなかったのである。なお、河野弁護士には、本稿執筆の準備段階で事件についてのご教示を受けた。当時の証人調べの記憶の鮮やかさをはじめとして、筆者の細かな質問等に対して懇切な解答をいただき、筆者が本件を「再構成」するに当たって貴重なご意見をいただくことができた。ここに記して深甚なる感謝の意を表したい。

（8）山口地判一九七九年三月二二日民集四二巻五号三三六頁。

（9）同三八二頁～三九三頁。

（10）同三八三頁。

（11）同三八六頁。

（12）同三八六頁。

（13）同三八二頁。

（14）同二八三～二八四頁。

（15）同二八四頁。

（16）広島高判一九八二年六月一日民集四二巻五号四〇四頁。

（17）同三九四頁。

(18) 同二八五頁。

(19) この関連で、「〔昭和四六〕年秋に至って〔N〕宮司から」自衛隊員の合祀につき「基本的に了解を得」たのち、自衛隊殉職者奉賛会が設置されたことについての記述を、第一審判決の判決理由第二の一と最高裁判決の判決理由一の2の㈤ないし㈥とで比べよう。ここでも、同様のことが看取される。第一審判決の判決理由第二の一は、「F会長は〔昭和四六〕年秋に至って同宮司から基本的に了解を得、更に同人の依頼により合祀の請願書を提出した。かくてF会長は合祀実現が軌道に乗り始めるや、右請願書の提出と前後して合祀申請を準備するために自衛隊父兄会山口県支部連合会々長Oと交渉して、同年末頃までの間に自衛隊殉職者奉賛会を設け〔た〕」(圏点引用者)と記述するのに対し、最高裁判決の判決理由一の2の㈤ないし㈥は、「F会長は、〔昭和四六〕年秋に至って同宮司から基本的に了解を得、同宮司の依頼により同神社に対し合祀の請願書を提出した。㈥ F会長は、合祀申請を準備するため山口県自衛隊父兄会連合会のO会長と諮って同年末ころまでの間に自衛隊殉職者奉賛会を設立し〔た〕」と記述する。「合祀実現が軌道に乗り始めるや」の字句が省略されたのは、県護国神社において殉職自衛隊員の合祀を認めるに至った転機を「〔昭和四六〕年秋」から「昭和四五年秋」に前倒ししたことと軌を一にする。「合祀実現が軌道に乗り始め」たのが「〔昭和四六〕年秋」では、照会、回答、閲覧の事実の意義を低く見積もろうとしていると解される最高裁判決の意図からすれば、遅すぎると考えられたものと推測される。

(20) 自衛官合祀拒否訴訟中谷康子さんを支える全国連絡会編集発行『自衛官合祀拒否訴訟公判記録』(はましん、一九八八年)一〇七五、一〇七六頁。

(21) 前掲注(20)二六〇頁。

(22) 民集四二巻五号三八七頁。

(23) 県護国神社で自衛隊員の合祀を実現するために山口地連が行った活動を、靖国神社で戦没者の合祀を実現するために行ったのが旧厚生省である。奥平康弘は、この活動を政教分離の問題として取り上げている。「戦前の靖国神社にあっては、だれを神として祀るかという決定およびそれにともなう事務は、すべて陸海軍が行なっていたようである。神社はもっぱら軍の意思に従って、祭事を執行するにすぎなかった、と理解してよかろう」。「問題は、しかし、戦後である」。「GHQが合祀祭をいっさい認めなかった短時期はさておき、戦後は、国家機関たることをやめ宗教法人として新発足することになった靖国神社が、かつて陸海軍の受持ちになっていた合祀事務を自ら単独で行なわなければならなくなったのである。これは、政教分離原則をとる憲法の要請するところのものである。けれどもしかし、本当に靖国神社は合祀事務を自力で処理してきたのだろうか。それとも陸海軍に代わってなんらかの政府機関がこの事務を引き継ぎ、そのことによって靖国神社の宗教活動に援助・後援するということがあったのであろうか。／……政府機関は相当に深く靖国神社の合祀事務にかかわってきているとみて間違いないようである」。奥平は言う。「戦後の靖国神社の宗教（合祀）は、政府機関の協力のうえに成立しているのであって、けっして端的に靖国神社の「宗教の自由」とは、政府はいえる立場にない」。／「政府の「合祀事務協力」の仕組みが成立したのは、占領が終結し靖国神社が復興の緒についた一九五〇年代中葉のこと。……一九五六年四月一九日づけ厚生省引揚援護局長の通知を契機とする。／形だけをみれば、政府関係機関は自らの設定した「合祀基準」にもとづいて「祭神名票」を作成しこれを靖国神社に送付するだけで、実際の合祀決定はあたかも靖国神社が自主的に行なうもののようである。けれども実際には、靖国神社は自主的な決定に必要な情報も調査能力もまったく持っていない。そしてそうだから、「合祀事務協力態勢」が不可欠であったのである。実態からすれば、政府による「祭神名票」――それは厳密な「精度」を要求されている――こそが合祀決定であったとみるほかない。／政府の手により「合祀基準」が修正増補されれば、〝神々〟がふえ、靖国神社はその分だけ繁盛する。こうした〝神々〟の増殖過程において、政府は、東条英機以下一二柱の「祭神名票」を調製しこれを靖国神社に送付するということをやっているのである。／……A級戦犯であろうとB・C級戦犯であろうとその他どんな「殉難者」であろうと、それらを〝神様〟の資格あるものと認定し、靖国神社への合祀を進達することを政府機関が行なってきた事実こそ重大である」（／は改行、圏点引用者）。奥平康弘「政府、〝神々〟をつくる――厚生省の靖国神社合祀事務協力」同『憲法にこだわる』（日本評論社、一九八八年）三七頁、四一～四二頁、四六頁、四七～四八頁。奥平が描き出す旧厚生省遺族援護担当部局の活動と靖国神社との関係は、本稿が記述する山口地連の活動と県護国神社との関係と基本的に同型である。いずれの活動も、祭神の決定というそれぞれの神社の宗教性の核心に結びつくものであり、その「宗教とのかかわり合い」は「直接的」というほかない。この同型性を踏まえた上で、あらためて特筆すべきは、旧厚生省の担当部局の活動が（戦没者ではないA級戦犯をどう位置づけたかを措いていえば）靖国神社の創建の建前からして本来祭神としうる戦没者のなかからの選定であったのと比べても、護国神社の創建の建前からは本来祭神にはできない者を祭神に据えることを認めさせた山口地連の活動は、祭神の決定に本源的に介入しているという事実である。

(24)　ここに「最高裁」の語が指し示すものの実体は定かでない。護国神社の主祭神が戦没者であるという事実と、主祭神になりえない者を神社で祀る方法として「配祀」「併祀」「相殿奉斎」があるという事実とが、本件において決定的に重要な事実として存することは、既に示した通りであるが、そうであるにもかかわらず、最高裁判決では、多数意見においてのみならず、伊藤正己裁判官の反対意見を含む五つの個別意見のいずれにおいても、こうした事実は全く取り上げられていない。これらの事実は第一審でのみ取り上げられ、原審もまた、（これらの事実をそのまま認定しているものの）第一審判決にdな、「加除訂正」をするほかは第一審判決の理由説示の通りとする形式で判決理由の説示を行っているため、記載の文面上はこれらの事実への言及を欠く。最高裁判事が、もし最高裁調査官による調査報告書を除けば、事件資料としては原判決と上告理由を読むにとどまる傾向があるとすれば、本最高裁判決に参加したほとんどの最高裁判事は、これらの事実が第一審判決において果たしていた決定的な役割をそもそも認識することなく本件審理に臨んでいた可能性さえないとはいえず、それどころか、その可能性こそが、個別意見も含め本判決中に前記事実が一切現われないことの最も「合理的」な説明となるように思われる。この説明は、いくつもの仮定の上にのみ成り立つ。そのなかでも最も critical な仮定は、調査報告書を執筆した本件担当の最高裁調査官は前記事実が第一審および原審で果たした役割を当然了知していたはずだというものである。こうした仮定を積み重ねると、本注に対応する本文にいう「最高裁」がどの範囲の人的拡がりを有する実体であるかが多少とも絞り込まれる可能性はあるのではないか。参照注(31)。もとより、本注に対応する本文がいう筆者の億度それ自体が成り立たない可能性があることはいうまでもない。

(25) 本最高裁判決は、「県護国神社による〔第一審原告の亡夫〕の合祀は、まさしく信教の自由により保障されているところとして同神社が自由になし得るところであ〔る〕」と述べる。宗教法人が信教の自由を保障されるのは当然であると考える向きも多いが、宗教法人が信教の自由を保障されるのは当然であると考えることはできない。本最高裁判決に対して、この問題意識をいち早く指摘したのは、樋口陽一である。「J・Sミルは、多数者の専制が政府の行為としてあらわれる〈political oppression〉とくらべて、それよりも「さらに恐るべきもの」として、「社会みずからが暴君となる」〈social tyranny〉を問題とし、後者のかたちでの「個人の独立に対する集団的な意見の合法的干渉」に限界を課すことの重要さを、力説していた(『自由論』)」と述べた樋口は、「かりに、判決の多数意見のようにもっぱら私人間関係の問題としてものを考えるにしても、それならばその場面で、神社の信教の自由を、原告個人の信仰の自由と対等に置きつつ「寛容」論をテコとして実はそれに優越させることは、ミルの教訓をあまりに無視したものというほかない」として、次のような基本的視座を定礎した。「もともと、信教の自由は、国家からの自由の側面とともに、宗団からの個人の良心の自由という問題を含み、そのためには、国家による宗団からの個人の解放までもが課題とされたはずであった。「信教」を「思想・良心」一般にまでひろげるならば、いまの日本社会で、「○○神社の信教の自由」や「○○会社の政治活動の自由」に抗して、個人の精神の独立にこだわることには、限りなく重たい意味がこめられているはずである」(圏点原文)。樋口陽一「価値は共有されているか——寛容、社会的専制からの自由、政教分離 日本社会と「西側社会」」世界五一八号(一九八八年)七四頁、七六頁。この視座は、それから二九年後の樋口によって、自らの思考が準拠する軸(「共和国」)をあらためて定式化する形で、一層明瞭に再提示される。樋口は言う。「一つだけ、致命的なほど重要なことを読者のために念を押して〔お〕けば、「共和国」の本質的要素として「国家による自由」が語られるとき、その自由はあくまで「からの自由」であり、ていねいに言えば「国家による・社会からの・個人の自由」として特化されるだろう」。樋口陽一「「共和国の自由」と「国家からの自由」——水林彪論稿の問題提起を受けて」同『抑止力としての憲法——再び立憲主義について』（岩波書店、二〇一七年）七九頁、八〇頁。

(26)「原告が、第一審の審理において『個人が内心において『国家公共につくした人々の心霊』を慰霊することはもとより全く自由であるが、本件合祀の如く他人を公衆礼拝の施設を備えた神社に奉斎し、祭祀の対象とし、神社崇敬者の教化育成に資する祭神とするような外部に表現された、いわば対世的な宗教上の行為については、内心の自由におけるとは異なり、その自由につき自ら内在的限界が存するとしなければならない』と主張していたことは、特筆するに値する。なぜなら、そこでは、護国神社の信教の自由が、国のために命をささげる者を顕彰する行為についてのものである点で、憲法によって保障される信教の自由一般とは異質の性格を帯びるが故に、憲法上の十全な保障を受けるのに適当でないものである可能性が示唆されているからである」。蟻川「政教分離と信教の自由」・前掲注（3）一一〇頁。「県護国神社における殉職自衛官の合祀が、事実において、決して隊友会や地連の行動と無関係に成立しえたわけではない」という「全体的な行為連関を捨象したところに設定され」、「原告の主張する『宗教上の人格権』に対抗する利益を構成するために作り出された極めて作為的な概念形象」が「護国神社の信教の自由」であることについても、同頁を参照。

(27) 命題Iの第一の意味は、本最高裁判決中にこの意味を直接反映した言明を持たないという意味では、存在感の薄い意味のように見える。けれども、命題Iが（既に見たような）舞台裏での重要な役回りを演じた基底には、この意味がある。しかも、のちに本稿が明らかにするように、（より根底的な意味で）本最高裁判決のテクストを破綻させる震源地となったのも、この命題Iの第一の意味である。破綻を露見させないことが最高裁にとっての至上命題であるとすれば、その存在感が薄いのは当然である。

(28) 民集四二巻五号二八五〜二八七頁。本最高裁判決において合祀申請段階での山口地連の行為の憲法二〇条三項適合性を判断した部分は、厳密には傍論である。だが、最高裁は傍論としてでも合憲判断をして、国の行為には凡そ違法性はないと弁証する構えをとったといえる。

(29) 目的効果基準における目的要件は「当該行為の目的が宗教的意義をも［つ］」か否かであり、「当該行為者が当該行為を行うについての意図、目的及び宗教的意識の有無、程度」(③)ではない(圏点引用者)。最高裁の目的効果基準における目的要件の審査を正確に理解するためには、その判断枠組みにおける要件要素(element)と考慮要素(factor)との間に存するこの違いに注意することが必要である。

(30) 一九七七年七月一三日の津地鎮祭訴訟最高裁判決は、効果要件に係る検討を、「国家と神社神道との間に特別に密接な関係が生じ」る「ものとはとうてい考えられない」(圏点引用者)という弁明で結んでいる(民集三一巻四号五三三頁、五四五頁)。また、一九九七年四月二日の愛媛玉串料訴訟最高裁判決も、効果要件に係る検討を、「本件においては、県が他の宗教団体の挙行する同種の儀式に対して同様の支出をしたという事実がうかがわれないのであって、県が特定の宗教団体との間にのみ意識的に特別のかかわり合いを持ったことを否定することができない。これらのことからすれば、地方公共団体が特定の宗教団体に対してのみ本件のような形で特別のかかわり合いを持つことは、一般人に対して、県が当該特定の宗教団体を特別に支援しており、それらの宗教団体が他の宗教団体とは異なる特別のものであるとの印象を与え、特定の宗教への関心を呼び起こすものといわざるを得ない」(圏点引用者)という弁明で結んでいる(民集五一巻四号一六七三頁、一六八三頁)。最高裁の目的効果基準における効果要件の審査を正確に理解するためには、その判断枠組みにおける「援助、助長、促進」または「圧迫、干渉」の存否を判定する上で、「特定宗教」との間に特別に密接な関係が生じ」ることになるか否かが鍵をなす観点とされていることに注意する必要がある。

(31) 加えて、本最高裁判決は、憲法二〇条三項の「宗教的活動」の定義そのものを流動化させかねない記述をも残している。憲法二〇条三項にいう「宗教的活動」とは「当該行為の目的が宗教的意義をもち、その効果が宗教に対する援助、助長、促進又は圧迫、干渉等になるような行為」であるとする定義は、一九八八年六月一日の本判決言渡し当時において、既に安定したものであった。ところが、本最高裁判決の文面によれば、憲法二〇条三項違反とされるのは、こうした目的要件・効果要件を充たす行為それ自体ではなく、目的要件・効果要件を充たすと「一般人から評価される行為」が憲法二〇条三項違反とされるかのような書きぶりを示しているのである。これは、考慮要素である前記②を「総合的」な「考慮」の段階を超えて「客観的」な「判断」の段階に取り込むものともいえるため、のちの判決で行われる「客観的」な「判断」から「総合的」な「判断」への判断構造の移行を予告する書きぶりのように見えなくもない。津地鎮祭訴訟最高裁判決がいう「客観的」「判断」とは、判断過程において要件要素の充足の有無を見る判断（要件審査）を指す。この判断は、判断過程が考慮過程から分節されている点に要諦がある。これに対し、そのような分節を欠き、考慮過程における考慮要素の「総合的」「考慮」が、国家の宗教とのかかわり合いを「我が国の社会的・文化的諸条件に照らし相当とされる限度を超える」か否かの二値的判断に還元する判断過程にそのまま流入するのが「総合的」「判断」である。自衛官合祀拒否訴訟最高裁判決に窺われた考慮要素②の越境（考慮過程で考慮されるものである考慮要素が判断過程に溢れ出したかの如き領域外使用）は、愛媛玉串料訴訟最高裁判決において三好達裁判官（自衛官合祀拒否訴訟最高裁判決当時の最高裁首席調査官。一九九五年一一月七日から一九九七年一〇月三一日まで最高裁長官。退官後、日本会議会長、靖国神社崇敬者総代など）の反対意見にも見られる。「『県が特定の宗教団体の挙行する重要な宗教上の祭祀にかかわり合いを持った』ことを理由に、当該行為が宗教的意義を持つとの一般人の評価が肯定されるというのでは、目的効果基準を具体的に適用する上での考慮要素②は何ら機能していないものといわざるを得ない」（民集五一巻四号一七三八頁）と述べているのは、それを示唆するに十分である。さらに、同反対意見は、「靖國神社の祭神は百万単位をもって数える戦没者が主体であり、県護國神社の「祭神」は愛媛県出身の戦没者が主体であるが、そのほかに、旧藩主、藩政に功労のあった者、産業功労者、警察官、消防団員、自衛官の公務殉職者等を含むとされる。祭神という言葉はいかめしいが、いわば神社神道固有の〝術語〟であり、神社に参拝する国民一般からすれば、今は亡きあの人この人であって、ゴッドではない」（圏点引用者）と述べ（同一七三六～一七三七頁）、「祭神」の問題は（本件玉串料支出の責任者を含む）「国民一般」の意識からは切り離された事象であるという認識を強調している（同時に、この言明は、「祭神」の問題が「神社神道固有の」宗教性の核心にかかわるものであり、「自衛官の公務殉職者」を祭神に「含」ましめる神社の基本決定に働きかける他者の行為があればそれは当該「宗教性の核心に結びつく行為」たりうるとの認識を告白する言明でもある。）。「行為」の目的よりも「行為者」の意図・目的を重視する点も、自衛官合祀拒否訴訟最高裁判決における目的効果基準の簡易な適用に連なる（考慮過程での「行為者」の意図・目的を「行為」の目的に変換するのが判断過程である。逆に両過程が分節されていないと、この変換が行われない。つまり、目的効果基準の簡易な適用は、「客観的判断」から「総合的判断」への移行の兆候である。）。三好達反対意見は、愛媛玉串料訴訟最高裁判決の段階では、一人の反動的裁判官の「跳ね上がり」のようにも映じた。だが、自衛官合祀拒否訴訟最高裁判決に遡ることができるその越境の系譜は、津地鎮祭訴訟最高裁判決の考慮要素②（「一般人の宗教的評価」）を（「一般人の評価」として）他の考慮要素①③④を差し措いて判断過程に引き上げた二〇一〇年一月二〇日の空知太神社訴訟最高裁判決（民集六四巻一号一頁、一〇頁）に至って、ついに「判例」となった。

(32)「事案類型」の概念については、蟻川恒正「起案講義憲法　第1回　最高裁判決を読む」法学教室三九一号（二〇一三年）一一二頁、一一七〜一二二頁、蟻川恒正「ライブ・起案講義憲法」法学教室四三九号（二〇一七年）別冊付録を参照されたい。

(33) 民集四二巻五号二八六頁。

(34) 同二八六頁。

(35) 同二八四頁。

(36) 同三八六頁。

(37) 同三八六頁。

(38) 木庭顕は、ローマ法が vis armata と呼んだ「内的な軍事化によってそこに現に形成されている違法な実力の形態」を日本国憲法九条二項前段の「戦力」の英語表記 war potential（戦争の潜勢力）と対応させ、「武力行使に至っていない」が「内側に（他から見て）脅威になるような軍事化を達成してい」る状態を「戦力」と解する（語の本質的な意味で radical な）解釈構想を提示している。それによれば、「政治システムは定義上支配服従関係ないし徒党（その最たるものたる軍事組織）を排除するためのものであ」り、「vis armata の日常的形成は ipso facto に政治システムの崩壊を招く」が、「外部から人々を服従させる軍事集団が襲って来る」危険から免れることができないとするると、その危険に対処するために「本来ならば ipso facto に違法な実力組織を自ら団結して形成せざるをえない」という「矛盾」に直面する。木庭によれば、「この矛盾に粘り強く対処し何重にもタガをはめる営為」が「政治システムの不可欠で基本的な部分である」。木庭顕「日本国憲法九条二項前段に関するロマニストの小さな問題提起」同『憲法9条へのカタバシス』（みすず書房、二〇一八年）二七頁、四〇～四一頁、四四頁、四九頁注60。そうであるとすれば、国の実力組織の行動に「何重にもタガをはめる」ことは、憲法九条二項前段の要請といわなくてはならない。タガにはいろいろのものがあるであろうが、国の実力組織と私的団体、とりわけ宗教集団とが「相互浸透」の関係になることは、「社会全体を軍事的にする」ことに寄与するから、「タガをはめる」必要性は高い。こうした脈絡を敷き詰めた上で、木庭は、「［自衛官合祀拒否訴訟最高裁判決］の事案は意義深いです。国のしたことは九条二項［前段］違反なのではないかと思います」と述べる。木庭顕『誰のために法は生まれた』（朝日出版社、二〇一八年）三七四頁。照会、回答、閲覧の事実に示された山口地連の行為の「宗教とのかかわり合い」を「間接的」とした最高裁の判定の不適正性を手続上の観点から取り上げることを主眼とする本稿は、当該判定の実体上の不適正性（憲法二〇条三項違反性）については最低限の論究しかしていない。引用した木庭の議論は、この欠を補って余りある。加えて、実体上と手続上の不適正性の相互連関についていえば、以上のような脈絡の下にある本件において、最高裁判決が第一審および原審の設定した解像度を下げたことは、木庭のいう意味での「何重」もの「タガ」の一つを外すことの無視し難い例といいうるであろう。

(39)　一般には、解像度が低ければ（照会、回答、閲覧の事実に示された山口地連の行為は「事務的」な行為にしか見えないから）「宗教とのかかわり合いは間接的」と判定され易く、反対に、解像度が高ければ（「奉斎する祭神」の決定に結びつく行為であると「解像」されることになるから）「宗教とのかかわり合い」は「直接的」と判定され易いという相関を指摘できるが、原因（解像度の高低）と結果（行為の「宗教とのかかわり合い」が「直接的」か「間接的」か）は、現実には、しばしば反転する。「宗教とのかかわり合い」が「間接的」であるとの判定を得んがために、低い解像度を設定することが選択される。目的効果基準の簡易な適用という効果を得んがために、「直接的」か「間接的」かを要件とする法命題が定立される。命題Ⅱは、そのようなものである可能性がある。「社会生活のナマの事実から法的に意味のある『事実関係』をどのようにして構成し、それを法的コミュニケーションに乗せてゆくか」が法実務の常道であるが（村上淳一「補説――「司法制度改革・法学教育改革」管見」同『システムと自己観察』〔東京大学出版会、二〇〇〇年〕一九九頁、二〇七頁）、「裁判とは、裁判官がみずから法規範によって事実関係を『構成』する一方、事実関係を『構成』するためにその法規範を選択し、適用し、創造するという循環的作動ではないか、という仮設が立てられる」。村上「裁判官の事件「構成」」同『システムと自己観察』四一頁、五三～五四頁。この「循環」を直視すればこそ、村上淳一は、具体的な事実を要件要素へと逐次的に包摂する基本動作の重要性をあらためて強調したものと推測される。村上「転換期の法思考」同『システムと自己観察』七頁、八～九頁。事実と要件要素とをつなぐ結節点に位置するのが事実の解像度である。事実の解像度は、事実構成と法規範の選択とが接続する場で、結論を左右する決定的な役割を果たしうる。自衛官合祀拒否訴訟最高裁判決による前記事実の解像度の引き下げが、のちに見るように、要件要素への事実の包摂という法律家の基本動作を実質的に回避する形でなされたことの問題性は、強調してもし過ぎることはないと思われる。

(40)　参照注（1）。

(41)　行為と「宗教とのかかわり合い」が「間接的」であることは、憲法違反の存否の判断に影響する、違憲審査基準の適用の簡易化を認める本最高裁判決が導入した要件である。山口地連の行為に係る照会、回答、閲覧の事実がこの要件に包摂されると示すことは、最高裁判決の設定した解像度では不可能であるにもかかわらず、この要件が充足されたとして目的効果基準の通常の適用を解除し、易々と下したのが、本最高裁判決による合憲判断にほかならない。この合憲判断もまた、本注に対応する本文に述べた根底的な不適正の瑕疵を帯びていることはいうまでもない。目的効果基準の通常の適用が既に普及している判例状況下で、事実審たる第一審および原審で違憲とされた政教分離規定適合性判断を上告審で合憲判断へと覆すことは、容易なわざではないはずである。にもかかわらず、それを正攻法によらず、目的効果基準の簡易な適用という形で安直に成し遂げようとしたところに、根底的な不適正を招き入れる因果の原点があったと云ったら言い過ぎであろうか。

(42) 既に述べたように、事実の解像度は、事実の法的評価に属し、ある事実に関して原審の設定した解像度は上告審を拘束しない。けれども、上告審による解像度の設定を原審によるそれから解放することが認められるべきであるのは、事実の解像度を法律問題とすることによって、原審の適法に確定した事実には拘束させつつも、上告審自身が妥当と考える事案の法的構成を上告審が貫徹することを可能にするためであり、それが民事訴訟法三二一条一項の黙示の趣旨であると解される。そうであるとすれば、上告審が定立した法命題を上告審が自ら放棄するような形で事実の解像度を自由に設定することまでを上告審に許すことは、法の趣旨を没却することとなる。自らが定立した法命題への包摂の有無を判定可能な解像度を原審が提供しているにもかかわらず、これを採用せず、あえて判定不能な解像度を採用した上で包摂を否定する最高裁判決の立論は、原審の拘束から免れる所為であるかどうかが問われる以前に、自らが課した拘束を自ら免れようとする異例の所為である。そこに、判決理由中には書かれていない何らかの意図の存在を嗅ぎつける者があったとしても、一向不思議はない。

政治的階層と知的階層

木庭　顕

一　E・レーポレ『キケローの princeps 概念――共和末ローマの政治思想』（一九五四年）

ベネデット・クローチェ（Benedetto Croce）が戦後創設したナポリの歴史学研究所、通称イスティトゥート・クローチェ（Istituto Italiano per gli Studi Storici）は、歴史学者の登竜門となり、事実多くの代表的な歴史学者がここから巣立って行った。ナポリのかつてのギリシャ都市中心、centro storico 中枢、にあるこの Palazzo Filomarino で、毎年少数の給費生が寄宿生活を送りながら一年間共通の講義に参加し、同時に論文を執筆する。講義は、古代から近代までの、そして様々な地域の、歴史を研究する世界中の第一級の学者により、何波かにわたって集中してなされる。給費生はその全てに出席する義務を負う。講師も給費生も世界中からやって来はするが、イタリアの文脈では、代表的な知識人が代表的な知識人を育てる場の一つである。国民的な歴史家は、代表的な知識人の中でも最も尊敬される存在である。この「クローチェ（研究所）」に関する限り、そのような歴史家であったクローチェの力が大きい。ファシズム下、彼は唯一最後まで独立し、自らの知的権威のみを楯に、ファシストに手を出させなかった。そして膝下においてレジスタンスの傘をさえ提供したのである。

エットレ・レーポレ（Ettore Lepore）（1924-90）は、ナポリ出身で、ダイナミックで情熱的なナポリ特有のテンペラメントを色濃く備えるタイプであったが、ナポリの知識人を代表するクローチェの元に早くからあり、レジスタンスにも参加した。戦後設立された「クローチェ」の初代所長にはモミッリャーノ（Aranaldo Momigliano）が亡命先イギリスから招かれようとしたが、実現しなかった。実現していたならば、同じギリシャ・ローマ史を専攻することとなるレーポレにどのような影響がさらに一層加わっていたか、と溜息が出るが、いずれにせよ、レーポレはまずはローマ史を専攻する。そして「クローチェ」の給費生となる。そこで書き上げた論文を元に出版されたのが、標記の書物である（*Il princeps ciceroniano e gli ideali politici nella tarda repubblica*, Napoli, 1954）。キケローの政治思想ないし共和政崩壊史に関して、当時の水準を完全に塗り替えた。おそらくは塗り替えすぎて、難解を以て長く知られ、私見によれば、未だに最高水準たるを保っているばかりか、未だに十分理解されていない。しかし少なくともイタリアとフランスで、レーポレは、キケロー研究者としてのみならず南イタリアのギリシャ植民都市域の研究者として、最高度の尊敬を集めている。

標記の書物において出発点に置かれるのは、主として戦間期ドイツで戦わされた或る論争である。キケローのテクストに princeps（第一人者）、ないしそれに類したリーダーを意味する語、が登場する。周知のように princeps は元首（「ローマ皇帝」）を指すようになるから、一方は、共和政に殉じたはずのキケローが実は元首政のイデオロギーを準備した、と論じた。こちらの側はむしろ称賛のニュアンスを与える。モムゼン（Th. Mommsen）やゲルツァー（M. Gelzer）の影響で、キケローは視野の狭い保守的な旧体制支持者と見なされていた。これに対して、実はキケローはそうではなかったのであり、剰え、Führer 概念さえ提供した、と論じられたのである。この不吉な語についての解説は不要であろう。他方は、こうした言わば派手な解釈を断然拒否し、キケローは伝統的な政治的リーダーについてこの種の語を用いているだけである、と反論した。こちらの側でも、限界を克服しえなかったというより、キケローがサウンドであったことを称える秘かなニュアンスが漂う。こちらの側は、テクストを慎重にかつ文字通りに解釈する傾向を帯びる。

レーポレは後者の側に立つかに見えるように論じ始める。前者の解釈はテクストの上で成り立たず、誤読に等しく、元首政イデオロギーとの密やかな関係は否定される、とする。必ずしもローマ史に詳しくない読者のために初歩的知識ながら一言すれば、元首政期に至っても君主政的観念は少なくとも或る時期までは打ち消され続け、だからこそ継承原理は定まらず、元首は、「表面上続いていることになっている共和政を影ながら私財を擲って一人で支えている実力者」たるを公式の地位としたのである。

princeps「第一人者」という語は、事実上の最有力者をも意味しうるから、この点で元首政イデオロギーに親和性を有し、もちろんだからこそ使われた。後世これが「君主」を意味するようになるのは圧倒的な皮肉である。キケローのprincepsが元首政イデオロギーとの密約に立たないということの論証は、かくして、語の直接の意味の探索によってのみならず、多様なイムプリケーションを文脈で分析しなければ、到底可能ではない。

レーポレは「共和的観念」派をひとまず支持したが、彼らが手堅いデノテーションに立て籠もり、イムプリケーション分析のフィールドで「元首政イデオロギー」派を野放しにして好き放題された、その点を踏まえる。つまりキケローの発言の歴史的文脈を可能な限り大きくとり、その中で元首政イデオロギーとは正真正銘異なる、それ自身高濃度の、精緻な思想が紡がれた、ということを論証しようとする。言うまでもなく、論争は一種の叙述上の口実で、手段たるかに見えた大きな歴史的文脈の把握、つまり全体史、こそが論文のターゲットである。なおかつ、キケローの思想的営為をこれに解消することなく、そうした現実に重厚に立ち向かった知性を浮き彫りにする。

ローマでは、紀元前五〇〇年頃の共和革命以降、パトリキpatriciと呼ばれる世襲貴族が元老院議員や政務官等々政治的権能を独占していたが、パトリキと平民プレーブスplebsとの間の長い闘争の結果、四世紀半ばにはプレーブスも政治的権能に与りうるようになる。ただしまた新たに、緩やかに事実上政治的権能を独占するノービレースnobilesというパトリキ/プレーブス混合の政治的階層が形成され、これが政治システムの安定を支えた。しかし二世紀の終盤以降、ノービレース体制は深刻な危機に見舞われ、グラックス Gracchus 兄弟による改革の試みはその現れでもあれば、その克服の試みでもあった。しかしその試み自体とその挫折は却ってノービレースを空中分解させ、大規模なテロルないし軍事化を招き、紀元前一世紀初頭にかけて事実上の私的軍事組織を率いる軍事的な実力者が次々に政治システムを蹂躙するようになる。そうした実力者の中のスッラ Sulla は、内戦トーナメントに優勝して単一支配者となった結果、却って最も閉鎖的なヴァージョンの旧ノービレース体制を擬似的に復元した。キケローは、ポスト・スッラ体制において政治の世界に現われる。もう一度緩やかに政治空間を解放する風にのり、まずは原状回復の法廷弁論によって、活躍を始めた。彼は地方都市名望家の出身でノービレースに属さず、ホモ・ノウス homo novus「新人」であった。つまりノービレースが緩やかに代謝する、その側面に属した。そして紀元前六三年の最高政務官コンスル職を選挙で獲得するので、まさしくノービレースに加わったのであった。ただし、ポスト・スッラの新たな季節は、徐々に新たな実力者ポンペーイウス Gn. Pompeius によって保障され、裏打ちされる。つまり自立した政治システムであるのか、疑わしい代物であった。もちろん、ポンペーイウスが共和政に忠誠を誓うならば、その限りで政治システムの復活を真剣に言いうるかもしれない。いずれにせよ六三年までにキケローが練り上げていく政治理念は、ポムペーイウスの支持基盤をも視野に入れ、一見古いノービレース体制の標語コンコルディア・オルディヌム concordia ordinum（諸身分の協和）でありながら、この語に新たな意味を付与する、つまり少なくとも基盤を広くとる、ものであった。レーポレはこの微妙な変化を見逃さなかった。かつ、六三年にコンスルとしてコンコルディア・オルディヌムの名の下にキケローはカティリーナ Catilina のクーデタを制圧した、その代償としてやがて反対派から亡命を余儀なくされ、挫折する、その間に、次第に音量を上げていくコンセンスス・オムニウム・ボノールム consensus omnium bonorum（良き人士の総意）という標語にレーポレは着目する。つまり、レーポレは、キケローが古い理念に固執して破綻した（シュトラースブルガー H. Strassburger）のではなく、古い概念に新しい内容を盛ったのではあるが、挫折を経験し、今度は理念を新しい次元のものに進化させるのである、ということを跡づけた。しかもコンセンスス・オムニウム・ボノールムという語の出現のクロノロジーに引き摺られずに、これが明確に焦点を持つようになるまでのタイムラグを計算に入れる。つまり徐々にジグソーパズルのピースが揃うように理念が具体化していく、というのである。

その新しい次元であるが、レーポレは、まさにその頃、問題のワーディングが現われる、ということを論証する。つまり princeps 概念とコンセンスス・オムニウム・ボノールムは緩やかに連帯の関係で登場するのである。五〇年代後半の『デー・レー・プーブリカー』*De re publica*（『政治システム論』）において princeps 概念が一個のアクメーに達することはよく知られてきていた。しかしレーポレは、連鎖する多様な語が五〇年代初めから出始めることを追跡し、そしてこれらがコンセンスス・オムニウム・ボノールムと連接的関係に立つことを確認する。そして、キケローの概念構成の力点が、階層間の協和ではなく、個人の新たな資質へと移った、ことを論証する。そのような概念構成上の転換があったと考えるのである。ただしその個人は一人支配者としての個人ではない。反対に、広い裾野を構成する一人一人のことである。つまりキケローは今や政治的階層それ自体を取り替える、或いは新たに創出する、否、その質自体を転換する、という目標を持った。そして、資源自体を新たに求める。既存のものをどうにかしようという考えを捨てた。かつ、そうした者たちの先頭に立ち創出を媒介する人物こそが、princeps 等々リーダーを表す語で指示される。これは狭い意味で知的なリーダーシップであり、それ以外では全くない。このように理解して初めて弁論と手紙以外の理論的諸著作の読解を進めうる。つまり、キケローは、緩やかな懐疑派たるアカデメイア派に軸足を置くこと、とりわけ『ポリティコス』*Politikos* のプラトーンが下敷きにされていること。ここまでで既に、「元首政イデオロギー」派は完璧に破綻させられ、「伝統」派もまた完全に置き去りにされてしまっている。『ポリティコス』はもちろん、プラトーンが政治的階層への知的批判から矛を収めて政治的階層自体の再建プランを模索した作品である。

実はレーポレの本領はこのさらに先において発揮される。つまり、新しい理念のこの「良き人士」の具体的資源をキケローが何に見たか、の探究である。絶え間なくなされて伝わる弁論は格好の検証手段である。キケローの視線の先には、地方都市の新しい名望家層がある。激動と廃墟の中から、新たな階層が育ってきている。つまりキケローそしてレーポレは明らかに社会経済的基盤を見ている。レーポレは歴史学の観点からその社会経済的資質を特定しにかかる。新しい形態の土地所有者層であることまではわかる。かつまた、キケローはその層を政治的に掴まえ損なったか、或いはその内実を捉え損ない、カエサルの側に寝返られてしまう。否、それを承知で捻り返そうとしていたか？　とにかくキケローの挫折もまたレーポレの分析対象である。いずれにせよ、地域的偏差もある諸都市の新しい名望家層の形成の歴史を明らかにすることは壮大な歴史学的作業である。本書はイムプリシットにそれを予告して終わる。その後のレーポレの学問的生涯はもちろん全てこれに費やされた。

二　政治的階層

レーポレがこの大作において政治的階層の再建という使命をキケローに与えたことは自明であろう。現に la classe politica という語は頻発する。このように言われたとしてキケローにとっても他のローマの指導層にとっても、カエサル派はもちろんアントーニウス派にとってさえ、違和感はなかったであろう。なにしろノービレースという par exellence に政治的な階層が政治システム（共和政）存立を支えてきたのであるから、ローマにおいては可視的な事象であった。その崩壊を前にして、それを広く堅固な基盤の上に再建する、というアジェンダは、既にグラックス兄弟が意識したものであったろう。その種のものはもはや不必要という考えが万が一この時代に初めて現われたのであるとしても、そのような考えの持ち主にも政治的階層という概念は自明の前提であったであろう。

他方、レーポレにとっては、政治的階層の再建というアジェンダはマキャヴェッリ以来のイタリア知識人の宿願である。ポスト人文主義期、長く諸々の自治都市を支えた階層が崩壊していく、という現実を前に、マキャヴェッリがその透視眼をますます鋭利にしていった、ということはよく知られる。その後のイタリアの「停滞」がリソルジメント以降も意識されるのは、一九世紀末のいわゆる自由主義の時代においてなお政治的階層の再建が未完であったからである。戦後においてさえ、否、ベルルスコーニ時代以降現代においてはますます、政治的階層の弱体化は誰もが意識する深い病である。

政治的階層というのは、一昔前の政治学における「政治エリート論」の概念とはひとまず別物である。確かにこれはまさに右に述べた自由主義期のイタリアの或る種の発達不全が捻れてデモクラシーへの反発に転じたものであり、だからこそ「イタリア発」「ファシズム行き」（モスカ、パレート、ミヘルス）であった。しかし伝統的な政治的階層の概念は、反デモクラシーのニュアンスないしブルータルな支配正当化の部分を含まない。多元的かつ共和的な体制をワークさせるためのデヴァイスの一つなのである。政治の概念の論理的コロラリーである。政治は、（ギリシャ・ローマ風に言えば都市と領域の二元的区別を基礎として）個別の利益（領域のロジック）を直接には入り込ませない自由で精緻な議論を不可欠とする。そこから政治的決定の明確さと一義的な実現が生まれ、この決定が政治システムそのものを再生産する。そうした議論を実行する者たちはどうしても相対的に少数たらざるをえない。これは論理的な関係で、数の問題ではない。少人数で構成される社会ならば全員で議論できる、という反論は当らない。その場合には個別の利害が直接に議論の中に入りやすく、政治は成り立ちにくい。政治が成り立つためには社会の一定の規模が不可欠であると古来理解されてきた所以である。つまり生産や取引や消費の第一線からの距離を不可欠とするのである。ギリシャ・ローマの専門家にとっては初歩的な知識であるが、ただし、俗流に、政治が経済を度外視して理念を追求したとか、経済を奴隷に任せて暇な階層が政治をしたとか、と解してはならない。政治的階層を構成するのは、自らの経済的基盤をめぐる（ギリシャ・ローマ風に言えば領域の）問題を深く洞察する人々であり、政治的決定の多くは経済の問題の解決を目指すものであった。

さて、経済ないし領域の問題を含めてそれを解決するために、直接の利害関係を超越する、というのであるから、彼らは塊にならず、追従せず、一人一人独自の省察を遂行している、つまりその意味で自由である、ということが条件となる。利益は必ず集団と共にあり、塊になるということは利益に直接縛られることを意味するからである。すると厳密な意味の個人を、それも複数、（少数であるとそこにまた共同体ができてしまうから）相対的に多数、調達する必要がある。つまり彼らが階層として社会の中に具体的に存在していなければならない。

ただし、もちろん社会の構成員全員がそうした個人であることが理想であるものの、具体的な議論の可能性を考えた場合、もっぱらそうである個人と、通常は経済を追求し・潜在的にのみそうであるような人々、が分化すること、そして前者は後者もまた潜在的にそのような個人であるということを尊重し、後者は前者の活動の帰結を受け容れる、こと、がフィージブルたる所以である。もちろんそのためには、政治的決定や政治的階層たるの承認の手続、レフェレンダムが必要である。これが政治的階層の原点である。少なくともレーポレの大作を貫く前提、そしてキケローの思考を貫く前提、はこれである。もちろん、パトリキはそんなに立派であったか、ノービレースはただの権力独占者ではなかったか、という批判は成り立つであろう。つまりレヴェルを批判することは同時代から非常に苛烈になされてきた。しかしながら、そのような階層の存在自体は思考の論理的前提であった。

ただしローマの政治的階層が、十分な発達を遂げていなかった、ということは自明である。政治システム自身ギリシャで初めて生まれ、そしてローマはこれを模倣した。独自の与件に制約されて模倣は不完全に終わる。ギリシャで生まれる政治システムは非常に多くの類型を有するが、標準的な形態においては、当初、中心の政治システムに多かれ少なかれ（世襲）貴族と概念される政治的階層の合議体が君臨し、しかし他方領域の側にも小さな政治システムが多数立ち、こちらでは小農民が緊密な自治団体を形成している。この両者の間の対抗的関係、しばしば都市同盟の盟主vs.メンバー間関係、が、中央の政治的階層の傲慢と、領域の政治システムの狭隘、という両方の限界を中和しているのである。スパルタのようにこの対抗関係を1と0にし、政治的階層内の極端平等によってのみ政治的階層を縛る、という構想もあったが、その場合でもペリオイコイの存在は、政治的階層が政治的であり「領域的」つまり個別利益追求的でない、ために不可欠であった。しかるに、ローマにおいては、領域の側の小さな政治システムが、やがて領域を拡張して近隣の同格都市を呑み込みそれらを自治都市に変えていくまでは、存在しなかった。それでも、対抗の動機は地下にくすぶっていたのであり、やがてプレーブスの強烈な運動として水面上に浮上する、ことは周知に属する。要するに、政治的階層は、その成り立ち自体からして、強力な対抗ブロックを必要とする、ということである。

この点はデモクラシーへの移行の可能性と必然性に密接に関わる。デモクラシーは、さしあたり、都市中心と領域の間の以上の対抗緊張関係を一個の政治システムの手続内に収めていく、ということを意味するからである。政治的決定の手続は、この資源を得ると、非常に多様な解を持ちうるようになる。

決定の内容は独創的になりうるし、精度は飛躍的に増す。何よりも政治システムの存立に敏感になる。つまり現代流に言えば、実質的な意味の憲法原理に違背しないかどうか、鋭くチェックされるようになる。そしてまた、中央の政治的階層が代謝・循環するようになる。世代をかけて実現する場合もあれば、アテーナイにおけるようにクジでたちどころに交替を実現する場合もある。ともあれ、デモクラシーまで来ると、相手役、知的階層の登場を俟たざるをえないので、項を改めることとする。

三　知的階層

レーポレの分析において、キケローは、来たるべき政治的階層が知的であるということを当然の前提として、その知的資質の内容を探究する。その際に、ヘレニズム期のギリシャで有力であった諸々の学派が競争的な選択肢として想定された。キケロー自身の思想的選択として大いに論じられてきた点であるが、来たるべき政治的階層の知的装備の問題としてこれを解釈した部分はレーポレの大きな発見であった。キケローの政治的行動と弁論そして理論的諸著作が統一的に理解されるからである。

もちろん政治的階層は多かれ少なかれ知的でなければならない。ノービレースもそうではあった。少なくともそこから法学者と歴史家が生まれた。しかしながらその知的装備は今やもう全く不十分なものになった。実は二世紀半ばからこのことは意識され始め、ノービレースの一部は盛んにギリシャから知識人を招く。しかしそこには大きなギャップがあった。流れ込んでくるギリシャの思想ないし哲学は、ローマにはなくギリシャで発達した独立の知的階層の産物であったからである。しかも、ローマにやって来たギリシャ知識人は高々ブレーンないしアドヴァイザーであり、ヘレニズム諸王国との関係でギリシャの知識人にとっては慣れた光景であったが、この知的形態は真のものであると到底言えなかった。むしろ他方で、ノービレースやその予備軍の子弟は盛んにアテーナイ等に留学するようになる。キケローもその一人である。ノービレース自身がその知的装備を更新しようとした現れであった。以上のような歴史的与件を顧慮すると、レーポレが描き出したキケローの構想は、両義的である。政治的階層の知的資質を改めるという意義の存在も認められるが、政治的階層の形態自体を変えようというのでもあるから、少なくともその第二列たるに力点を置く限りで、政治的階層に対して強烈に批判的で自律的なギリシャの知的階層を創出しようという側面をも有したのである。事実、「政治的プレスティージ（「尊厳」）を失わない閑暇」（otium cum dignitate）というキケローの有名な標語は、この両義性に対応していた。人的にも、キケローはブルートゥス Brutus ばかりか他方でアッティクス Atticus やウァッロー Varro と親交を結んだ。そして、キケローの構想の破綻を物語ると同時に或る意味でそれに呼応するように、現実は、政治的階層が瓦解し、第二列はただ単に取り残され、しかし一種の知的階層として生き延び、ただし相手は政治的階層ならぬ剥き出しの権力となり、閉じた空間に密やかに立て籠もろうとするが、しばしば不条理な目に遭う、というものになっていく。われわれが見慣れた元首政期の情景である。権力を前にした詩人や法学者たちの難しい選択を例解する有名なエピソードに事欠かない。

知的階層はギリシャのデモクラシーを起源とする。デモクラシーは、まず、政治的決定手続内部で政治的決定自体を批判に曝す手続を発達させる。合意の点で非の打ちどころのない決定内容に見えても、例えば（現代風に言えば）違憲性のあるものであれば、事前審査手続で排除されたり、提案者に対する訴追が行われたり、という経路で無効にされた。次に、そうした手続が用意されない場合にも、同様の観点から、とりわけ何らか個人を犠牲にしているという観点から、政治的決定は鋭く批判された。この点は悲劇において濃厚に表現されている。さらには、無謀でフィージビリティーを欠くという批判も苛烈であった。この批判は歴史学が主として担った。こうした批判の発信母体ないし培養空間は、政治システムから相対的に独立であるほどまでに発達してきた社会、つまり領域の側のオープンで流動的な人的結合体、であった。自律的で、独自に個人の自由を保障してみせる自信さえ持っていた。実際デモクラシーと化した政治システムそのものを乗っ取っていたのである。

知的階層はこの新しい空間において育つ。例えば、毎年の悲劇のコンクールにおいて、グランプリは全市民の投票によって決定された。作品はどれも政治や政治的階層をこの新しい空間の視点から痛烈に攻撃するもの（ただし決して直接の政治風刺ではなく、言わば構造を抉る「神話」として、文芸化された形態に練り上げられたもの）であった。そこにはその作者とそれを批評する市民があったのである。作者たちは知的リーダーであった。もう一つ、いわゆるソフィストたちがいた。歴史学者たちも彼らのサークルに近かったであろう。彼らはときに辛辣に政治を批判し、しかし主として政治と何の関係もないあらゆる事柄について自由に省察を展開し、その言説を、新しい空間に相応しく、取引したのである。ソフィストに近かったトゥーキュディデースがアテーナイ・デモクラシーの政治的リーダーたちを残酷に分析し、失敗への必然を浮き彫りにした、ことはあまりによく知られる。これは政治的階層の対岸で存在感を放つ知的階層の何たるかを雄弁に物語る例である。フェイズが変わると、むしろ政治システム自身を葬りかねないほど過激な喜劇は政治的階層のみならずこれらの知的階層をも痛烈に諷刺する。舞台の上にソフィストとしてのソークラテースや悲劇作家が登場する。これもまた知的階層の存在証明である。ソークラテース自身、この知的階層の最も徹底した内側からの批判者であった。そして今日に至るまで凡そ知的階層なるもののエムブレムになっているのである。

かくして、知的階層はデモクラシーの成熟がもたらす果実であった。しかし同時に、知的階層は政治システムの質を飛躍的に上昇させ、これを補強するものでもあった。

紀元前五世紀末以降アテーナイの政治システムは弱体化する。そして四世紀には各ポリスで弱体化はとめどもなく進行し、そして世紀の後半にはマケドニアに屈していく。この変化のコアは政治的階層の崩壊であった。そしてその崩壊は知的階層からの批判によるものではなかった。崩壊していく政治的階層の弱点を知的階層はもちろん徹底的に攻撃した。しかしそれが崩壊させたのではない。むしろ知的階層は果敢に政治的階層に替わって政治システムの最後の防御を担ったのである。イソクラテースやデーモステネースの名を挙げるだけで十分であろう。もちろん、知的階層は個々の政治システムから自由であり、プラトーンのように僭主に招かれたり、或いは政治的階層を知的階層によって置き換えることを構想する。そもそも凡そあらゆる権力のために自らの能力を売り込む術を知的階層に属する多くの者が知っていた。やがてアリストテレースのように当のマケドニアに売り込む者も現われる。しかし裏を返せば、以上の全ては、四世紀に政治的階層は崩壊しても、知的階層はそうではなかった、ということを意味している。五世紀半ばに成立した原市民社会は、次の段階で政治的階層を失い、ときに政治システムを形骸化させせながら、しかし長く生き延び（新喜劇が描くところがわかりやすい）、そしてギリシャ諸都市そのものを生きながらえさせたのである。ただしこのアンバランスは、近代に対してさえ、範型的デフィシットとして、様々な関係に刻印を与え続けた。さしあたりはローマであった。既に述べたとおりローマは知的階層を知らなかったが、政治的階層の瓦解と入れ替わるようにして、擬似的な知的階層が現われる。しかしもちろん政治的階層を欠いて恣意的な権力と直接対面することとなり、辛酸をなめる。

四　近代の問題状況

以上のように、古典世界に関する限り「政治的階層と知的階層」という問題設定は政治システムの存立という問題と固く連帯の関係にある。この観点は近代の政治システムを省察する際に有意味であろうか。

レーポレの考察からこの観点を引き出した以上はトートロジーであるが、既に示唆したとおり、イタリアに関する限りこの観点は人々の意識において基軸を成しているし、現にその歴史はこの軸の周りを回転してきた。一一世紀に北中部諸都市で曲がりなりにも政治的階層が現われ、その社会が一四世紀に一定の成熟を遂げることによって今度は知的階層を生み出した。人文主義がこうして始動するのである。政治的人文主義という語があるが、しかしサルターティもブルーニも、政治的階層に属するというよりは知的階層に属する者として書記官長の職責で外交と財政を担い、あらゆる政治的決定に対してむしろ外から制御をもたらす存在であった。人文主義者たちは、知的階層を独自に成し、学識のみによって諸々の政治システムや諸々の権力へ自己を売り込むことができる、自由な存在であった。しかるに、一六世紀に入ると政治的階層は崩壊していく。と同時に諸都市の政治システムは実質を失っていく。にもかかわらずしかし、知的階層は、変質を被りながらも、生き延びるのである。一七〜八世紀を通じてイタリアの知的階層は、反宗教改革の重圧の下でなお、なかなかに強力であり、特に一八世紀に入ると、北イタリアも（都市ではない）ナポリも、先端的な啓蒙思想家を送り出す。しかし一七九九年のナポリで、フランス革命に呼応した試みが失敗し、知的階層のフィジカルな抹殺が行われた。これは大きな停滞をもたらした。要するに政治的階層を欠いたまま知的階層が強引に政治システムを形成しようとしてとめどもない反動を招いたのである。リソルジメントが既に数世紀来の宿願となっていた政治的階層の再建を目指す側面を持ったものであることは明らかである。しかし政治的階層の唯一のフィージブルな資源たる（それならばむしろイタリアが原産地である、都市の政治的階層という元来の意味ではなく、主として新しい経済社会の担い手としての）ブルジョアジーはイタリアでは未発達で、またしてもデフィシットは先送りされたのである。知的階層が有効なカウンターパートたる政治的階層を見出しえず、高々自ら政治的階層の衣装を纏う以外にない、という問題は現代にまで尾を引く。

イタリア以外ではどうであろうか。人文主義の名において知的階層は様々に変容しながら北ヨーロッパに移植されていく。オランダに政治システムをもたらした。次いで、一七世紀前半のイギリスとフランスで、一種の突然変異を介して、全く新種の知的階層を誕生させた。とはいえ、イギリスとフランスで大きな相違点が存在した。イギリスでは、遅れてではあるがこれが政治的階層へと育って行った。一八世紀には第二列さえ育った。知的階層は（幸福なことに）次々に政治的階層に吸収されて行った。これに対して、フランスでは政治的階層が十分には育たないまま事態が推移していく。啓蒙主義は政治的階層をパートナーとして持たない知的階層のモノローグのことである、と定義することさえできる。フランスとスコットランドとナポリで発達し、イングランドでは欠けたのである。この大きなアンバランスないしデフィシットを解消しようとしたのがフランス革命であったとも言える。もちろんその余震であるナポリから本震たるパリを見てはいけないが、しかしフランスではナポリと異なって（不十分ながら）政治的階層たりうる資源が頭をもたげていく、ということは確かである。ナポリにおけると同様に解放した動力の統御に失敗しはしたが。他方、一九世紀におけるフランスの政治的階層の脆弱性はわれわれの動かない認識である。政治的階層が未成熟なまま推移するドイツやイタリアを見て、そして経済の、また世界大の、新しい課題に対して盤石なはずのイギリスの政治的階層が揺らぐのを見れば、第一次世界大戦に向かう政治的階層の未熟は（ドレフュス事件にもかかわらず）全体として目を覆うばかりであると言える。そしてその際に、まさにその際に、知的階層が重しとなった、強烈に政治的階層を批判しこれを鍛え上げた、とは言えないのである。一九世紀以降の知的階層のイデオローグはドイツの教授たちであった。人的と言うよりは思想的に、実証主義はあまりにも政治的階層ないし権力に対してサバルタンの関係にありすぎた。元々イギリスとフランスで正反対の方向にバランスが欠けた。アメリカでは最もデモクラシーに相応しい政治的階層の形態があったとしても、知的階層のヘゲモニーは弱い。強力な両者が対抗的分節関係を結んでいるという光景はいずれにせよ珍品に属する。

話をいきなり現代に飛ばせよう。曲がりなりにも政治システムを成り立たせてきた諸国で政治的階層が崩壊し、その結果どこでも政治が成り立たなくなっていることは言うまでもない。しかし私は、デモクラシーがこれを破壊したとも、だから政治的階層はもはや不要である、とも考えない。政治システムの存立が論理的に政治的階層に依存するからである。かつ、近代においては政治的階層は知的階層を土台とする。しかるに、デモクラシーの表見的な進展は知的階層の基盤を拡げたかに見えて却って腐食させていった。とりわけ知的な挫折が深刻である。もちろん、二〇世紀に入ってわれわれは知的視野の大きな拡大を経験した。しかしながら、それでも進行していく出来事のスケールに追いつかなかったのである。現在ではますますわれわれの知的資産は現実に対して雪だるま式のデフィシットを抱え込みつつある。かくして、政治的階層消失の問題は知的階層の失敗の問題へと送られる。結局、現今のわれわれの知的破綻こそは、この惨憺たる現状の主犯である、と言わざるをえないのである。

補遺：二〇二〇年における日本の状況

鼎談において政治的階層や知的階層について発言したため、その背景を説明すべく本稿を付すこととなったのであるが、鼎談では日本の現状についても若干の憶測を述べている。この部分についても少し補足しておく。

私は、政治的階層と知的階層の双方において近代日本が可能性を持った、という三谷太一郎の仮説に説得力を感じる。ちなみに、三谷には伝統的な意味の政治的階層概念が認められる。ダールやサルトーリの議論を参照しても、そこに伝統的な意味の政治的階層概念が裏打ちしていることを感知することができたと思われる。その一つの要因は、政治指導の問題を近代日本政治史において独自に考察しえた岡義武の存在であったろう（前田亮介「解説」、岡義武『明治政治史（上）』岩波文庫、二〇一九年、四九八頁以下参照）。三谷は、なけなしながらあった知的階層が蜘蛛の糸一本で日本の政治システムを何とか復活させえた、焼け野が原たる現代の政治状況にとってもこれをおいて他の資源はない、という見方をも提示するが、これをも私は全面的に共有する（拙稿、「知性の尊厳と政治の存亡——三谷太一郎『人は時代といかに向き合うか』」『憲法9条へのカタバシス』〔みすず書房、二〇一八年〕六八頁以下参照）。

しかしそれだけに、現在最も深刻であるのが、知的階層が先頭を切って崩れ、とりわけ知的に崩れた、ということである。一九八〇年代末における大学を舞台とする過程を頂点とするこの崩壊それ自体の歴史学的分析は今後の課題であるが、本文で述べた世界の状況と対応していること、それをもたらす経済的要因も共通であること、が疑いないとしても、若干の特殊性ないし「先進性」が日本のケースの場合に認められることも予想される。厳密な分析の予備的把握として、以下、二〇二〇年時点において日本の（ヴァーチャルな）知的階層が置かれた状況を極めて暫定的ながらスケッチしてみよう。

まず、政治システムの不全を前提として、二〇世紀の初頭に芽を出した知的階層が短命に終わるその理由に、経済社会の根本的な欠陥（とりわけ信用構造の面の欠落）が深く関係している、ということを私は民事法の分析を通じて相対的に専門的なレヴェルで知りうる。この連関をここで説明する紙幅はないが、経済的余裕とは別に、個人の自由がシステムとして保障されているという感覚を持ちえなければ、例えば長時間を経て結果が出るか出ないかの研究・省察はなりたたず、（日本の場合知的輸入とそれへの反発を主とする）知的自転車操業に陥る以外にない（知的階層は育たない）。もちろん、経済社会の（！）この（個人の自由が保障されていないという）欠陥は産業化と帝国主義の時代の波を受けた、或いは風を帆に孕んだ、ものであり、決して日本独特のものではない。しかしながら、日本では、劣勢に立ちながらも将来反発のバネになりうる（条件法）資源も薄かった、という点を（さしあたり民事法観念体系の地下の諸層の欠落を例として）指摘しうる。もちろん、産業化がトータルな崩壊（二つの世界大戦）をもたらすに至るのは世界的なレヴェルの話である。知的階層がこの渦に巻き込まれていったことも世界に共通であり、崩壊に関する深い反省が戦後に行われていった点も、レヴェルの差こそあれ、世界の国々で共通である。しかし何かの違いのため、その先、最近の崩壊に対する抗力が弱いのである。

戦後の経済社会の復興は、不安定均衡を得て、産業化というかつてのプロセスに（今回は成功裏に）戻ったにすぎなかった。知的階層の復活は、少なくともヨーロッパの若干の国々でピークに達し、（産業化社会の批判を潜在的に含む）一九五〇年代一九六〇年代の知的到達点は現在でも越えられない古典になっている。しかしこの芽がさらなる段階へ至る前に、産業化の方向の発展は挫折する。当時「第三世界」と言われた国々への産業移転や環境問題等々、その側面は複合的で多様であったが、挫折ないし「産業空洞化」は動かない事実であった。これに対する処方箋を提供することに知的階層は、決して成果がなかったわけではないものの、結果として及ばず失敗したのである。一九六〇年代の終わりをピークとする問題提起は、先端的なものが浸透しないまま、精密な思考の土台を築く広範囲な階層を生むまでには至らなかった。

一九九〇年代にフェイズが変わり、むしろ経済社会の現実においてオルタナティヴが現われたかに見えた。顕著であったのは信用構造の変化であり、金融セクターが非常に発展するかに見えた。これは労働市場の大規模な再編をもたらした。大学院以上のレヴェルの教育を基盤とする層と、これから排除された層、への二極分解である。前者は、大量の専門職の労働者を生み出し、新しい知的基盤を社会が獲得しうるのではないかという期待を抱かせたし、現在でも実際この芽は摘まれていない。しかしながら、二〇〇〇年代後半にこの新しい仮初めの経済構造が破綻したことも確かである。新しい金融構造が実は基盤を欠く脆弱なものであることが露呈された。新たな質のバックアップを提供しなければならない政治システムが、それどころではなく、もはや機能しなくなっていたのである。おそらくこれとパラレルに、新たな高等教育の担い手とその産物の知的レヴェルがそれに値する実質を欠いた。新しいのは見かけばかりで、古い思考を抜けきれなかったのである。新しいテクノロジーは、むしろ新産業化に道を拓くものであった。だから一九世紀のあの古い古い国家主導再産業化と資源志向軍事化を呼びさました。

まして、労働市場の新しい二重構造がもたらすとんでもない負のエネルギーを冷静に分析する用具など、考えてもいなかった。これは単なる新しい貧困ないし格差ではない。端的には教育格差であるが、教育を受けさせる経済基盤さえ与えればよいというのではない。派手なポトラッチ型競争が底知れない怨嗟を生むメカニズムの解明と処方箋が必要である。こうした意識の奥底の分析方法は一九世紀末以来のわれわれの課題であるが、全く進んでいない。とりわけ、経済社会の欠陥とパラレルな動向である（つまり個人の存立を保障する基盤の欠如の点で共犯関係にある）、デモクラシーのコーポラティズム的、或いは団体主義的、方向の硬直化は、怨嗟が爆発的に発露するための決定的なヴィークルとなる。

日本の側に戻れば、戦後のひとまずの政治システム樹立および相対的に健全な再産業化において相対的な成功（破滅を生き延びた知的階層の功績）を収めたが、しかし近代化開始以来抱え続けている経済社会の欠陥（広い意味の占有保障の欠如）に気付かず、これと深く関係する利益団体多元主義の野放図な跋扈に対する歯止め（個人の存立の保障）を欠いたままであった。これは無制約の再産業化にとって有利な条件でもあったため、再産業化の行き詰まりは遅れたが、その分、右の欠陥に乗じて経済全体が暴走し、完膚なきまでに破綻した。これが一九九〇年代に入るところに位置したため、傷が深くなる。つまり悪いことに、折しも、世界は新しいフェイズに入って行きつつあった。既に述べたようにこの方向にも大きな問題が潜んでいたのであるが、そもそも日本の社会はこの方向へ舵を切ることさえできなかったのである。そもそも、右に述べた知的基盤のデフィシットのため転換に不可欠な与件を欠き、転換は不可能であったであろう。一九世紀の産業化において犠牲となったオルタナティヴを先進諸国は秘かに隠し持っていたのであるが、これに気付くこともなかった。

とはいえ、焦燥感だけは一九八〇年代初頭からあり、空疎な「改革」のかけ声が連呼されていく。再産業化フェイズ終了の波は外からの圧力として押し寄せていた。しかし「改革」の中身は、再産業化を支えたなけなしの制度的基盤に、利益集団が襲いかかり、それを利益強奪の道具に変える、そのプロセスであった。この言わば「準備期」における混乱した処方箋は世界に共通のものであったが、日本に独特な点は、再産業化における信用面での（社会保障を含む）国家一元化解消という動機が欠けたことである。否、かけ声は模倣された。privatization はしかしながら一元的信用装置へ向かっての棒倒しの競技にほかならなかった。経済社会が一元的な信用＝利益分配装置に却って強固に依存するようになった。この部分は、そうした依存は明治以来であるから、むしろそれまでの蓄積に対する投機的略奪に他ならなかったが、まさにその投機の部分のみ「気分」として「国民総投資家」の熱狂を生むほど突出した。経済社会は突如金鉱が発見されたようにブームに沸き、信用を異常に膨張させ、それが全て不透明への投機であった（だから投機は土地へと偏って向けられた）から、短期間の間に信用の致命的崩壊を招いた。この状態で一九九〇年代を迎えた。現在でもまだここから立ち直りえないのである。

知的階層の問題に目をやれば、こうした過程の（一九八八年頃をピークとする）早い段階で、大学が略奪された点が大きい。若干の大学は、産業化の知的基盤と公共基盤を支えてきていた。むろん、主としてヨーロッパの知的蓄積の果実を輸入するしかないという自らの基盤の脆弱さは否定できなかった。それでも、基盤を一手に担うという責任感において輸入元の知的蓄積を担った知的階層の某かを受け継いだのである。これは戦後の再産業化においても同様であった。ただしその場合に利益調整に知的トゥールを特化させていた点は否めない。とはいえこの点についての批判も欠けはしなかったのである。しかし一九八〇年代の後半に、利益調整への特化はツケを支払う。一元的信用装置略奪の利益追求へとその「利益調整」思想は突っ走ってしまったのである。一九八〇年代の後半に大学が解体に等しい「改革」を被ったということは周知のことである。多くの大学は全く受け身であり、「被害者」であると感じたとしても無理もない。しかし頂点においては、イニシャティヴは大学側から取られたのである。これは、一元的信用装置というなけなしの自らの基盤を自ら進んで掘り崩すということであったが、目の前のはした金を見せられてそうした批判を聞く耳は持たれなかった。そうした批判に一瞬たじろいだとしても、時代のお祭り気分に既に乗ってしまっていた。多くの大学にとってはひたすら不条理な目に遭ったということであろう。しかしそこでも分析力は全く欠けた。

結局、この過程においてこそ、（知的資産家層薄弱のため）大学に拠って立つしかないなけなしの知的階層が、いざというときに反発のバネとなる知的基盤を欠いていたという、決定的なデフィシットを露呈してしまったのである。数十年を要する研究・教育プログラムが生き残る余地は一九九〇年代にはなくなっていた。知的なその日暮らしは昔ながらであったが、それ以外のことをする余地が奪われた。現在の大学では端的にブラックな労働が強いられるまでになっている。知的資源は蓄積が全てである。信用に似る。蓄積にとっての最低限の余地が奪われれば、社会自体が崩壊する。

この打撃は大きかった。何故ならば、このためになおさら、一九九〇年代の世界の労働市場の変化に対応したくとも全く対応できないこととなったのである（一九八〇年代末、この対応を見せかけられて門を開き略奪を浴びたという側面があったが、玄人が瞞されれば瞞された方が悪い）。むろん、そうでなくとも　世界中で追求された高等教育（大学院それも博士課程）への重点移動はアジェンダにさえ上らなかった。二〇〇〇年代初頭の法科大学院等専門職大学院設置に際してさえその自覚がないから、企図自体が空中分解した。

結局この要の部分（大学という知的インフラ）を崩壊させたため、社会全体としても、右に述べた破綻した単一装置を再稼働させ、そこに群がり、そうした場面を小規模に繰り返す以外に生き延びることができなくなったのである。悪循環である。「改革」が空疎に連発されていくのはこのため、つまりまたしても公的な蓄積への不透明な、そしてその不透明性への、投機機会創出のため、である。新たなビジネス・モデルを全く描きえなくなり、社会全体としてどうしていいかわからなくなり、唯一の信用源は右の制度略奪産業だけである、ということになる。これは財政だけが経済社会の信用の供給源になる、ということを意味する。略奪は財政へ投入された貯蓄の総体に及ぶ。中央銀行の異常な金融政策に中毒患者のように依存する。それでもこれが唯一の信用供給源となり、制度略奪産業だけが今や唯一の実体的産業である。これに他の全てがぶら下がる。「格差」は、他の諸国と異なり、高等教育を分水嶺とせず、このぶら下がりの直接と間接の間に発生する。間接的であれば、それは少なくとも末端において端的な「プリケアリアス」な（「非正規」の）労働を意味するが、直接であってもとどのつまりは「プリケアリアス」なのである。大学において正教授さえ（任期付き、成果主義、要するに信用されず、信用を強制終了された、という意味で）「プリケアリアス」となった。

かくして、二〇二〇年において少なくとも表面的に観察される事象は、他の諸国にもある怨嗟の暴発を、経済社会が全体として取り残されたため、日本ではレジームないしエスタブリッシュメントそのものが共有している、というものである。つまり、新たな高度の労働資源によって担われているレジームがそこから疎外された人々の怨嗟の的になっている、というのではなく、制度略奪産業を基幹とするレジーム自体が、世界的に見れば、落伍し怨嗟をぶちまける側に回っている、ということである。一元的な略奪装置に群がり、陰湿なコンフォルミスムが発生するというばかりか、そのような体制の見地に立っても全く合理性を欠く不可思議な言動が権力の側から発せられ、また、装置内人員が完全に取り残された層と意識の面で変わらなくなってしまう、のはこのためと考えられる。

戦後の相対的に健全な再産業化の中で培った知的階層の遺産はまだ残っていると思われる。これが出発点になる。一九九〇年代にバスに乗り遅れたとしても、その後結局このバスは立ち往生したのであるし、二〇一〇年代以降の新産業化に日本社会自体が乗り遅れているのは、ほめられた理由によるのではないとしても、むしろ一つのチャンスを意味すると私は思う。とはいえ、肝心の知的階層に終末期特有の症状が見られることも確かである。

われわれが前提として把握しておかなければならないのは、これが、真の政治的階層の欠如を動かしがたい前提条件とする中での選択の問題である、ということである。近代の定義からしてこうである。知的階層が、あったとして、政治的階層との二元構造を当て込んで活動しても、まして政治的階層の欠如を自ら補うと自負して振る舞っても、基盤を欠いて一網打尽に遭うだけに終わるであろう、ということである。知的階層は「行きがけの駄賃」として真っ先に血祭りに上げられるであろう。否、いきなり浸潤を受け、自ら崩れていく。

かくして、知的階層を独自に再建するしかないのであるが、しかし、そのためにどうすべきか考える場合に、政治的階層の存在を当て込めないことのコロラリーとして、アクティヴィズムの余地は限られていることを認識しなければならない。したがって知的資源自体をまずは形成しなければならないこととなる。むろん、知的階層が崩壊したからこの知的資源が乏しいのであるが、しかし知的資源はその性質上それ自身は階層の存在に依存しない。政治的階層の存在にも依存しない。かくして、分水嶺はこの微妙な一点である。つまり少し我慢して決定的な認識を得なければならない。むろんその分、よほど画期的で透徹した認識が要求される。しかしそれが得られれば、初めてまずは知的階層形成のためのアクティヴィズムが許されるようになるであろう。もちろん、分水嶺を確保するための防御的なアクティヴィズムは不可欠であるが。

その場合、政治的階層の欠落自体、真っ先にわれわれの省察が及ばなければならない事柄となる。政治的階層とは何か、その存立は何に依存するか、等々の考察を含む。これが最初の知的資源である。

その次にわれわれが冷静に見通さなければならないのは、既に触れた、伝来の（特に日本において顕著である）経済社会の不透明である。先ほど来、その内容について論ずることができないでいるが、ここでわずかに確認するとすれば、その欠陥は主として（金融を中心とするが、その周囲を広く含む）信用の方面のものであり、その不全ないし少なくともその特性が（知的階層のみならず政治的階層の、ないし全構造の）土台となるべきものの発展を阻害する。つまり個人が依存関係の中で単に潤い貧困脱出に成功しているだけではこの土台は得られない。むしろ潤わなくとも、信用が与えられていれば、つまり自律しうるという期待さえあれば、個人の尊厳は維持される。しかるに、根底では世界に共通であるとはいえ、失敗に終わる克服の努力さえなくむしろドライヴをかけられている点で日本の近代がやはり突出していると言わざるをえない、その信用面の欠陥故に、個人の尊厳が支えられるどころか、それを破壊する暴力的な心性が助長され、極めて混乱した意識が強固に根を張ることとなる。したがって、信用面の制度的構築が主として法律家に求められるばかりか、その制度の構築や機能を左右する基礎的な意識を培養しなければならない。循環するが、これが知的階層の任務となる。見通しが得られれば重要な知的資源となる。

第三に見通さなければならないのは、日本では（欠陥があるにせよ）知的階層がヘゲモニーを握って反発を買うという光景がない。つまり徒党が端的に無制約に不条理な権力を振り回すことにより追い詰められる人々が広範に存在する。これは逆説的に有利な条件を成す。つまり、彼らの理解を得る知的資源を供給できれば、疎外されている分加担していないから、知的階層の大きな基盤となるのである。もちろん、これは知的階層に属する者の姿勢の問題ではない。提供する知的資源のレヴェルを上げて真に実効的にしなければ、到底彼らの役に立たないし、また彼らの共感を得られない。知的階層と言っても、右に述べたように廃墟の中で一人また一人とわずかな者が立ち尽くしているだけであるから、われわれ自身が窮極的に追い詰められている。真剣に学べばこのことを痛感する以外にないから、右の連帯など、わけもないことであろう。

私権力と公共

樋口陽一

一

呼びかけに応じて寄せられた論稿に広い意味で共通する主題は、「私権力と公共」という表現で括ることができよう。

「私権力」を言うからには「権力」の語義についての自分流の了解を示さなければならないが、差し当っては、「それがなかったとしたら他者をして違った言動（不作為を含めて）をさせたであろう影響力であって、当該の社会で多かれ少なかれ正当性を持つと見られているもの」、と言っておく。

他方、「公共」の語は、res publica の意味で、すなわち公のコト、公のモノの意味で使う。"L'Étàt

c'est moi" というよく知られた成句は、絶対王制の規範的意味をいう文脈で、君主が公共を体現するという性格をみずから語ったことを意味する（Patrimonialstaat の克服）。明治の民権思想が「レピュブリカー」を、「政権ヲ以テ全国人民ノ公有物ト為シ一二有司ニ私セザル」こと、「君主ノ有無ハ其問ハザル所ナリ」（中江兆民）と捉えていたことも、思い起こすに値しよう。

実際、近代国家は原則として、私権力＝中間集団を自己の手中に吸い上げ、公共を編成する（近代家族の家長は例外）。典型類型を抽出すれば、「公共」編成の一元化はイングランド（ダイシーの国会「主権」）とフランス（憲法典上の nation または peuple 主権の明示）で、多元型表現はドイツ（Staaten-bund から Bundesstaat へ）と北アメリカ（連合規約から合衆国 United States へ）で、それぞれの形をとる。

二

以上簡略化して述べた私なりの物差しを念頭に置きながら、「私権力と公共」という主題に沿いつつ、諸論稿から受信した示唆の一端を書きとめることとしよう。

私たちを取り巻くいまを特徴づけるには、「公の私（物）化」（＝①）と「私の公化」（＝②）という表現がふさわしい。前者は「公」の領分に「私」を送り込むことであり、後者は「公」とされてきたはずの領分を「私」のために使うことに他ならない。西村論稿がその記述の核としてとりあげる臨調メッセージは、世論の公務員叩きと「改革」好みを誘い出すことによって「私」益主張に「公」の資格を与え（＝①）、「民」活の実践は、社会にとっての「公」の役割の縮減が正当化される中で貫徹された（＝②）。その「改革」への民意調達にとって「自己責任」と「自助努力」が有効だった状況は、感染症拡大という悲劇的な事態の中で、漸く、痛切な疑問に曝されはじめている。

林論稿は、利益集団多元主義の問題性に自覚的な足場をふまえた上で、なお、公共編成の多元化への組み立て直しのデザインを描こうとする。たしかに、「世界文明史におけるヨーロッパ文明の特権的地位」をそのままに受け容れる知的怠慢はもはや遠い過去となり、いま問題となるのは、「文明」の核にあるものの捉え方であろう。憲法にかかわる論議の際に使われる言い廻しを例にとれば、「人間の尊厳」ならばその価値内容はそれぞれの文明単位ごとに相対的でありうるから、それらを非差別的に受け入れる容器として、一般の承認を得られよう（「全体のために個を捧げることこそヒューマンだ」）。しかし、「個人の尊厳」は自己決定というぬきさしならぬ形式にかかわる価値であり、特定文明の特権的要求となろう。そしてどちらの文明も、それに伴うそれぞれの暗部なしには成立しなかったのではないか。

宣言的判決という技法が米国の立法・判例史の中で持った意味を追跡する岡野論稿は、この法技術の機能の多様さを、連邦制という枠組それ自体がもたらす多元性との重なり合いの中で照らし出す。学説が主導し当初は新奇なものと目された宣言的判決という手法と、それを違憲とした連邦最高裁判所判決の両方がそれぞれに含む論理の襞と、素材となった事例の性格との対応関係が絵解きされる。その図柄はそれ自体、アメリカ型違憲審査制であればこその積極面と、それを生かすための文化的要素を移植することのむずかしさを、考えさせる。実際、法廷意見と個別意見、それらと影響し合う関係に立つ法学論文が法実務を織りあげてゆく中での歴史への言及ひとつをとってみても、一つの法＝裁判文化を支える伝統の種を蒔くいとなみは容易でないことを知らされる。しかもそれどころか、一つの文化を生み出したその地で、そうした営為からの逃走＝逆転すら危惧される昨今ではないか。

足立論稿については、言及の対象とされた当事者のひとりとして、同稿の冒頭第二段落の中から二点だけ取り出して述べておこう。ひとつは、「大事なことを一言」（鼎談二九頁）から続けて木庭発言まで私の発言を読み通してほしいこと（なお、足立が木庭の応待を「てらってみせる」と評して衒学ぶりを読みとるのは意味不明。「てれてみせる」と言いたいのか？）。もう一つ、「古典古代から市民革命期までに流れた年月」に鼎談が言及しなかったことへの「驚き」に対しては、市民革命期に先行する中世立憲主義への言及は、マグナ・カルタの名前とともに義務教育段階で、——近代立憲主義との間での論理的断絶と歴史的依拠という二重の関係まで明確化されることは少ないにしても——既に済んでいるはずだ、と答えておこう。後続学説に対して確かに私権力性を持ちうる先行学説への挑戦を、「本来的意味における論争」（足立『行政法研究』二六号一四七頁）に組み立ててゆくように。

毛利論稿は、「闇」がもたらす「議論の歪み」状況を、コミュニケーション論とかかわらせながら問題とする。「公」の衝立てに隠された闇の中で「私」が権力性を発揮する日常を越えて、「私」がそのまま「公」になり代る事態が拡散している。「公」で「私」を隠そうとした首相（安倍）から、あからさまな「私」に「公」を仕切らせる首相（菅）へと、その言動のもたらす効果の点でも、「萎縮」から

「威圧」へと、一つの段階が踏み越えられた。

毛利は冒頭で、現時点での私の考えを、「主権と人権の密接不可分の連関と緊張」という表現を引いて正確に紹介してくれている。実はその表現定式が成り立つためには、私の思考過程の中で一つの段階を踏み越える必要があった。そのことが私自身の「土壌」形成にかかわる意味を持っていたかぎりに於て、別稿を期しながらも、必要最小の限度で、以下書きとめて置く。

三

「主権と人権の密接不可分の連関」を言うのは、主権の担い手としての「国民」を構成する一人ひとりの人権が重要とされるのは当然、というのぞみを語るためではない。国民国家の主権の名において無数の人権抑圧が繰り返され続けている世界じゅうの現実を指すためでもない。論理として、国民（または人民）主権による主権概念の完成によってこそ身分制中間集団が原則的に解体され、人権主体としての個人が析出されたことを、何より重要とするからである。

実際、君主主権は、絶対王制といえども封建身分制をみずからの基礎としていた限り、文字通りの意味で「絶対」的にはなることができない。国民（人民）主権こそが、君主主権がみずからに課していた――到達不能な――目標を引き継ぎ、身分制の解体を貫いて個人という人権主体を創出することができたのだった。そして、そうであったがゆえにこそ、身分制中間集団という権力の保護の楯から解放された近代＝人権は、権力を手中に独占するに至った国家との間での緊張に耐えることを余儀なくされることになったのだった。

一九七一年日本公法学会で主権論についての報告を課された私が「主権よりも人権を」という問題提起をした時点では、ここで要約したような思考を明確に定式化するまでには達していなかったのだった。転換を促したのは、一つには「営業の自由」論争からの、一九七〇年代に入って何ほどか深化した私の受けとめ方であり、もうひとつは、留学時（一九六〇―六二年）の恩師ルネ・カピタンの戦前に遡る業績を含めた再読・再々読に負う知的刺戟であった。これらのことについては、あらためて詳しく自分自身の知の遍歴を整理する必要を、痛く感じている。

【執筆者一覧】（執筆順）

蟻川 恒正（ありかわ・つねまさ）　日本大学教授
木庭　 顕（こば・あきら）　東京大学名誉教授
樋口 陽一（ひぐち・よういち）　東北大学名誉教授・東京大学名誉教授
毛利　 透（もうり・とおる）　京都大学教授
林　 知更（はやし・とものぶ）　東京大学教授
西村 裕一（にしむら・ゆういち）　北海道大学教授
岡野 誠樹（おかの・のぶき）　立教大学准教授
足立 治朗（あだち・じろう）　神奈川大学准教授

【編著者紹介】

蟻川恒正（ありかわ・つねまさ）

1964年生まれ。東京大学法学部卒業
日本大学教授
最近の主著に、『尊厳と身分』（岩波書店、2016年）、『憲法解釈権力』（勁草書房、2020年）など

木庭　顕（こば・あきら）

1951年生まれ。東京大学法学部卒業
歴史学者
最近の関連著作として、『憲法9条へのカタバシス』（みすず書房、2018年）、『[笑うケースメソッドⅡ] 現代日本公法の基礎を問う』（勁草書房、2017年）など

樋口陽一（ひぐち・よういち）

1934年生まれ。東北大学法学部卒業
憲法学者
最近の主著に、『憲法〔第4版〕』（勁草書房、2021年）、Valeurs et technologie du droit constitutionnel（Société de Législation Comparée, 2022）など

憲法《けんぽう》の土壌《どじょう》を培養《ばいよう》する

2022年5月25日　第1版第1刷発行

編著者　蟻川恒正・木庭　顕・樋口陽一
発行所　株式会社　日本評論社
〒170-8474　東京都豊島区南大塚3-12-4
電話　03-3987-8621　FAX　03-3987-8590
振替　00100-3-16　https://www.nippyo.co.jp/
印刷所　精文堂印刷
製本所　難波製本
装　幀　銀山宏子

ISBN978-4-535-52539-9　Printed in Japan